JN180434

明解
日本の財政入門

川村雄介［編］
道盛大志郎［編著］
大和総研［著］

一般社団法人金融財政事情研究会

はじめに

財政はむずかしい。それに知らなくても日常生活は回っていく。だから、真剣に取り組む気持ちが起こらない……大半の人々の感想ではないだろうか。

世の中でそんな風に考えられている典型が、税金、金融、そして財政である。どれも意識的に考えなくても、毎日変わらぬ生活が永劫に続くように考えられがちだ。いずれも仕組みが複雑であるし、専門用語は嫌がらせのように難解である。関連する法律や規則の長さ、複雑さは古代の法典かと嘆きたくなる。

それでも税金はまだ身近なほうである。モノを買えば消費税を支払い、消費税率の引上げ議論には高い関心が示される。給与明細の源泉徴収額と睨めっこをし、住民税の行方に思いをいたすサラリーパーソンは少なくない。まして確定申告をしている納税者であれば、相当に税にはなじみをもっている。固定資産税も毎年夏前に、保有者の頭を痛めさせる。株式投資益に20％の税金がかかるとなると気が重くなる投資家も多い。

金融はそれでも、日々の銀行取引や証券取引で身近な存在であろう。マイナス金利を前に、自分の預金が今後どうなってしまうか心配している預金者は多い。為替相場から株式市場を分析する手法は、投資家の入門編みたいになっている。だが、こうした「ミクロ」レベルの金融になじみがあっても、では現下の経済情勢に照らして日本銀行はいかなる金融政策をとるべきか、とか、需要が喚起されないなかでのいっそうの金融緩和は、わが国の金融全体にどう影響し、自分たちの懐にどう跳ね返ってくるか、にまで思いをめぐらす人は多くない。

実は、この「マクロ」レベルの金融の世界は財政と表裏一体になっている。だからむずかしく敬遠されがちなのである。

国のなかの金融活動を広くとらえると、民間による金融と国や公共部門による金融がある。ここで金融とは、稼いだおカネをどう使い、どう増やしていくかをめぐる一連の活動を意味する。

民間ではモノをつくったりサービスを提供したりすることで利益を得る。実体経済から生じる利益である。利益はそのほとんどがおカネで実現する（ごくまれにモノやサービスを対価にすることもあるが）。利益をおカネのまま放置しておくと、おカネがおカネを産むことはない。そこでこのおカネをどう活用していくか、が大切なテーマになる。おカネを企業や個人に貸せば利息をもらえるし（マイナス金利下では逆の話になり、現在まさにホットイシューであるが、ここでは一般的なプラス金利を前提にする）、企業や事業に投資すれば配当や投資利益を期待することができる。こうした一連のおカネの流れをめぐる諸活動を金融と呼んでいる。これらの利息や配当、投資利益、それにこうした活動を仲介したり手助けしたりすることで得られる手数料的な利益が、金融からあがる利益である。

国や公的な分野でのおカネをめぐる活動はどうか。本質は民間と変わることはない。そして国のおカネをめぐる活動、国の金融活動が財政なのである。ただし、本質は同じとはいっても、それは国の活動なので民間とは重大な相違もある。

たとえば、国の収入の基本は国民が納める税金である。この税金は営利のために使うのではない。国民全般に配分的に均霑されるような公的な目的に充てられる。税金で足りない部分は国債という借金証文を発行して補い、原則として使い切りの予算の原資に充てる。

もっとも、国にも政策目的に基づく相応の投資活動があり、財政投融資と呼ばれている。その原資の多くは財政投融資債という一種の国債による借金である。

さて、こうなると読者はハタと疑問を抱くはずである。

たとえば。日本銀行は「銀行の銀行」といわれているので民間金融の要ではないのか、しかしアベノミクス下の日銀はより公的金融に近い機能を担っているではないか、民間投資業者が落札した国債を日銀が高く買い取ってくれるという話を聞くが、これは日銀のいかなる立場を示すものなのか。金融なのか財政なのか。

また、国債が日本の債券市場を支えていると聞くが、それでは債券市場とは国営なのか。証券会社は国策会社なのか。

さらに、外国為替にも財政が深くかかわっているといわれるがどういう意味なのか。

プライマリーバランス問題や財政大赤字問題が騒がれて20年近く経つが、別段、困ったという生活実感がなく、オオカミ少年のような話なのか。簡易保険は民営化されたが安心していてよいのか。社会福祉や年金問題の根底に何があるのか。

等々、際限なくハテナが浮かんでくるのではないだろうか。

これらの疑問は、いずれも民間と国の金融が連続的な連環を行き来しながら、グローバルな民間金融と国家（ソブリン）金融との関連を深めていることによる。

したがって、財政の勉強をしたくても、手が付けられないと感じる向きも多い。けれども、財政制度は国民の共有資産であり、共同のインフラである。これを知らない国民は、家計簿をみずに買い物をする家庭人のようなものである。選挙権が18歳から与えられたのだから、18歳以上になったら財政のイロハを押さえておきたい。

それに広く公務員や金融、証券に携わる方々は、最低限の財政の知識を身に付けていただきたいと思う。それが国民や顧客への職業的なお作法の1丁目1番地ではないか。

本書はこんな問題意識から誕生した。

執筆は大和総研パブリック・ポリシー・チームの鈴木準部長をヘッドに、別記のエキスパートたちによるものである。また、財務省における豊富な経験と財政についての深い知見を有する道盛大志郎常務理事に、執筆と編集を分担してもらった。内容は平易な解説に意を用いているので、社会人、学生の皆様に広くお読みいただけると光栄である。なお、本書刊行にあたっては、金融財政事情研究会出版部の堀内駿氏に大変お世話になった。ここに深謝申し上げたい。

2016年　お月見の日に

川村　雄介

【編者紹介】

川村　雄介　大和総研副理事長

1977年大和証券入社。同社シンジケート部長を経て、2000年長崎大学経済学部および同大学院教授。2012年より現職。現在、財政制度等審議会委員、企業会計審議会委員、官民ファンドの活用推進に関する関係閣僚会議幹事会委員、クールジャパン機構社外取締役、日本証券業協会自主規制会議公益委員、日本証券経済研究所理事などを務める。

【編著者紹介】

道盛　大志郎　大和総研常務理事（序章、論点9、31、32、35、36、37、38（前半）を担当）

1979年大蔵省（現・財務省）入省。主計局主査、主税局課長、理財局次長、内閣官房内閣審議官（国家戦略室）、税務大学校長などを経て、2014年国土交通省政策統括官。2015年大和総研客員研究員、2016年より現職、弁護士（第一東京弁護士会所属、TMI総合法律事務所）。

【著者紹介】

保志　泰　大和総研金融調査部長（論点23、24、33を担当）

1988年東京大学工学部卒業、大和証券入社。2008年大和総研資本市場調査部長、2010年経済調査部長などを経て、2012年より現職。

鈴木　準　大和総研パブリック・ポリシー・チームリーダー・主席研究員（論点7、8、14、29を担当）

1990年東京都立大学法学部卒業、大和総研入社。2009年経済調査部長などを経て、2014年より現職。現在、経済財政諮問会議専門委員、社会保障制度改革推進会議専門委員、男女共同参画会議専門委員などを務める。

中里　幸聖　大和総研金融調査部主任研究員（論点4、10、22、27を担当）

1991年慶應義塾大学経済学部卒業、大和総研入社。（財）年金総合研究センター（現、（公財）年金シニアプラン総合研究機構）出向（2002~05年）、経営戦略研究部、金融・公共コンサルティング部などを経て、2011年より現職。

神田　慶司　大和総研パブリック・ポリシー・チームシニアエコノミスト（論点3、6、12、13、30を担当）

２００４年一橋大学経済学部卒業、大和総研入社。内閣府政策統括官室（経済財政分析担当）出向（２００８〜10年）、経済調査部などを経て、２０１６年より現職。現在、日経・ＣＳＩＳバーチャル・シンクタンク第3期フェローを務める。

神尾　篤史　大和総研パブリック・ポリシー・チーム研究員（論点1、2、16、25、26、38（後半）を担当）

２００６年立教大学大学院経済学研究科博士前期課程修了、大和総研入社。財務省国際局出向（２０１０〜12年）、金融・資本市場調査担当などを経て２０１５年より現職。２０１３年立教大学大学院経済学研究科博士後期課程単位取得退学、２０１３〜15年立教大学兼任講師。

菅谷　幸一　大和総研金融調査部研究員（論点5、15、17、28、34を担当）

２００９年シドニー大学経済ビジネス学部卒業、大和総研入社。財務省国際局出向（２０１１〜13年）などを経て、２０１３年より現職。

矢作　大祐　大和総研金融調査部研究員（論点11、18、19、20、21を担当）

２０１２年慶應義塾大学大学院法学研究科修士課程修了、大和総研入社。財務省国際局出向（２０１３～15年）などを経て、２０１５年より現職。

株式会社大和総研

１９８２年設立の大和証券経済研究所と大和コンピューターサービス、大和システムサービスが合併し、１９８９年に発足。経済・社会に関する調査・研究、提言およびコンサルティング、システムインテグレーションの機能を有する総合シンクタンク。

目次

第2章　政府の歳出――何にお金を使っているのか

第3章　公債発行――政府の借金によるお金の調達

第4章　財政問題――なぜ財政再建が必要なのか

第5章 新時代を迎えた財政投融資

序章

身近にある財政

財政は、実はあなたにとってとても身近な存在だ。

毎日の仕事や生活において、あなたは忙しくいろいろな決断や活動をしていて、仕事に、家庭に、社会生活に、意識していろいろ判断している。一方、あなたが意識しないうちに、当たり前に利用していたり、自動的に進められたりしていることも一杯ある。その多くは、国や地方公共団体によって提供されていたり、議会で決められたルールに従って進んでいたりする。その際、提供されたり決められたりすることの多くは、税金によってまかなわれ、税金によって雇用された政治家や公務員によって進められている。もちろん、その税金は結局のところ、あなたやあなたが勤める会社が負担しているのだ。

以下、お金の話ばかりになって恐縮だが、あなたの1日を追って、身近でどれだけ税金が使われているか、ざっくり金勘定してみよう（あくまでざっくりとした計算だし、数字のとり方によって金額も変わってくるので、そのようなものとしてみていただきたい）。

あなたが朝起きると、朝食の前後にまずゴミ出しをするだろう。ゴミの収集はあなたが住んでいる地方自治体の仕事だ。これに、国民1人当り年間1・7万円の費用が掛けられている。4人家族なら7万円だ。

似たような経費で、安全を守る警察の費用に1人当り2・5万円、いざというときの消防の費用に1・6万円が使われている。4人家族なら両方合わせて16万円になる。

次にあなたに就学期の子どもがいれば、学校に送り出すであろう。公立の小学校に行っているとすると、児童1人当り年間90万円が税金から支出されている。給食費・遠足代・PTA会費など、保護者の負担は6万円にすぎない。公立の中学生なら税金105万円と、同様の保護者負担8万円だ。また、公立中学校ではなく、もし子どもを私立中学校に通わせていると、保護者が80万円を負担しているが、税金からも30万円が補われている。

子どもがまだ幼児で公立幼稚園に通わせているとすると、幼児1人当りに税金から80万円が支出され、保護者の負担は8万円である。あなたがもし仕事をしていて東京都板橋区の保育園に預けていたとすると、4～5歳児の場合で100万円が税金から支出され、保護者は20万円の負担である。生まれたばかりの0歳児だと、税金から470万円が充てられており、保護者負担は24万円である。1歳児でも税金から220万円が支出され、保護者の負担は25万円にとどまっている。

道路や橋、上下水道などあなたのまわりのいろいろな社会資本も、その原資のほとんどは税金だ。1年間で国民1人当り14万円（4人家族で56万円）が支出されている。そのおおよそ3分の1の5万円が道路の建設やメンテナンスに、2万円が洪水防止などのためのダムや河川工事に充てられている。

社会保障の財源になると、税金に加えて社会保険料も加わって複雑になる。社会保険料も、税金と同じく、サラリーマンだと給料から天引きされている。怪我をしたり病気になったりして診療を受けた場合の医療費は、すべての年齢の1人当り平均で年間31万円だ。あなたが窓口で支払う患者負担は4万円で、残りは税金12万円と保険料15万円でまかなわれる。よく病院の窓口負担3割などといわれるが、

31万円の3割である9万円ではなく4万円ですんでいるのは、70～74歳は2割負担、75歳以上は1割負担と高齢者の負担は軽いからだ。それに、1カ月当りの患者負担の上限が決められていることなどから、現役世代であっても現実の負担割合はずっと小さくなっている。いずれにしても、4人家族だとすると、税金と社会保険料を合わせて108万円（＝(12＋15)×4人）も医療費だけのために負担していることになる。

高齢になると病気にかかりやすい。75歳以上のお年寄りに限定した場合は、年間90万円の医療費を使う。こちらの窓口負担は7万円で、残りの83万円が税金か保険料の負担である。家族に高齢者がいる場合は、税金や社会保険料でまかなわれている医療費総額は大きく跳ね上がっている。

あなたは年をとれば年金を受け取るようになる。サラリーマンの夫と専業主婦の世帯で、現役時代の年収の平均が500万円だったとすると、夫婦2人の年金は260万円である。共働きで夫婦のそれぞれが500万円の年収を得ていたとすると、370万円ほどの受給額になる。このうち150万円（夫婦2人分）は基礎年金と呼ばれる部分で、その2分の1は税金によって負担されている。つまり、ざっくりいうと、その財源は、75万円が税金、75万円が保険料である。これ以外の報酬比例部分といわれる上乗せ分（一方だけが働く夫婦の場合は110万円、共働き夫婦の場合は220万円）は、保険料でまかなわれている。

これに対し、負担のほうはどのようになっているだろうか。大胆に仮定を置いてざっくり計算してみよう。

まず所得税・住民税については、あなたがサラリーマンで、年収500万円を稼いでいるとすると、一方だけが働く夫婦と子2人の世帯の場合は25万円、独身世帯の場合で40万円の負担である。このほかに、社会保険料を70万円ほど負担している。この70万円のうち、40万円が年金保険料で、残りが医療・介護保険料と雇用保険料である。

消費税は、1年に400万円の消費を行っているとすると、税率8%だから32万円の負担となる。それに法人税がある。法人税もなんらかのかたちで一人ひとりの国民に転嫁されていると考えて、国民1人当りの法人税収を計算すると9万円だ。4人家族だと36万円になる。あなたが勤める会社が、あなたをはじめとする国民のために払っている金額と考えればよい。ついでにいうと、このほか会社は、従業員のために社員1人当り70万円の社会保険料も政府に払っている。

これらが主な負担であり、大雑把に税金だけを足し合わせると、4人家族の場合で90万円程度になる。所得税25万円、消費税32万円、法人税の実質負担36万円の合計である。結構な負担だ。社会保険料70万円というのも、思ったより大きな負担であろう。

一方、先程述べたとおり、使っている金額も相当なものだ。税金の使い道だけみてみると、ゴミ収集に7万円、警察・消防に16万円、道路や河川に56万円、医療の国庫負担に48万円だから、これだけで130万円近くになり、すでに90万円の税負担を超えてしまっている。このほかにみてきたものだけでも、児童・生徒1人当りで公立学校に100万円前後、基礎年金の国庫負担に75万円など、私たちは家族構成によっては国や自治体からのサービスを盛大に（?）受けている。

これから本書を通じていろいろと考えていただきたいが、国や地方公共団体の仕事はあげたもの以外にも山ほどある。もちろん、税金もまだほかに各種ある。あなたが意識しないうちに、大金があなたの手を離れ、それがどこかに投入され、だれかの役に立っているはず（？）なのだ。

普段、新聞などでみる財政は、何千億円や何兆円という単位の話である。それは自分とは無縁の単位のお金が、無縁の世界でやりとりされているようにも思えてくる。だが、現実の財政の動きは、一人ひとりの仕事や、買い物や、生活、社会保障など、日常の積重ねなのだ。増税や公共料金引上げのときだけ怒りを感じ、後のほとんどの時間を他人事ですませてしまうには、現代国家の財政は大きくなりすぎている。日頃から新聞などを注視し、税や保険料の使われ方について批判すべきは批判し、政府のサービスが役に立った際は感謝しないと、本当の働きを見失ってしまう。

ここまでお読みいただいて、やはり財政に関心をもたなければならないと思っていただけたのではないか、と思う。そもそも、この本を買ってくださった方は、きっとその志のある方だろう。でもやっぱり、財政を理解するのはなかなかにむずかしい。第1章以下、読み進めていただければありがたいが、制度や仕組みはむずかしいし、話はどうしても現実離れした金額で語られてしまう。そんなとき、時々は1兆円を1万円、1000億円を1000円で置き換えてみていただきたい。日本の人口は1億2000万人くらいだから、これで大体、国民1人当りの金額になる。4人家族なら4倍してみればよい。そうして実感してみないと、本当の理解はむずかしいし、本当の怒りも心配も、ありがたみも、湧きづらい。

出す人と受け取る人、それに媒体としての国と地方公共団体

本書を読み進める際に、1点留意していただきたいことがある。増税が行われたり、予算の無駄遣いが発覚したりしたとき、あなたは国や地方公共団体に怒りを向けるであろう。消費税が引き上げられたとき、引上げを決定したのは国だ。公共事業の談合が発覚したとき、談合を見抜けず高い金額を支出したのは、国や地方公共団体だ。増税することが正しかったのか、談合を見抜けなかったのか、厳しく問われなければならない。

政治家や公務員は主権者である国民に奉仕する立場（公僕）であり、国民に仕えるのが仕事であるから、その仕事は正しく、効率的に行われなければならない。無駄に増税されたり、無駄に支出されたりするのは御免だから、怒りの対象にするのは当然だ。

しかし、そこで思考がストップしてしまっては、事の本質を見落としてしまうことになりかねない。先程述べたとおり、あなたを含む皆が負担した税金は、お金かサービスとしてどこかに提供され、だれかの手に渡っている。その渡っていく先は、支出されたりサービスを受けたりする先のだれかの手である。国や地方自治体の経費（たとえば公務員の人件費）であっても、それはなんらかの行政サービスを提供するための費用である。

そして、そのうち相当部分を受け取るのはあなた自身の手でもある。間に立つ国や地方公共団体は、いわば媒体であって、財政の問題の多くは、結局は、負担する側と、受益する側それぞれをどうしてい

くかに帰着する。その大きさや配分についての判断が正しかったのか、どうすればより公正で効率的な配分となるのかを、目をそらさず考えていかなければならない。国や地方公共団体が、国民や住民が望む役割を、できるだけコストをかけずに果たしているかを問うたうえで、もう一歩先を考えていくことが必要なのだ。

財政をみる眼

財政のような、利害が複雑に絡み、仕組みもむずかしい問題を考えるとき、人々は往々にして物事を単純化して一刀両断に判断しがちになる。

たとえば、農業予算について考えてみよう。農業生産はＧＤＰの１％にすぎず、効率も悪い農林水産業の保護にたくさんの税金を使うのはけしからん、と批判する人はたくさんいるし、このこと自体を否定することはむずかしいであろう。ただ、それだけですべてを割り切ることも一面的に過ぎる。食の安全が守られないと安いばかりでは困るという人もいるし、災害や国際的混乱が生じたときに国内の供給基盤がしっかりしていないと、食料の確保に困難をきたすと考える人もいる。魚をはじめ食糧資源をしっかり確保する必要もあるし、自然環境の保護、国土の保全など、考えるべきことはたくさんある。それに、いくら効率が悪いといっても、現にそれで生活している人が地方にはたくさんいて、そのかなりの部分がお年寄りである。いまの仕事をやめてもらえばよい、で話を終わりにするわけにはいかないのだ。財政の配分を決めるというのは、ある意味、複雑に絡み合った連立方程式を解くような作業なのである。

連立方程式のどれを重視し、何を目標とするかは、読者一人ひとりで違った考え方があり、どれが正しいとか、どれが間違っているとかというものではない。農業に非効率があるなら、それを大胆に変えれば農業が成長産業になるというのも1つの考え方だし、効率性ではなく安全な食の確保がいちばんだという人もいるだろう。一兎だけを追うのではなく、いろいろな要請に応えながら効率化を図るべきだという人もいるだろう。これらはまさに価値観の違いだ。そうした違った考え方を認め合ったうえで、少数意見にも配慮しながら多数決で物事を決めていくのが民主主義のルールである。日本国憲法は、財政についても民主主義で運営しなければならないことを第83条〜第91条で規定している。

しかし、連立方程式自体の理解が不足していたり、間違っていたりすると、おかしな結論に導かれることも出てきてしまう。本書は、読み終えていただいたときに、これらの方程式について、正しく理解していただけることを目標としている。本書の内容は考える際の土台や材料であり、そこから先の価値判断は、皆さん自身に委ねられている。

価値判断は、いろいろな要素の違いによって影響を受けるだろう。生まれてからの経験に基づく考え方や人生哲学によっても違ってくるだろうし、あなたが置かれている立場によっても違ってこよう。経営者なのか従業員なのか、サラリーマンなのか自営業者なのか、勤め先が製造業かサービス業か、住んでいるのが都市部なのか地方部なのか、経済的に余裕があるのか困難に直面しているのか、男性なのか女性なのか、独身なのか既婚者なのか、子育て中かそうでないかなど、要素は無数にあって、これらが総体としてあなたの価値判断を決めることになる。

これらの価値判断の種々の要素に、本書はなるべく立ち入らない。あなた自身の問題だからだ。ただ、1点だけ、日本全体にとって重要な問題について、以下で触れたいと思う。それは、若者か老人か、という観点だ。

若者と老人

人口減少・超高齢社会を迎えて、日本経済が転換点を迎えたことや、それが財政に大きな影響を及ぼしてきているといった話を、新聞やテレビなどで聞いたことがあるだろう。

以前の「胴上げ型」社会が、現在は「騎馬戦型」社会になり、将来は「肩車型」社会になるといわれることがある。図表序－1をみていただければわかるが、1965年においては、人口構造はピラミッド型をなしていた。高齢者の人口が少なかったため、高齢者（ここでは65歳以上）1人を9・1人の働き盛り世代（20～64歳）が支えており、いわばお年寄り1人を10人近くで胴上げしていたような社会であった。ところが、2016年には人口構造はずん胴型になっている。高齢者の層が分厚くなって、高齢者1人を働き盛り世代2・0人で支える状況となり、いわば騎馬戦でお年寄りを担いでいるような社会となった。さらに2050年になると、人口構造は駒のようなかたちとなる。高齢者1人を働き盛り世代1・2人で支えなければならない状況にまで変化してしまい、ほとんど1人で1人を担ぐ肩車の状況になると見込まれている。これからの負担はますます大変になるということだ。

このような見方に対しては、別の見方も可能だ。働き盛り世代は、お年寄りだけでなく、幼少者も自分たちの負担で育てているのだから、老人が増えることだけを強調するのはおかしい、という考え方だ。いま、少子化対策が叫ばれているが、子どもを増やすということは負担を増やすという面があるということである。この考え方に立つと、0～19歳の人口を65歳以上の人口に加えて（従属人口などと呼ばれる）、同じ計算をしてみることになる。すると、1965年には1人の従属人口を1・3人で、2016年には1・25人で、2050年には0・9人で支えることになる。変化の激しさは、高齢者だけでみるより随分緩和されている。また、お年寄りがもっと働くような社会にしていけば、この比率の低下を小さくさせていくことも可能だ。こちらの数字でみると、少し気が楽になる。

ただ、いくつかの点に留意しておく必要があろう。まず、後者の見方に立っても、高齢者を支えるための負担がすでに重くなっており、これからますます大変になっていくことが変わるわけではないということである。

また、数字の厳しさが緩和されるといっても、それはひとえに、将来を支える子どもが少なくなったことの裏返しでしかない。お年寄りが増える分子どもが減ることで、扶養する負担はさほど増えないといったところで、本当に慰めになるだろうか。負担の計算ばかりでなく、社会の活力やさらにその先の問題も考えなければならない。

加えて、大家族制が崩壊したいま、幼少者は家庭のなかで育てられるのが普通である一方、お年寄りは別途の世帯となっているのが大半の家族の状況である。そのかなりの部分は、いずれ独居老人となっ

図表序－１　今後、急速に高齢化が進み、やがて、「１人の若者が１人の高齢者を支える」という厳しい社会が訪れる

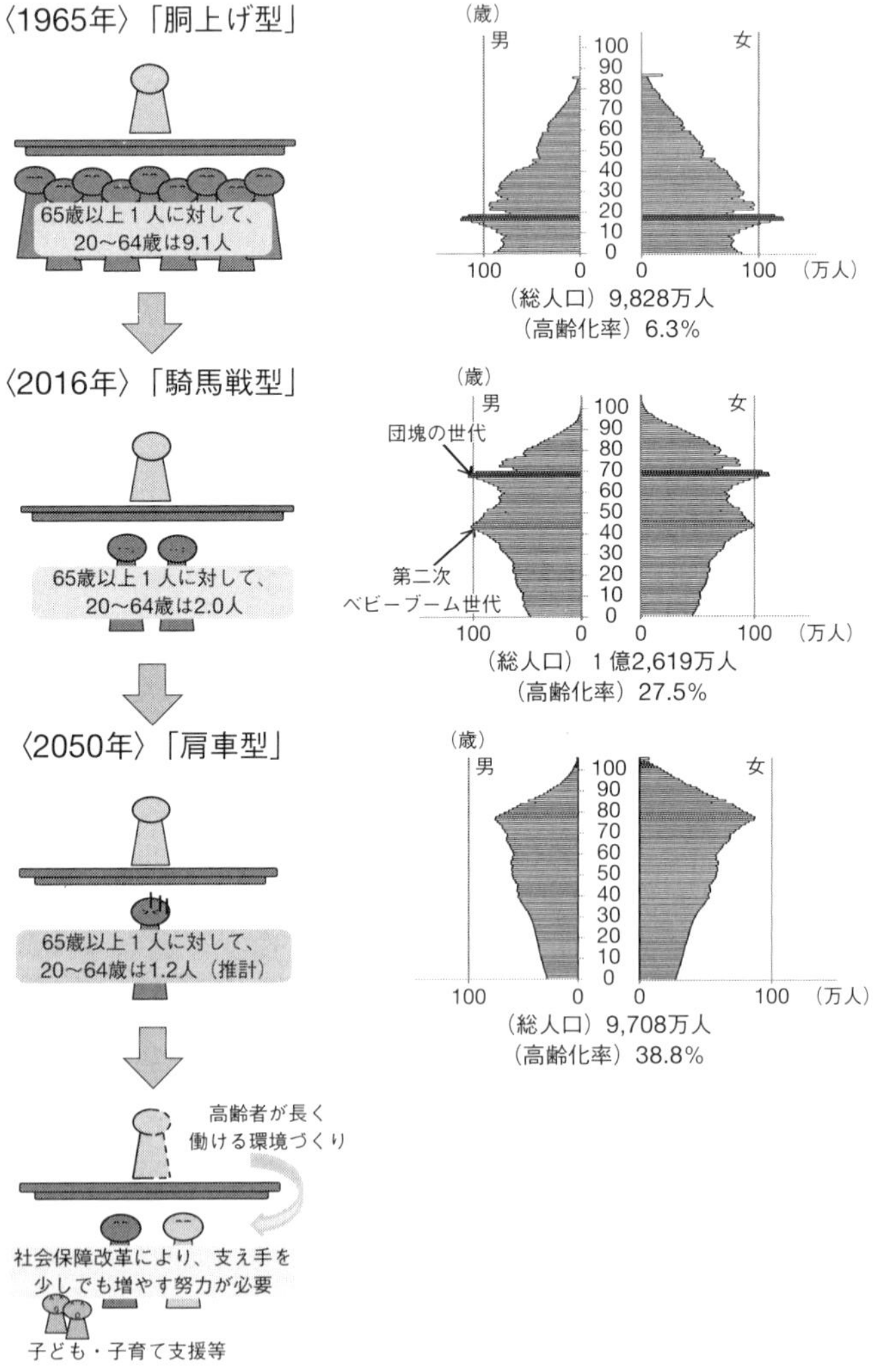

（出所）　財務省資料

ていく。そうしたお年寄りの生活を最後まで守っていくためには、医療介護体制の構築や街づくりのあり方も含め、社会全体を変革し、いろいろなコストを負担していかなくてはならないであろう。

さらに、以上の見方は、フローの観点からのもので、もう1つ、ストックの観点でも考えなければならない。何人を何人で支えるという見方は、毎年毎年の受益と負担をフローで比較するもので、こうした比較の前に、すでにわれわれは過去の膨大な赤字の累積、その結果としての借金を背負っていることを忘れてはならない。2016年度末の見通しでみてみると、国・地方を含めた借金残高は1062兆円で、国民1人当りにすると840万円、4人家族だと3360万円である。

人口減少社会のもと、特に労働力人口が減っていくと、1人当りの借金がずしりと重くなっていってしまう。前述の働き盛り人口は、2016年の7100万人から2050年には4600万人へと減少し、それ以降も減り続けることになると推計されている。仮に、これから借金を増やさないと決断しても、1人当りの借金はどんどん大きくなることも十分考えられる、ということだ。

世代会計からみてみると

別の観点から、若者と老人、さらにはこれから生まれてくる世代の、それぞれの受益と負担を比較する、世代会計という考え方がある。生涯を通じて人々が政府から受ける受益（社会保障給付など）と、政府に支払う負担（税金や社会保険料など）を世代別に計算し、受益や負担の状況が世代間でどのように異なっているかを明らかにしようとする試みである。

詳しくは論点8で紹介するが、1925年生まれより上の世代は受益が負担を上回っているが、1930年生まれの世代以降は、受益より負担のほうが重い純負担の世代になっている、という分析結果の報告がある。このほかにも、1955年生まれあたりを境目にして、それ以降の世代が純負担になっている、との分析もある。前提の置き方や計算の仕方、含める受益や負担の範囲などによって計算結果は異なってくるので、そのような数字としてみる必要があるが、いずれの分析も、どこかの世代より上は受益超過、下の若い世代は負担超過、そして、最も負担が重いのはこれから生まれてくる世代という結果になっている。

現在生きている世代のなかでの負担格差は現在の価格で測って5000万～7000万円あり、いちばん大きな負担を背負わされているのは生まれたばかりの世代である。そして、これから生まれてくる世代は、いま生まれたばかりの世代より、さらに3000万～6000万円重い負担となる。これから生まれてくる世代は、「おぎゃあ」と生まれたとき、すでに5000万～1億円という負担を背負っていると論ずることも可能なのだ。この世代間格差は、放っておくともっと大きくなりかねない。

少し脅しのような話になってしまったが、若者が事態を放っておくと、それより年長の人たちは順に生涯を終えて旅立っていく。上の世代は下の世代のことをもっと考えるべきだが、改革を避けて無為な時間を過ごせば過ごすほど、すでに発生している世代間格差を埋めることはますますむずかしくなり、むしろ世代間格差は拡大していくということだ。それでなくとも、残された人たちは、世代が後になるほど大きな負担を背負って生きていかなければならない。じっくり考える必要はあるが、あまりゆっくりしている余裕もない、ということを頭に置いて、本書を読み進めていっていただければありがたい。

図表１－１　年収別所得税額

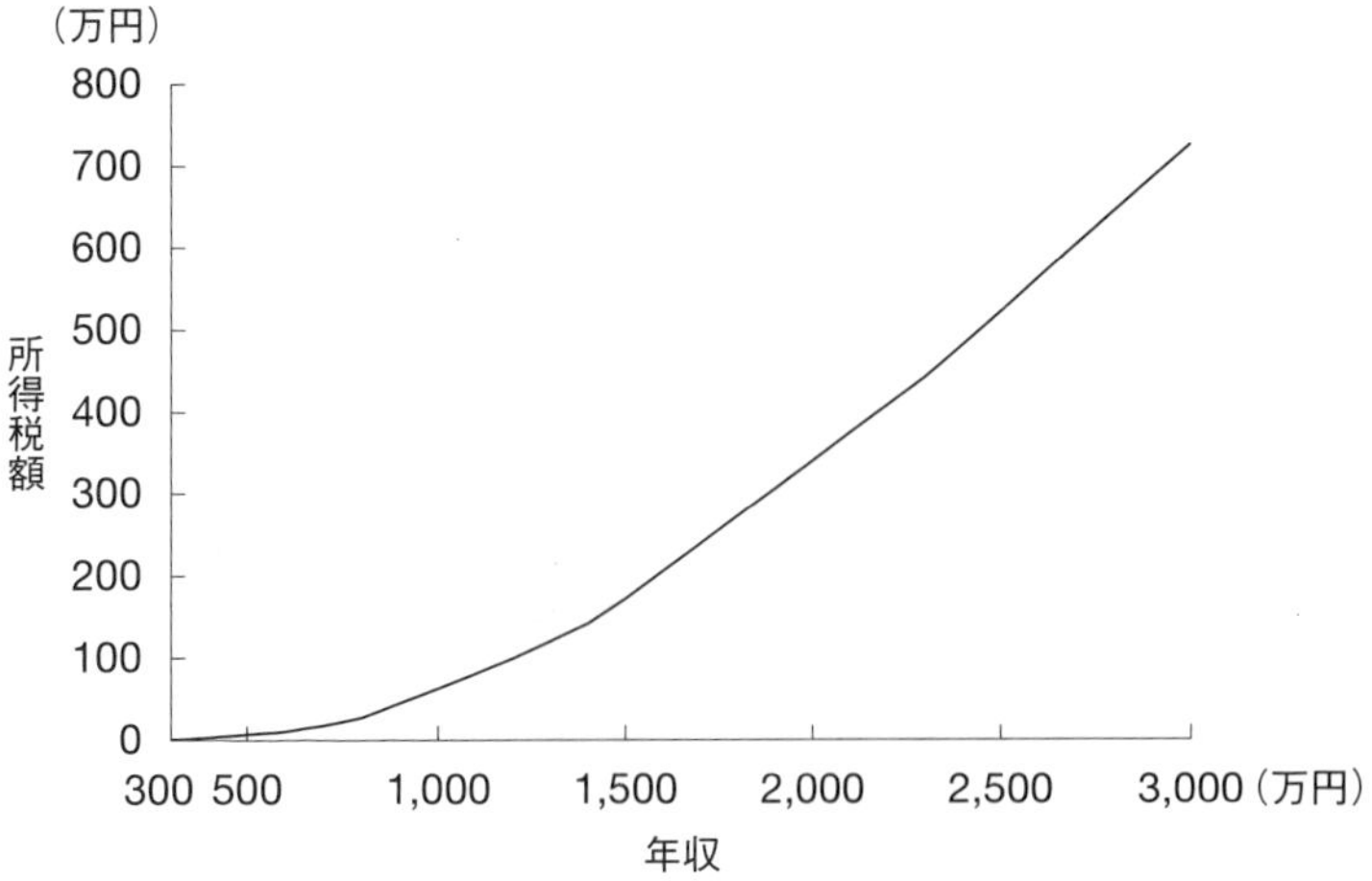

（注）　妻は専業主婦で子どものうち１人は特定扶養親族と仮定。社会保険料は2015年９月以降の保険料率を用いて試算。所得税額は復興特別所得税を含む。
（出所）　大和総研

に設定されている。超過累進税率とは、一定の所得金額を超えると、その超えた部分について高い税率を適用するものである。

たとえば、１００万円の所得で税率が10％、２００万円の所得で税率が20％という超過累進税率が設定されていると仮定すると、所得が３００万円のケースでは、最初の１００万円分に10％、１００万円を超えた２００万円分に20％が適用されて、税額は50万円（＝100×10％＋（300－100）×20％）になる。

図表１－１は、一方が働く夫婦と子ども2人のサラリーマン世帯について、年収別に所得税額を試算したものである。税額は徐々に上昇し、年収７００万円ぐらいを超えると負担額の上昇カーブの傾きが大きくなる。年収５００万円では所得税は７万円

程度で、年収に対する負担率は1・4%だが、それぞれ年収900万円では45万円、5・0%、年収1500万円では170万円、11・3%、年収3000万円では723万円、24・1%になる。

所得税の計算方法

税額の計算方法は5段階に分かれる。まず、第1段階として個人が得た1年間の収入を給与、事業、利子、配当などの性質に応じて10種類に分類する。

第2段階では所得の分類ごとに収入から必要経費を差し引いて所得金額を算出する。必要経費の計算方法は所得によって異なり、事業所得のように実額を経費にするケースがある一方、給与所得のように実額ではなく経費相当額を給与所得控除という概算で求めるケースもある。

第3段階では計算した所得を合算し、そこから所得控除を行って課税所得を算出する。所得控除とは、納税者の家族構成、社会保険料や医療費の支出などの個々の事情を考慮して、一定の金額を所得から差し引き、課税されるベースを調整するものである。具体的にはすべての納税者に適用される基礎控除のほか、所得のない配偶者がいる場合に適用される配偶者控除など14種類の所得控除がある。

第4段階では課税所得に超過累進税率を乗じて、税額を算出する。納税者の負担能力を考慮した税率構造となっており、所得税には所得を再分配する機能が備えられている。また、景気がよくなって給料が増えると負担率が高まり、不景気で給料が下がると負担率が下がるということを通じて、景気の変動を自動的に小さくする役目も所得税は果たしている。

最後に、第5段階として、計算した税額から税額控除を行う。税額控除には配当控除のように法人税と所得税との二重課税の調整を目的とするものや、住宅ローンの残高に応じた税額控除のように特定の政策目的をもったものがある。

所得税制と時代の変化

これまでの所得税の改正を振り返ると、2006年頃までは税率の累進構造が緩和される流れが続いた。1989年には、それまで10・5～60％の12段階の税率だった構造が10～50％の5段階へと大幅に簡素化され、最高税率も引き下げられた。その後、税率は1999年に4段階になり、最高税率も37％へと引き下げられた。

だが、2006～07年には、1999年に導入され税率カーブをフラット化させていた定率減税が廃止され、2007年には税率区分6段階、最高税率40％とされた。さらに、2015年には税率区分7段階、最高税率45％となり、現在に至っている。これに加えて、2037年までは東日本大震災に関する復興特別所得税が、所得税額に対して2・1％の率で課税されている。

税制は時代にあわせて変わってきたし、今後も変わっていくだろう。最近は格差が拡大しているといわれており、それであれば所得税の所得再分配機能をさらに強化する必要があるかもしれない。経済や社会の構造に適合しなくなった制度は、状況にあわせて手直しする必要があり、現在は次のような課題に直面している。

第一に、少子高齢化による人口構造の変化、生産年齢人口の減少である。生産年齢人口は1995年をピークに減少に転じ、2015年時点で総人口に占める65歳以上の人口割合（高齢化率）は約27％に達している。

第二に、グローバル化の加速と深化である。同時に、年功賃金、終身雇用、正社員といった従来の日本型雇用システムも変質している。雇用者全体に占める非正規雇用の割合は徐々に上昇し、現在は約37％である。もはや正規・非正規という分け方自体に意味がなくなりつつあるのかもしれない。

第三に、「夫婦と子どもの世帯」が少なくなり、1人世帯や夫婦のみの世帯が増加している。1985年までは「夫婦と子どもの世帯」は全体の4割を超えていたが、2010年には28％まで減少し、モデル世帯ではなくなった。一方、現在では1人世帯が約32％を、夫婦のみの世帯が約20％を占めている。

第四に、若年層の低所得化である。世帯主の年齢が30歳未満の世帯について年収別の分布をみると、1999年は年収400万～500万円の世帯が最も多かったが、2014年には300万～400万円の世帯が最も多くなっている。

第五には、女性や高齢者の就労拡大など、働き方の多様化である。女性の就業者数は1980年には2048万人であったが2015年には2466万人まで拡大した。65歳以上の就業者数も、1980年に275万人であったが2015年には730万人に増加した。

所得税の制度を、以上のような経済社会構造の状況にふさわしいものに変えていく必要がある。あるいは、安定的な税収基盤を再構築するという観点をふまえつつ、望ましい経済社会の姿を導くような所得税制にしていくことが求められているといったほうがよいかもしれない。

これからの所得税制の論点

これからの所得税制について、現在、税制調査会など政府のなかでは、結婚して子どもを産み育てようと希望している若者層や、もっと働きたいと考えている低所得者層により配慮すべきではないかという視点から議論が進められている。また、ライフスタイルの多様化に伴い、働き方の違いによって不利にならない中立性の確保も課題である。

大きな方向性としては、若い世代が自らのニーズに応じて働くことができ、希望すれば結婚ができ、子どもを産み育てられる生活基盤を確保していくということである。これまでの税制はどちらかといえば高齢世代を弱者ととらえたものであったが、これからは年齢ではなく負担能力をふまえて再分配機能を再構築していくということになるだろう。

特に注目されるのは、中立的な税制を構築するために配偶者控除をどう見直すかである。配偶者控除とは、納税者に所得の少ない配偶者がいる場合、38万円の所得控除を受けるものである。配偶者控除を受けられるのは、配偶者の所得が38万円（パートの場合、給与所得控除65万円とあわせて収入が１０３万円）以下の場合である。この場合、配偶者自身も自身の基礎控除が38万円あるため、課税されない。

配偶者控除に対しては、配偶者の収入が１０３万円を超えると納税者本人が配偶者控除を受けられなくなったり（配偶者特別控除という別途の控除を受けられる場合はある）、勤め先からの家族手当が支給されなくなったりするため、配偶者が就労を抑制する要因になっている（いわゆる「103万円の壁」がある）という指摘がある。見直しの選択肢としては、配偶者控除を廃止する案や、配偶者控除にかえて配偶者自身が控除しきれなかった基礎控除を納税者本人に移転できるようにする案、個人ではなく夫婦世帯を対象とする新たな控除を導入する案などがある。

もう1つの注目点は、公的年金の給付水準が中長期的に抑制されていく見込みとなっているなかで、老後の生活に備えるための自助努力を税制で支援する必要性である。現在、個人に対して老後のための貯蓄を税制で奨励している制度としては、勤労者財産形成年金貯蓄（財形年金貯蓄）や確定拠出年金などがある。ただ、これらは利用に年齢制限があり、また資金の引出しの際の目的や年齢に制限がある。

この点、既存の制度で注目したいのは、上場株式、公募株式投信、上場ETFなどの譲渡所得と配当所得が非課税となるNISA（少額投資非課税制度）である。NISAは20歳以上であればだれでも活用でき、資金の引出しに制限がないため、他の制度よりも使い勝手がよい。ただ、NISAは各年の新規投資額の上限が120万円（2014～15年は100万円）であり、新規投資は2023年で終了、NISA口座での商品保有は2027年まで、そして、非課税期間が5年という時限的な制度である。NISAを恒久的な制度としたうえで、もっと使い勝手のよいものとしていくことが、老後に備えた自助努力を促すうえで必要ではないだろうか。

Key Word

超過累進税率

税率には比例税率と累進税率の2つのタイプがある。比例税率とは、消費税のように課税対象となる金額の大小にかかわらず、均一の税率を適用するものである。累進税率は課税対象となる金額が大きくなるにつれて高い税率を適用するものである。さらに累進税率には、金額の区分に応じて税率が決まる単純累進税率と、所得税のように課税対象の金額が一定以上となった場合に、その超過分に高い税率を適用する超過累進税率とがある。

一般的に、課税の中立性を重視すれば比例税率が、課税の公平性（特に垂直的公平性）を重視すれば累進税率がふさわしい。課税の中立性とは、家計や企業の経済活動に税制ができるだけ影響を与えないということである。また、課税の公平性には、所得の源泉が違っても負担能力が同じ人には同じ負担を求める水平的公平性と、負担能力が高い人にはより大きい負担を求める垂直的公平性とがある。公平な所得税制とするためには、累進税率と各種の控除をどのように改革するかについて、国民の合意が必要である。

2 転機を迎えた相続税

相続税の対象は拡大

2015年度の相続税と贈与税の税収は約2・0兆円で、税収全体の3・5%である。最近は年間130万人くらいの方々が亡くなっているが、相続税の課税対象となる件数（死亡者数に占める課税件数割合）は2014年で4・4%にとどまっている。相続税はかなりのお金持ち以外はあまり関係のない税といえるかもしれない。

しかし、格差の固定化を避けることなどを目的に、2013年度の税制改正で基礎控除が、「5,000万円＋1,000万円×法定相続人数」から「3,000万円＋600万円×法定相続人数」に引き下げられ、2015年1月以後の相続に適用されている。このため、いままでであれば相続税とは無関係であった人も、相続税の対象となる可能性があり、今後の課税件数割合は6%程度になるとみられている。

相続税は、死亡した人の財産を相続した相続人に課される税金である。民法上、相続は被相続人の死亡によって開始され、相続税法は相続人が財産を取得したときの時価で課税するとしている。税率は所得税と同様に超過累進税率となっており、10〜55%の8段階である。相続税には財産を相続した相続人に富が過度に集中することを抑制する役割があり、累進税率を適用することで富の再分配が図られている。

相続税と同様に、財産の移転時に課される税に贈与税がある。贈与税は相続税の補完税ともいわれ、生前に贈与をすることで相続税を免れることはできない。贈与税の税率は相続税と同じ10％から55％の8段階の超過累進税率となっているが、基礎控除は110万円しか認められない。また、相続税で最高税率が適用されるのは法定相続分に対応する金額が6億円超の部分だが、贈与税では課税価格が3000万円を超えると最高税率が適用される。父母や祖父母から20歳以上の子や孫へ贈与する場合、最高税率が適用されるのは特例的に課税価格が4500万円を超えた部分とされるが、相続税に比べて贈与税は格段に重いといってよい。

ただし、生前贈与を過度に抑制することは問題であり、高齢者が保有する財産を次世代に積極的に移転させることで、経済を活性化させるべきという意見が多く聞かれるようになっている。その一環として、2003年以降は、一定の贈与税を払っておけば、贈与者が亡くなった際に改めて贈与財産と相続財産をあわせて相続税を計算し、相続税と支払ずみの贈与税の差額を支払えばよい（あるいは還付を受けることができる）相続時精算課税制度が導入されている。

この制度を利用できるのは、60歳以上の父母や祖父母から20歳以上の推定相続人である子や孫への贈与などに限られるが、複数年にわたって利用できる特別控除額が認められるため、2500万円までは贈与税なしで贈与ができる。また、それを超過する贈与についても一律20％の比例税が適用される。

相続税の計算方法

さて、話を相続税に戻そう。相続税の計算方法は5段階に整理するとわかりやすい。

第1段階は、遺産総額から債務や非課税財産などを控除し、それに相続時精算課税を選択した財産と相続開始前3年以内の贈与財産を加え、課税価格を求める。相続開始前3年以内に被相続人から贈与を受けた財産は、相続財産に含めなければならない。

第2段階では課税価格から基礎控除を差し引いて課税遺産総額を求める。基礎控除額は上述したように「3,000万円+600万円×法定相続人数」である。課税価格が基礎控除の金額よりも小さければ相続税はかからない。

第3段階では相続税の総額を算出する。すなわち、実際の財産の分け方とは関係なく、課税遺産総額が法定相続人に法定相続分で按分されたと仮定して、各按分額に超過累進税率を適用し、各法定相続人の税額の合計を求める。

第4段階では、相続財産をどのように分けたかという実際の相続割合で相続税の総額を按分し、だれがどれだけ負担するかを計算する。

最後の第5段階では、各相続人の相続税額に税額控除等を適用し、各相続人等の現実の納付税額を求める。この段階の調整には、被相続人の両親・子・配偶者以外が相続人である場合の2割加算や相続財産に加えられた贈与財産に関する贈与税額控除、20歳未満の法定相続人に関する未成年者控除などがある。また、配偶者には大幅な税額軽減が認められており、配偶者の実際の相続分が法定相続分以下の場合や、1億6000万円以下の場合には、配偶者には相続税の負担は生じない仕組みになっている。

今後の相続税を考える視点

相続税は、ごく最近まで負担が緩和される方向に制度が改正されてきたが、2015年から適用された改正で課税が強化されたことは述べたとおりである。

図表2－1で大きな流れを振り返ると、1980年代後半に地価が著しく上昇し、相続税の負担が無視できなくなったため、1988年の抜本改革以降、基礎控除の引上げと最高税率の引下げ、税率区分の簡素化が進められた。1990年代中頃以降、地価下落に伴う見直しが行われなかったこともあり、1987年に7・9％だった課税件数割合は2014年には4・4％まで低下したのだった。

相続税に関する今後の論点は、所得税と同様、現在の経済・社会構造の変化にあわせて資産の再分配機能を果たせているかという点にあるだろう。また、高齢化が進んだことによって相続人自身も資産形成が相当進んだ高齢者である「老老相続」が増えており、相続財産が相続人の生活基盤になっているケースは減っているのではないか、資産格差が次世代の機会格差につながっているのではないかという論点もある。

2014年のデータによると、相続税の課税財産のうち金融資産は42％程度を占めている。経済のストック化の進展に伴い、1990年度末に1017兆円だった家計金融資産は2015年末で

1994年度改正 （1994年1月1日以降適用）	2003年度改正 （2003年1月1日以降適用）	2013年度改正 （2015年1月1日以降適用）
20億円超 （最高税率　70％） 	3億円超 （最高税率　50％） 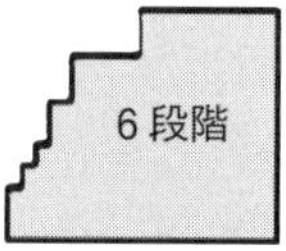	6億円超 （最高税率　55％） 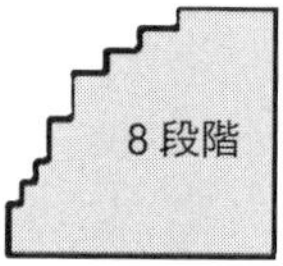
5,000万円 ＋ 1,000万円×法定相続人数 （8,000万円）	同左 （相続時精算課税制度の創設）	3,000万円 ＋ 600万円×法定相続人数 （4,800万円）
1993年	2002年	2013年
6.0%　→	4.5%　→	4.3%
16.6%　→	12.1%　→	13.2%

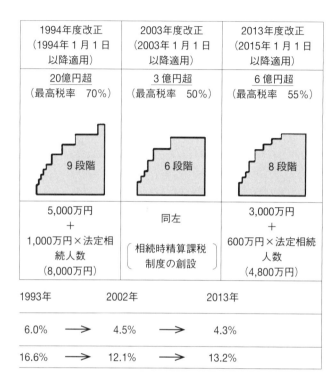

図表２－１　最近の相続税の主な改正と課税件数の割合等

区分	1988年12月 改正前	1988年12月改正 （1988年１月１日 以降適用）	1992年度改正 （1992年１月１日 以降適用）
税率構造 （イメージ図）	５億円超 （最高税率　75%） 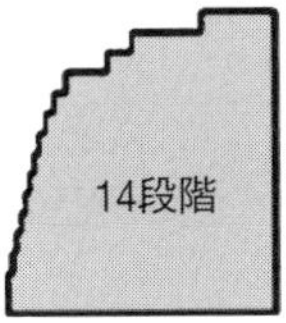	５億円超 （最高税率　70%） 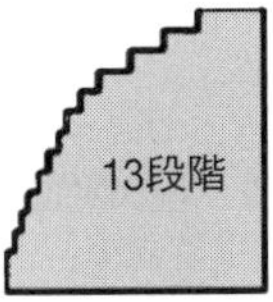	10億円超 （最高税率　70%） 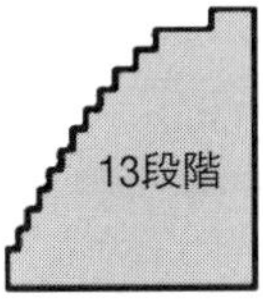
基礎控除等	2,000万円 ＋ 400万円×法定相続人数 （3,200万円）	4,000万円 ＋ 800万円×法定相続人数 （6,400万円）	4,800万円 ＋ 950万円×法定相続人数 （7,650万円）
年分（度）	1983年	1987年	1991年
課税件数割合	5.3% →	7.9% →	6.8% →
負担割合	14.3% →	17.4% →	22.2% →

（注１）　基礎控除の（　）内は、法定相続人が３人（例：配偶者＋子２人）の場合の額。

（注２）　課税件数割合は課税件数／死亡者数。負担割合は納付税額／合計課税価格。

（注３）　合計課税価格とは、小規模宅地の特例による減額等を行った後、基礎控除を差し引く前の課税対象財産の価格。

（出所）　財務省（https://www.mof.go.jp/tax_policy/summary/property/143.htm）。元の図表は和暦表示。大和総研にて西暦表示に変更

図表2－2　金融資産総額の年齢別保有割合

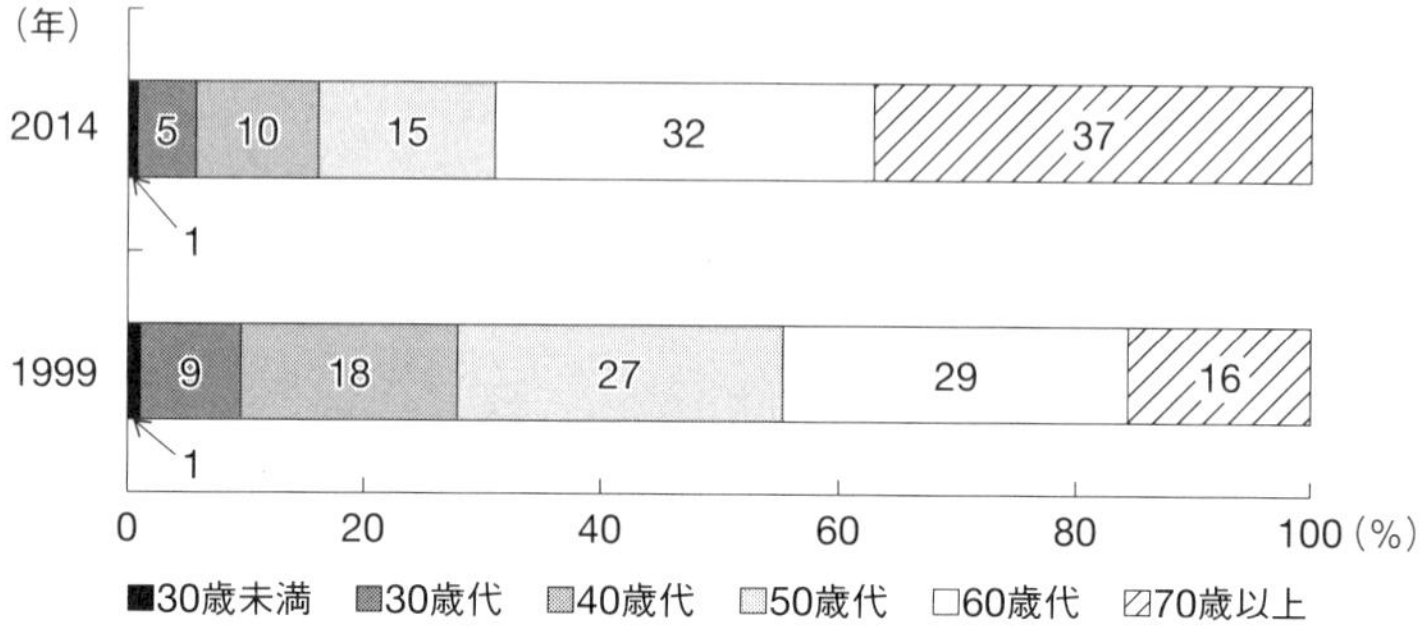

（出所）　総務省「全国消費実態調査」より大和総研作成

１７１６兆円まで増えたが、図表２－２に示したようにその保有は高齢者にますます偏るようになっている。

　高齢層と若壮年層の間だけでなく、金融資産の蓄積が進んだ高齢者層のなかでの格差も広がっている。世帯主が70歳以上の家計を５分位階級（貯蓄残高の低い世帯から並べて世帯を５等分し、20％ずつのグループをつくったもの）に分けてみると、２００７年には貯蓄がいちばん多いグループの平均貯蓄残高は、いちばん少ないグループの28倍だったが、２０１４年には32倍に格差が拡大している。同様に世帯主が60歳代の世帯について計算すると、２００７年の26倍から２０１４年の34倍に拡大しており、後の世代ほど格差が大きくなっている可能性がある。

　少子高齢化のさらなる進展により、資産を相続する人数は減少すると見込まれ、相続人１人当りの取得財産額は増加していくと考えられる。そうなれば現在の高齢者層でみられる資産格差が次の世代に引き継がれ、固定化される可能性がある。また、すでに資産を有している相続人が「老老相続」するケースでは、資産のさらなる偏在が進んでしまうことになる。こうしたこともふまえて、相続税のあり方を考える必要がありそうだ。

Key Word

法定相続人と法定相続分

法定相続人は、民法によって配偶者と血族相続人とが定められている。配偶者は常に法定相続人となり、血族相続人は配偶者と共同相続人となる。血族相続人は子（子がすでに死亡している場合の孫なども含む）が第1順位、子がいない場合は直系尊属（父母、父母がいないときは祖父母）が第2順位、子も直系尊属もいない場合は兄弟姉妹が第3順位となる。つまり、順位が先の者だけが法定相続人となる。

法定相続分は、①配偶者と子が相続人の場合は配偶者2分の1、子2分の1、②配偶者と直系尊属が相続人の場合は、配偶者が3分の2、直系尊属3分の1、③配偶者と被相続人の兄弟姉妹が相続人の場合は、配偶者が4分の3、兄弟姉妹4分の1となる。いずれの順位も配偶者がいない場合は、それぞれの順位の相続人が全財産を相続する。

3 グローバルな視点が求められる法人税

法人税が課される法人と課税の対象

法人税は、会社などが事業活動で得た所得に課される税である。2015年度の国の一般会計決算によると、税収全体の56兆円のうち法人税収は11兆円と約2割を占めている。また、国税である法人税のほかに、地方自治体が法人所得に課す税として法人事業税と法人住民税がある。

国税庁「会社標本調査」（2014年度）によると、わが国には262万社の法人が存在する。その形態は普通法人、協同組合等、公共法人、公益法人などさまざまだが、法人税が課されるかどうかは事業目的や特性によって異なる。

普通法人とは、株式会社や有限会社、医療法人などである。全法人の95％を占める株式会社については、原則としてすべての事業が法人税の課税対象であるが、資本金1億円以下の中小企業の一定金額以下の所得に課される税率は大企業よりも低くなっている。

協同組合等とは農業協同組合や生活協同組合、信用金庫などであり、すべての事業が課税対象であるが、中小企業と同様に税負担が軽減されている。公共法人は地方公共団体や公社、国立大学法人などであり、非営利事業であるため法人税は課されない。公益法人には公益社団法人・公益財団法人、非営利型法人に該当する一般社団法人・一般財団法人、学校法人、社会福祉法人、宗教法人などが該当する。法人税は公益的な事業に対しては課されないが、公益法人であっても収益事業から生じた所得には課税される。

法人税が課される法人の所得は、売上げなどの益金から経費などの損金を差し引いて求められる。益金と損金は企業会計上の収益と費用に似た概念だが、収益であっても益金に算入されないものや（益金不算入項目）、収益ではないが益金に算入されるもの（益金算入項目）があり、費用と損金についても同様の違いがある。

そのため企業会計上の利益と課税所得は必ずしも一致しない。企業会計は経営成績や財務状態を株主や債権者などへ報告することなどが目的であるのに対して、税法は税負担の公平性や税制の中立性を確保して適正な課税を行うことを目的としている。

景気と法人税収

法人税収は景気に左右されやすい。図表３－１は、法人税収の対ＧＤＰ比と景気動向指数の１つである「一致ＣＩ」を重ねたものである。景気動向指数とは、生産や雇用などの経済指標を統合することにより、景気の方向感や強さを把握するために作成された指標であり、一致ＣＩは景気にほぼ一致して動く。同図表をみると、法人税収の対ＧＤＰ比は一致ＣＩにおおむね連動していることがわかる。税収が

図表３－１　法人税収と景気動向

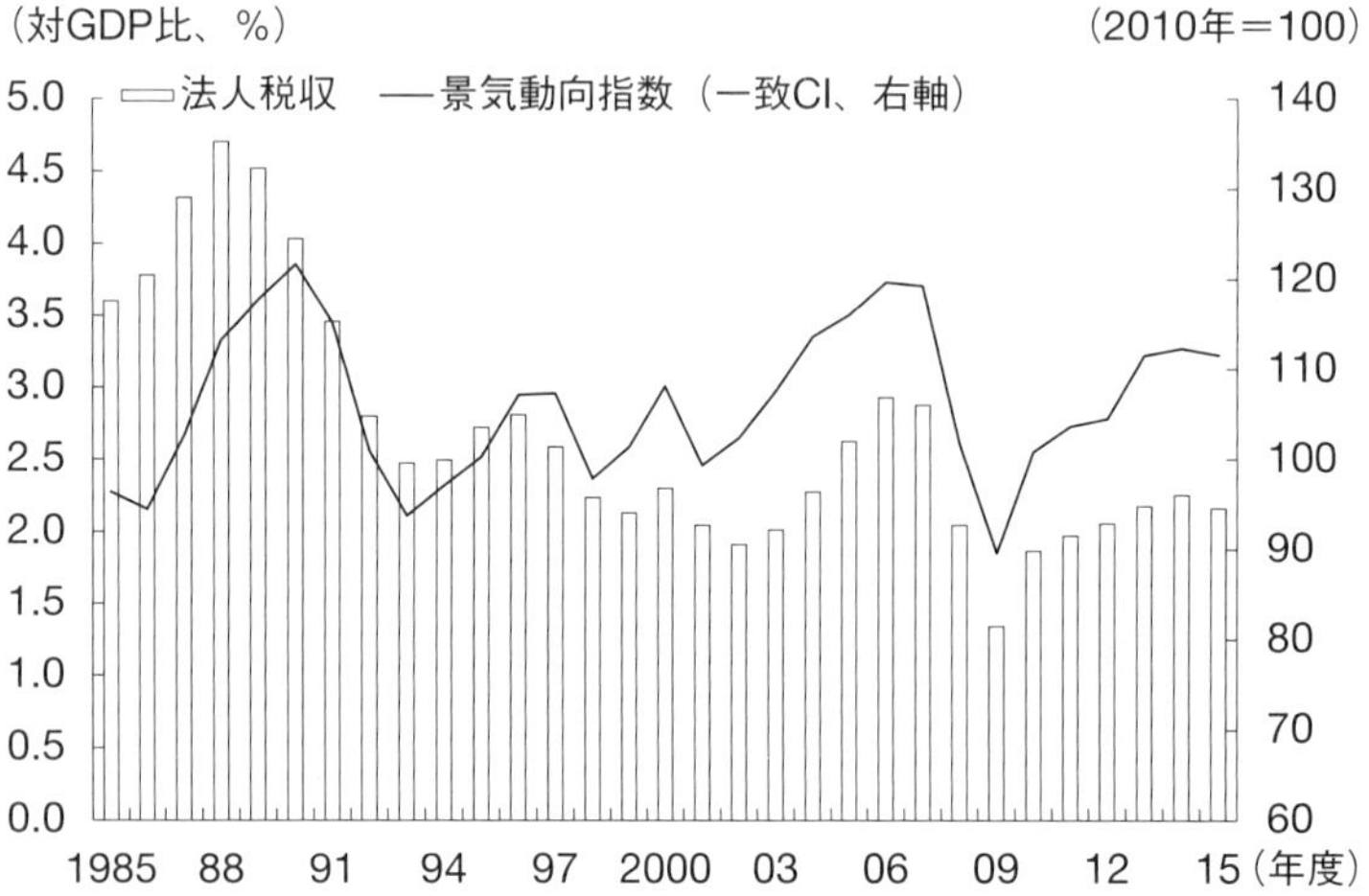

（注）　税収は決算ベース。
（出所）　内閣府「景気動向指数」等より大和総研作成

ＧＤＰ自体の変動と同じように動くとすればそのＧＤＰ比は一定になるはずだから、税収のＧＤＰ比がダイナミックに変動しているということは、法人税収が経済成長率の増減以上に変動しているということを意味している。

１９８０年代と現在を比べると、法人税収のＧＤＰ比の水準は長期的にみて低下しているが、図表３－１には法人税率が段階的に引き下げられてきた要因も反映されている。１９８０年代前半に40％強だった法人税率は、１９９０年代末には30・０％へ、２０１６年度には23・４％へ引き下げられた。

実は、法人税を納めている法人は、法人全体の３分の１にすぎない。残りは所得がゼロかマイナスの欠損法人である。欠損法人の割合は景気回復や制度改正もあって２０１０年度から徐々に低下しているが、大多数の法人が納税していないという状況は1990年代後半から変わっていない。

また財務省によると、全法人の45％は7年連続で欠損であるという（2012年度時点のデータ）。赤字続きであるにもかかわらず、倒産せずに事業を長期に続けることができているというのは不思議な話である。そうした法人が全体の約半分を占めているのは、外見上は赤字であっても、実際は一定の利益を生み出している法人が少なからず存在しているということなのかもしれない。

もっとも、欠損法人の割合が高い理由の1つに、欠損金の繰越控除制度がある。益金から控除しきれないほどの損失が生じた場合、翌年度から一定期間、欠損金が繰り越されて損金算入され、所得から控除される。つまり、ある年に所得があっても過去の損失と相殺することが認められており、ゴーイング・コンサーン（事業活動が期間の定めなく行われているという意味での継続企業の前提）に基づいて、税負担の平準化が図られているのである。

繰越欠損金は1990年頃の資産バブル崩壊をきっかけに急増し、2014年度の翌期繰越欠損金は64兆円だった。翌期繰越欠損金は2008年度以降は減少しているが、それでも15～20兆円にすぎなかった資産バブル崩壊前を依然として大幅に上回っている。繰越欠損金が損金算入されている間は課税所得が抑えられる。財務省によれば、欠損金の繰越控除制度によって納税額がゼロとなっている法人は、全法人の3割程度を占めるという（2012年度のデータ）。

なぜ法人税率を引き下げる必要があるのか

わが国の法人税率は1990年代末から段階的に引き下げられてきた。2012年12月に発足した第二次安倍内閣は、法人税改革を成長戦略の重要施策に掲げており、課税ベースを拡大させつつ、税率の引下げに積極的に取り組んでいる。

法人税率引下げの目的の1つは、海外との税率格差を縮小させることで立地競争力を強化し、国内企業の競争力を高めることである。もちろん、法人税率は日本の国際競争力を測る1つの要素にすぎず、企業は税率格差だけで事業を行う国を決めているわけではない。しかし、法人税率の引下げがその国で事業活動する魅力を高めることは確かであり、実際に諸外国は税制面で他国よりも有利になるように税率を引き下げてきた。

図表3－2が法人実効税率の国際比較である。法人実効税率とは、国と地方をあわせた法人所得課税の負担率である。

日本の法人実効税率は1980年代初頭時点で50％程度とかなり高かったが、当時は諸外国と大差なかった。しかし1980年代半ばに入ると、米国や英国などで税率を引き下げる動きが広がり、日本との格差が次第に広がった。こうした状況を受け、日本国内では国際競争力を維持して企業の活力が十分に発揮されるようにするためにも、国際的にみて高い法人実効税率を引き下げるべきであるという声が高まった。

図表３－２　国際的にみた法人実効税率の推移

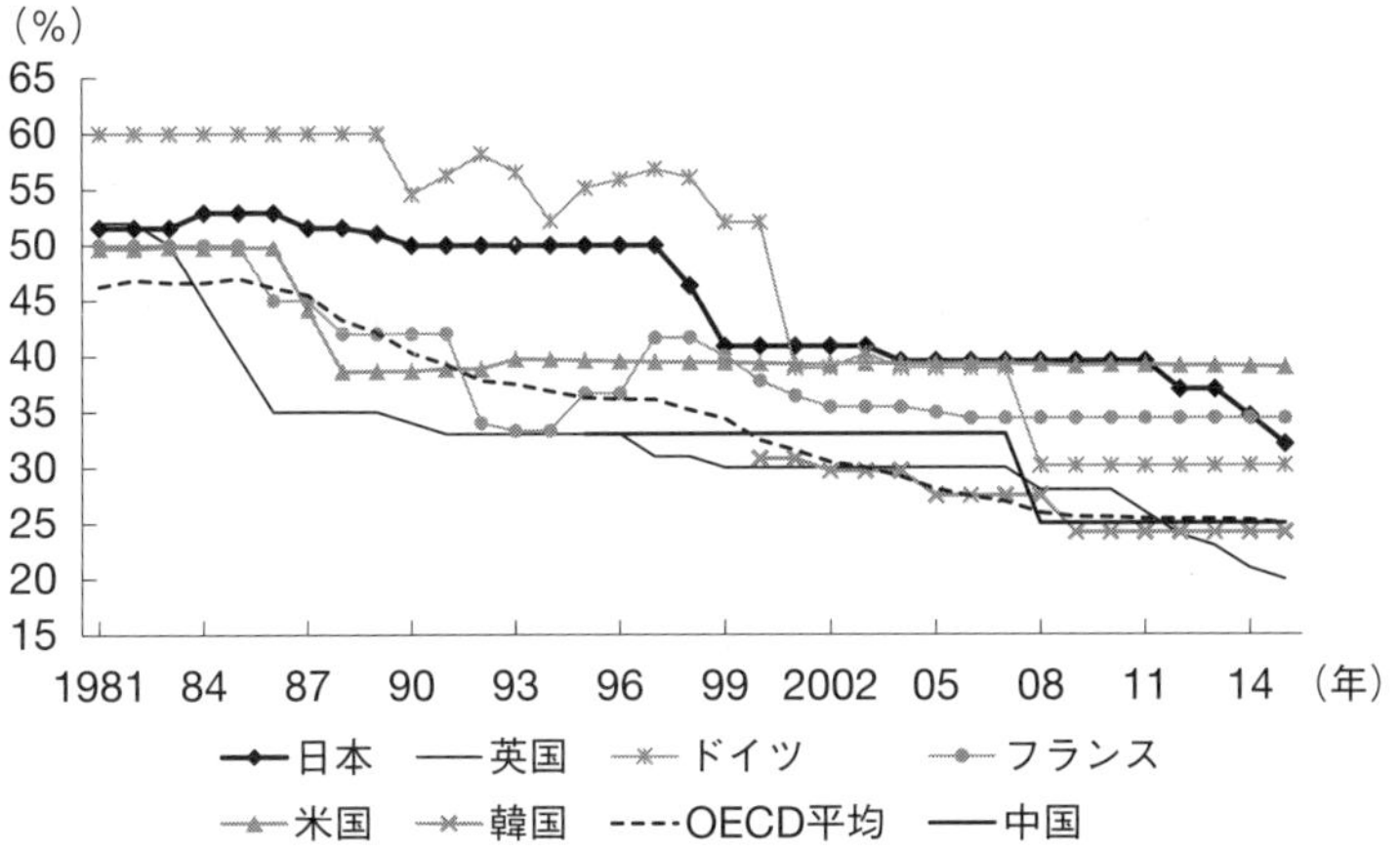

（注）　日本は年度値。
（出所）　OECD Tax Database、財務省資料より大和総研作成

その結果、法人実効税率は１９９７年度に46％へ、さらに翌年度には41％へ引き下げられた。しかし、その後も国際的な税率引下げの動きは止まらず、日本との税率格差が再び拡大した。たとえば、１９９０年代まで50％を上回る税率を維持していたドイツは２００１年に39％へ、２００８年に30％へ引き下げた。２０００年に30％であった英国は２０１２年に25％を下回り、２０１５年に20％となった。

そして、法人実効税率引下げの動きを再び加速させたのが安倍内閣である。２０１４年６月に安倍内閣が閣議決定した「経済財政運営と改革の基本方針２０１４」（骨太の方針２０１４）では、「数年で法人実効税率を20％台まで引き下げることを目指す。この引下げは、来年度から開始する」と盛り込まれ、２０１６年度の法人実効税率は29・97％とドイツ並みとなった。さらに、

２０１７年度には29・74％へ引き下げられることがすでに決まっている。

法人税改革をめぐる今後の課題

安倍内閣が行っている法人税改革は、税率引下げだけが目的ではない。個別的な政策減税をできるだけ縮小して、法人税の課税ベースを広げ、事業活動に中立的な構造へ改革することで成長力や収益力のある企業を増やすことをねらっている。減税となる企業に対しては、さらなる収益力拡大に向けた前向きな投資や、継続的な賃上げが可能な体質への転換が期待されている。

具体的には、税率引下げとあわせて租税特別措置の見直しや欠損金の繰越控除制度の見直し、減価償却制度の定額法への一本化、法人事業税の外形標準課税の拡大などが行われている。外形標準課税とは、所得ではなく、支払給与を含む企業が生み出す付加価値全体といった外形的な基準で行う課税のことであり、その拡大は赤字法人に対する課税拡大という性格を有する。

他方、改革の必要性が認識されながらも十分に着手されていない分野もある。２０１５年12月に策定された２０１６年度の与党税制改正大綱には「法人税制をめぐる諸課題」として、租税特別措置、地方法人課税、中小法人課税、協同組合等課税、公益法人等課税があげられている。

いずれも重要な課題だが、たとえば、中小法人は全法人の99％を占めているため、中小法人課税制度の見直しはその影響が大きい。与党税制改正大綱では、資本金１億円以下を中小法人として一律に同一の制度を適用していることの妥当性について検討するとされている。たしかに、資本金を基準にして企業規模や担税力を測ることには無理が生じてきているだろう。２０１０年には会計検査院が、「多額の所得があり担税力が弱いとは必ずしも認められない中小企業者が、中小企業者に対する法人税率の特例の適用を受けている事態が見受けられた」と指摘している。

与党は、資本金以外の指標を組み合わせるなど、法人の規模や活動実態等を的確に表す新たな基準について検討する方針であるという。約７割が欠損法人であり、長期に赤字のまま存続している法人が多いという実態を詳らかにして、成長力のある中小企業が事業活動をしやすい法人税制をつくることが、日本経済全体にとっても喫緊の課題といえるだろう。

Key Word

「企業減税VS家計増税」？

法人実効税率が段階的に引き下げられるなか、消費税率は2014年4月に5％から8％へ引き上げられ、2019年10月には10％へ引き上げられる予定である。こうした構図を、政府が企業を優遇して家計に負担を強いているようにとらえ、法人税率引下げを批判する声がある。

しかし、そもそも企業と家計は対立するものではないし、不可分な関係にある。多くの個人は企業で働き、また、企業から商品を購入している。個人の貯蓄は金融市場を通じて企業の投資に回っている。企業業績はそこで働く人々の給料や雇用者数に影響を与え、それらは家計の消費活動を通じて企業業績に影響を及ぼす。また、競争力の高い企業とは、高付加価値の製品やサービスを生み出すことができる企業である。企業の生産力が高まることは、労働者と消費者の双方の立場から家計の暮らし向きを引き上げることにほかならない。

4 行政サービスの対価としての地方税

地方税は地元に基礎を置く

地方税は地方公共団体である都道府県や市町村が課す税で、自治体が行政サービスを実施するための基礎的な財源である。地方公共団体全体でみると、地方税は歳入の3～4割を占める。

自治体の財源としては、地方税のほかに地方交付税、国庫支出金、地方債がある。このうち、地方交付税はどの地域でも標準的な行政サービスが提供できるように国税として財源を確保し、自治体間の財源の不均衡を調整するものである。本来は地方の税収とすべきものを国税として国が徴収しているととらえ、地方交付税は地方の固有財源と説明されることもある。

ただ、地方交付税はあくまでも国税の一定割合が地方に配分されているものであり、自治体が地域住民に課しているものではない。ここでは、純粋な地方税について考えよう。なお、地方税収の偏在を調整する地方交付税交付金については、論点27で述べる。

地方税にはさまざまな種類があるが、図表4－1に示したように、歳入規模が大きい主なものとしては、個人住民税、法人住民税、法人事業税、地方消費税、固定資産税があげられる。このうち法人事業

図表4－1　地方公共団体の主な税収

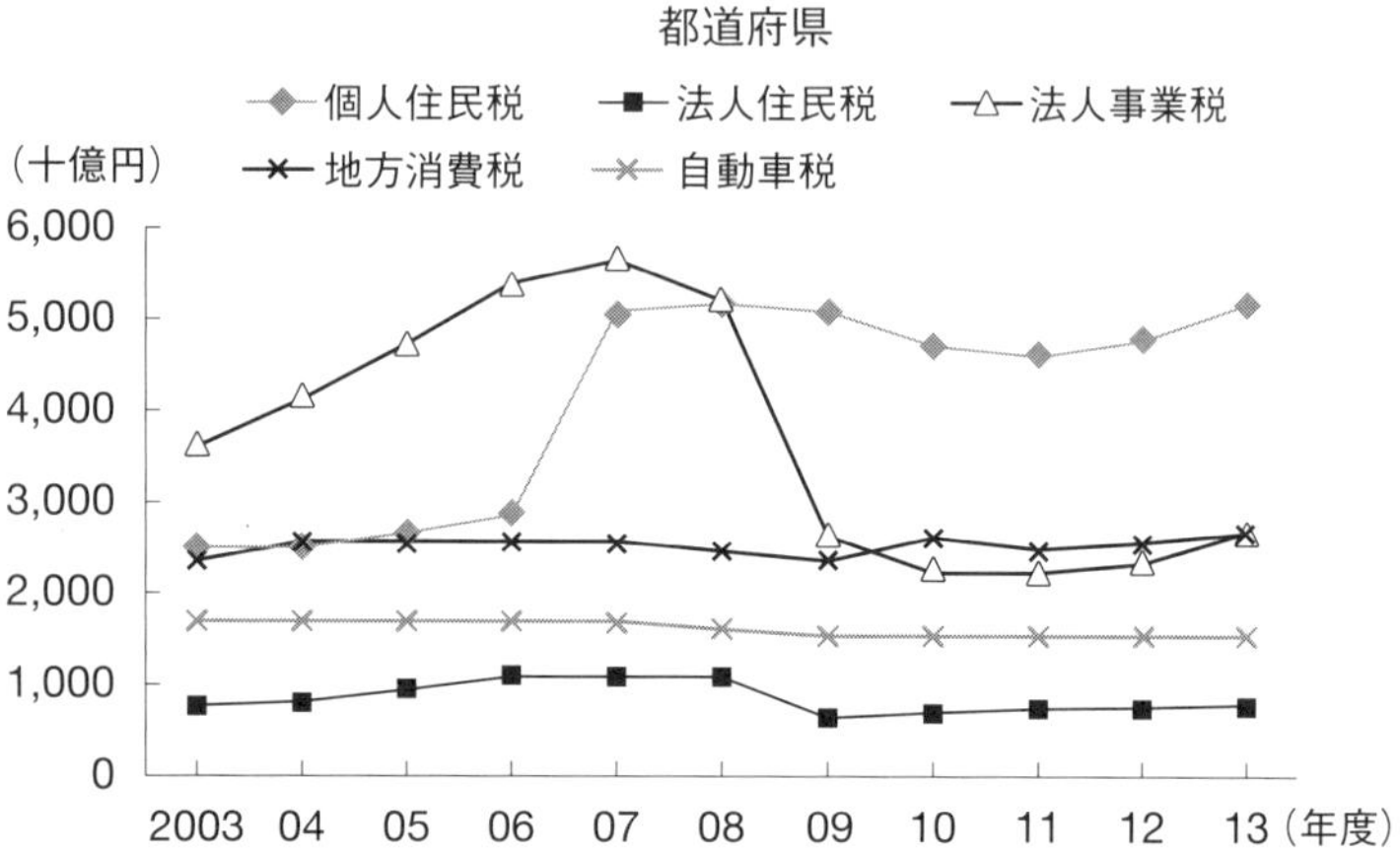

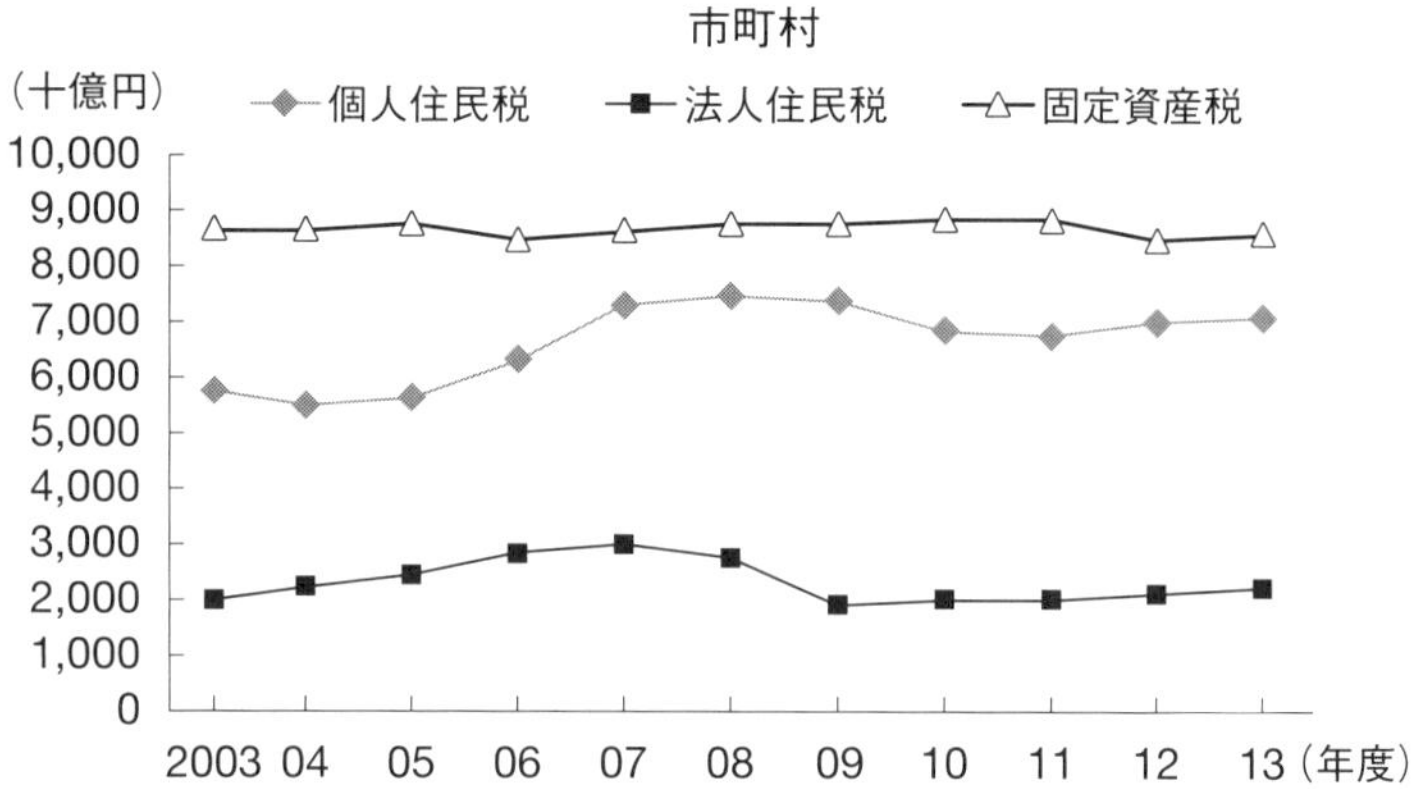

(出所)　総務省「地方財政統計年報」より大和総研作成

税は道府県税、固定資産税は市町村税であり、他の税目は道府県税、市町村税の両方に共通する。

なお、「道府県税」であって「都道府県税」と呼ばないのは、地方税法が「道府県税」と規定しているためである。東京都については、道府県税についての規定は都に、市町村税に関する規定は特別区に準用するとされており、市町村税に規定されるいくつかの税目については都が課税することになっている。

さて、個人住民税、法人住民税はその地方公共団体に居住するあるいは拠点を置くことに対して課される。また、法人事業税、地方消費税はその地での経済活動に対して課されるといえる。固定資産税はその地に所有する固定資産である土地や家屋などに課される。

つまり、地方税は地方公共団体の地元に基礎を置く税である。それを財源に地元の行政サービスが提供されるという意味で、応益税の考え方に基づいているといえる。地方税は負担能力に応じて課されているというよりは、身近な行政サービスを受けている対価として課されているという性格が強い。

地方税収の偏在

それぞれの自治体の地方税収の多寡は、それぞれの地域の人口や法人数、住民の所得や法人の収益、固定資産の価値などによって決まってくることになる。住民税には頭割りの課税も行われており、人口や法人数が多ければ税収は多くなる。個人や法人の所得は経済活動の動向に大きく影響を受ける。固定資産の価値は、経済活動が活発な地域ほど、あるいは経済の成長期待が強い場所ほど高くなる。した

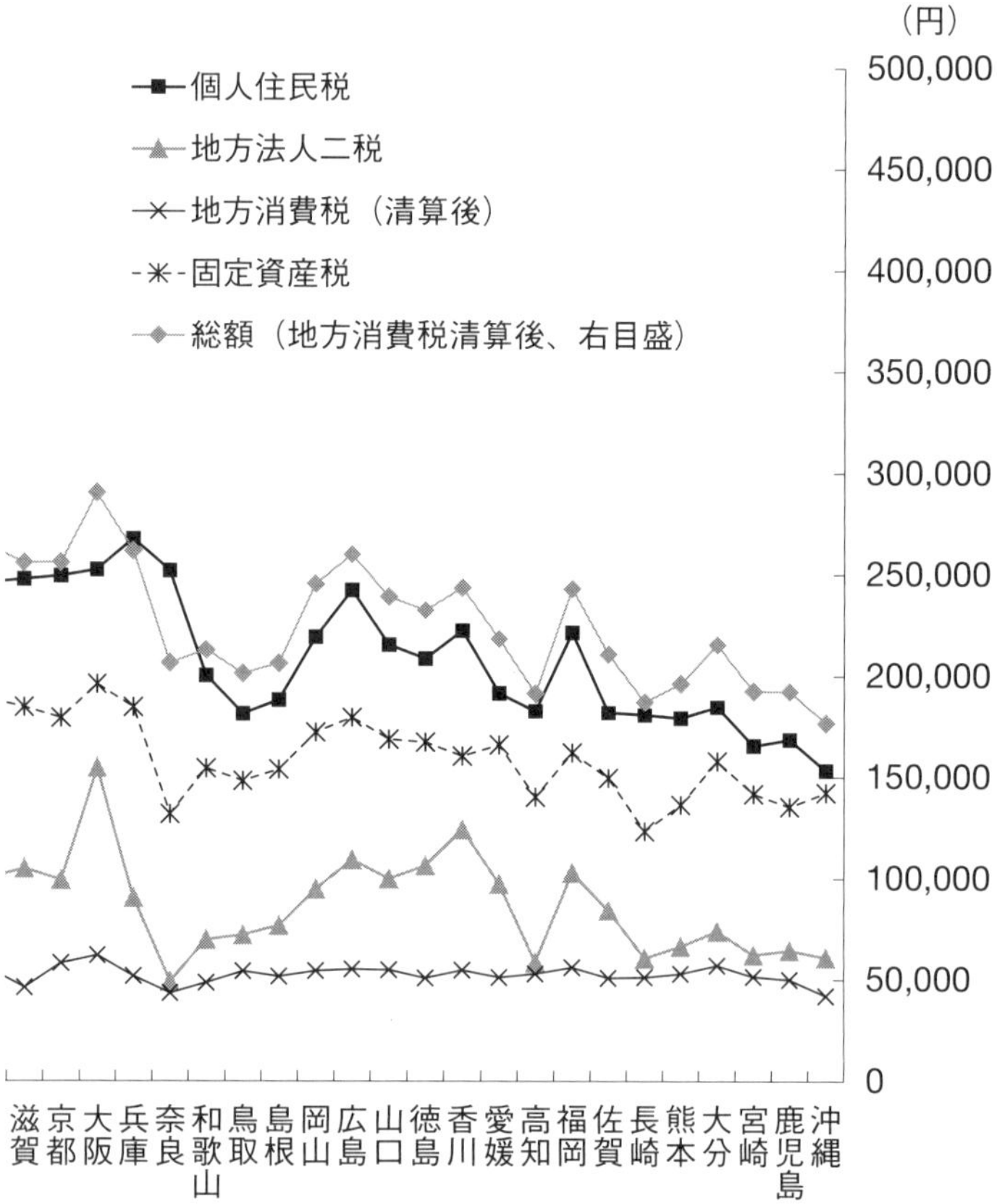

(円)
500,000
450,000
400,000
350,000
300,000
250,000
200,000
150,000
100,000
50,000
0
個人住民税
地方法人二税
地方消費税（清算後）
固定資産税
総額（地方消費税清算後、右目盛）
滋賀
京都
大阪
兵庫
奈良
和歌山
鳥取
島根
岡山
広島
山口
徳島
香川
愛媛
高知
福岡
佐賀
長崎
熊本
大分
宮崎
鹿児島
沖縄

図表4－2　都道府県別地方公共団体の人口1人当り主要税収額（2013年度）

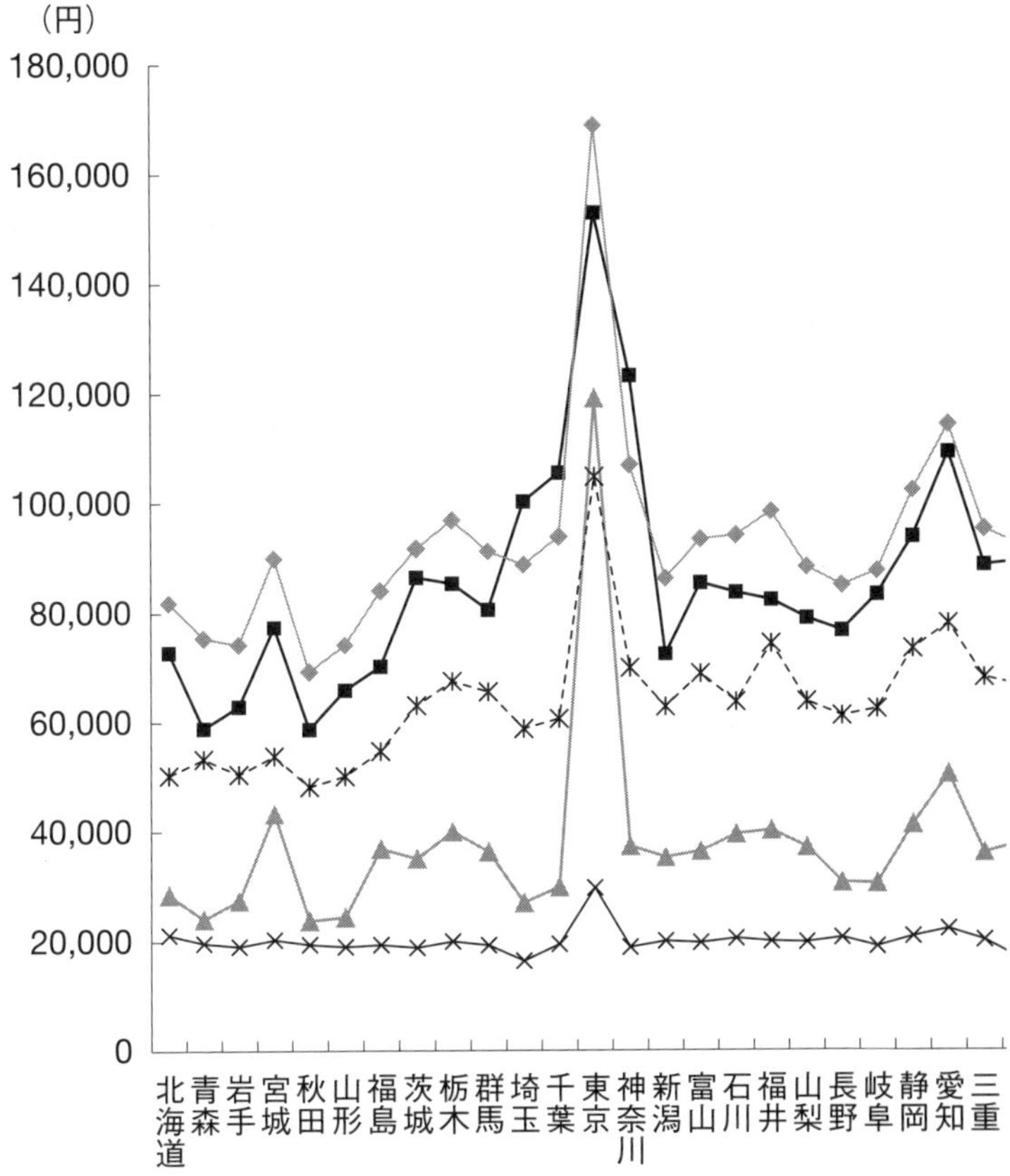

（注）　個人住民税、地方法人二税、総額は都道府県、市町村の合計。

（出所）　総務省「地方財政統計年報」より大和総研作成

がって、地元の経済社会が活力をもっているかどうかや豊かさを実現しているかどうかが、各地方公共団体の地方税収の差となって現れる。

地域活性化は以前からの課題であり、歴代内閣の重要政策である。過疎の問題をはじめとして、地方が疲弊しているといわれて久しい。大都市圏と地方圏の経済活力の差が大きいのはだれの目にも明らかな状況となっており、地方税収にも格差が現れている。

主要な税目について人口1人当りの税収額を示した図表4－2をみると、地方消費税（正確には清算後の地方消費税）は東京都がやや大きいものの、すべての都道府県でおおむね似たような金額となっている。しかし、個人住民税、法人住民税と法人事業税を合計した地方法人二税、固定資産税は、東京都が突出して大きい。東京都以外でも大都市圏のある府県で税収が多く、それ以外の県では少ない傾向がある。なお、三大都市圏（東京、愛知、大阪）と周辺県（埼玉、千葉、神奈川、岐阜、三重、滋賀、京都、兵庫、奈良）を比較すると、地方法人二税の格差よりも個人住民税、固定資産税の格差が相対的に小さくなっている。これは、これら三大都市に周辺県から通勤する人口が多いことが影響している。

地方分権とのバランス

中央集権の弊害と地方の疲弊の進行に対する処方箋として、地方分権の必要性がいわれ続けている。安倍内閣は地方が成長するための活力を取り戻し、人口減少を克服するために、担当大臣を置いて「まち・ひと・しごと創生」に注力している。以前からある道州制の議論はあまり進んでいるようにはみえないが、いずれにしても地域の特徴を活かし、地域の希望を実現していくには地方分権を進めることが必要である。

ただし、前述したような地方税収の偏在を考えれば、現状の地方税の構造のまま地方分権を進めると、歳入が著しく不足して十分な行政サービスを提供できない地方公共団体が生じる可能性が高い。決定権だけでなく責任も伴う地方分権への熱意は自治体によって相当の差があり、それが地方分権を進めるうえでのむずかしさでもある。地方分権をどの程度、どのように進めるかによって、国税と地方税の再配分のあり方も異なってくるだろう。地方公共団体間での財政調整制度の再構築などとあわせて、検討を深めることが求められる。

ふるさと納税

最近の地方税で最も話題になっているのは、2009年度に導入された「ふるさと納税」だろう。「ふるさと納税」は、自らが住民税の納税先を選べる制度と説明されることがあるが、正確には居住する自治体以外の自治体へ寄付する制度である。寄付を受けた自治体からは返礼品が届くケースが多く、一般の寄付にはない特別な税額控除が受けられるため、「ふるさと納税」を行う人が増えている。

制度の概要としては、収入や家族構成によって上限はあるが、2000円を超える部分のふるさと納税額が所得税と住民税から控除される。そのため、2000円の自己負担（残余は国と居住する自治体の負担）で全国各地の特産品などを手にできることから人気を博している。控除を受けるためには、原則として確定申告を行う必要があるが、「納税先」が5団体以内である場合には確定申告が不要になる「ふるさと納税ワンストップ特例制度」が2015年度に導入された。

ふるさと納税は、①納税者が寄付先を選択することにより、その使われ方を考えるきっかけとなる、②生まれ故郷、お世話になった地域、これから応援したい地域の力になれる、③地方公共団体が国民に取組みをアピールすることで地方公共団体間の競争が進む、という意義があるとされる。ただし、近年では、ふるさと納税に対する返礼品競争などが生じており、本来の趣旨から逸脱している面があるとの指摘もある。

Key Word

固定資産税

固定資産税は市町村税であり、土地、家屋、償却資産を課税対象としている。納税義務者はそれらの資産を所有する個人や企業であり、応益税に分類される。土地や家屋の価格は景気動向に影響を受けるが、法人税や住民税に比べれば税収の変動は小さく、市町村にとって固定資産税は重要な安定財源の1つである。

課税の際の評価額は、地方税法上「適正な時価」とされているが、戦後の高度経済成長期やバブル期の地価高騰などにより、特に土地については評価額が時価に追いつかないという課題が生じた。だが、かといって地価高騰期に急激に評価額を引き上げれば、固定資産税の負担が大幅に増加してしまうため、税負担の激変を緩和するための負担調整措置が実施されてきた。また、小規模な住宅地や農地の評価額を低く抑える特例も存在する。ただし、近年では市町村の財政需要を支えるために、固定資産税の充実確保が検討されている。また、農業の競争力強化の観点もふまえて、耕作放棄地に対する宅地並み課税も検討されている。

Key Word

地方消費税

地方消費税は道府県税であり、1997年に消費税が3％から5％へ引き上げられた際に創設された（税率5％のうち1％が地方消費税）。現在の消費税率は8％だが、うち1・7％が地方消費税である。消費税率が10％に引き上げられる際には2・2％が地方消費税になる。地方消費税は国税分の消費税とともに国がいったん徴収し、その後、47都道府県で分配している。

地方消費税を負担しているのは消費者だが、事業者は本店や本社の所在地で納税している。これは事業者の事務負担を考慮した方法であり、最終的には消費が行われた都道府県に配分するために、消費に関連した基準（小売年間販売額、サービス業対個人事業収入額、人口、従業者数）によって都道府県間で清算している。清算後の地方消費税の2分の1は、人口、従業者数を基準として市町村に交付されている。

5 社会保障の財源である消費税

消費税の仕組み

消費税は、物品やサービスの消費に対して課される間接税である。医療、福祉、教育など一部のものを除き、国内におけるほとんどすべてのモノの販売やサービスの提供に課されている。保税地域から引き取られる外国貨物（輸入品）も課税対象である。

消費税は、それまで課されていた特定の財やサービスに対する物品税などの個別消費税の大部分を廃止して、消費一般に対してあらゆる世代が広く公平に負担する租税として1989年4月に導入された（なお、個別消費税として、酒税やたばこ税、ガソリン税などは現在も残っている）。

消費税率は制度導入時は3％とされ、1997年4月に5％（うち地方消費税は1％）へ引き上げられた。また、2014年4月には現行の8％（同1・7％）に引き上げられ、2019年10月には10％（同2・2％）に引き上げられる予定である。

消費税は、最終的な消費者の段階だけでなく、事業者間の取引の各段階における取引金額に対して課税される。これを「多段階課税方式」という。製造業者→卸売業者→小売業者→消費者と、商品やサービスの価格に上乗せされるかたちで順に消費税が転嫁され、最終的な消費者が負担する仕組みになっている。生産や流通のそれぞれの段階で二重、三重に税が累積しないよう、事業者が売上げに対する消費税額から、仕入れに含まれる消費税額（仕入税額）を控除して納税する仕組みとなっている。

税収の使途と税率引上げの必要性

１９９９年度以降、消費税収は社会保障や福祉に充てることが国の予算書の一部である予算総則で明記されるようになった。さらに、２０１２年には社会保障の充実と財政健全化の同時達成を目的とする「社会保障と税の一体改革」の議論が政府と国会で進められ、年金、医療、介護の社会保障給付と少子化対策の経費に消費税収を充てることが、消費税法の第1条に明記された。

また、２０１２年には消費税を社会保障目的税化すると同時に、２０１４年4月と２０１５年10月の2回に分けて税率を10%まで引き上げることも決められた。ただし、その後、2回目の引上げは、経済状況などに配慮して２０１７年4月まで18カ月延期され、さらに２０１９年10月まで30カ月再延期されている。いずれにせよ税率5%ポイントの引上げによる増収分は、１%程度を社会保障の充実に、４%程度を既存の社会保障の安定化に充てると説明されている。

第2章以降で述べるように、財政の最大の問題は社会保障費の増加である。消費税が社会保障費の有力な財源とされているのはなぜだろうか。

まず、税収が景気の変動に左右されにくく、安定していることがあげられるだろう。年金や医療・介護は国民の生活基盤であり、そうした歳出には安定的な財源を充てることが理に適っている。過去10年の税収の推移をみると、所得税や法人税は不景気になると減少するが、消費税は景気がよくなってもさほど増えない半面、不景気でもさほど減少せず、安定して推移している。

また、若者や働き盛りの人口が減少するなかでは、所得税や社会保険料の負担を増やしたのでは、それでなくとも重い負担を負わざるをえない現役世代に負担がますます集中してしまうおそれがある。あらゆる世代がオールジャパンで広く薄く負担する消費税の役割を大きくせざるをえない。

さらに、消費税は経済活動に対する中立性が高いという利点もある。所得税や社会保険料の負担増は現役世代の可処分所得を減らすという問題があると同時に、働く意欲に与える影響も懸念される。現在、賃上げの必要性が叫ばれているが、企業が努力して賃上げをしても所得税や社会保険料がどんどん増えたのでは可処分所得が増えず、消費拡大はままならない。法人税は国際的な調和が求められており、社会保障のために法人税を増やすべきという意見は少数だろう。

こうして考えれば、今後増大が見込まれる社会保障財源の調達手段としてふさわしいのは消費税と考えられ、今後その重要性がますます高まっていくと思われる。

軽減税率導入による影響と効果

消費税率10％への引上げの際には、食料品などを対象に軽減税率が導入される。本来は単一税率とするのが簡素で効率的であるが、食料品などは、現行の税率（8％）が維持されることになっている。

まで広げられたことで、減収額は毎年約1兆円に及ぶと試算されている。このうち4000億円分は、「総合合算制度」に充てる財源を充当すると説明されているから、少なくとも6000億円を捻出しなければならない。総合合算制度は、医療・介護・保育・障害に関する個人や世帯の自己負担の合計額に上限を設けるというコンセプトの制度をつくるというアイデアだが、その具体化が検討された気配はほとんどなく、4000億円は財源があるという説明も微妙である。安定的な恒久財源の確保は難航が予想されるだろう。

Key Word

社会保障と税の一体改革

「社会保障と税の一体改革」は、消費税をはじめとする税制抜本改革による安定財源の確保を含め、社会保障の充実・安定化と財政健全化の同時達成を目指すものである。その考え方は、2009年に起きた政権交代以前の自公政権や2009年に発足した民主党（当時）を中心とする政権を通じて議論が重ねられ、2012年6月の民主党、自民党、公明党による三党合意を経て、同年8月に消費税率の引上げや年金制度の改正等を内容とする一体改革関連8法案が成立した。さらに2013年12月には社会保障制度改革プログラム法が自公政権下で成立し、社会保障改革の進め方が明らかにされた。

Key Word

消費税増税の再延期

消費税率8％から10％への引上げは、2012年の国会で決められたことである。だが、安倍内閣は2015年10月から2017年4月への延期に続き、さらに2019年10月まで2年半（合計4年）先送りした。安倍首相は1回目の延期の際に、2017年4月には必ず引き上げると説明したが、2016年6月、消費税増税を再延期する必要性について、世界経済の先行きに不透明感が増し成長の減速が懸念されるとしたうえで、「内需を腰折れさせかねない消費税率の引上げは延期すべき」と説明した。もっとも、安倍首相は増税先送りを決定する一方で、増税をした場合と同じ社会保障の充実をすべて行うことはできないとも述べ、2020年度の財政健全化目標は堅持した。

Key Word

インボイス方式（適格請求書等保存方式）

各事業者の消費税の納付税額は、売上げに対する消費税額から仕入れに対する消費税額を控除して算出される。現行制度では、課税仕入れ等の取引を記録した帳簿と個々の取引の事実を証明する書類（請求書等）の保存を仕入税額控除の要件とする「請求書等保存方式」が採用されているが、請求書等に消費税額の記載は義務づけられていない。だが、日本でも２０１６年度税制改正により、欧州のインボイス方式（税額が別記された請求書等の保存を仕入税額控除の要件とする制度）に相当する「適格請求書等保存方式」を仕入税額控除の要件とすることとされた。

ただし、準備期間の確保のため２０２１年４月からの導入とされている。また、適格請求書等保存方式の導入前後には経過措置がとられる。２０１９年10月に複数税率が導入されたとしても、２０２１年３月までの経過措置としては、現行の請求書等保存方式を維持しつつ、区分経理に対応するため、「区分記載請求書等保存方式」が採用される。また、２０２１年４月以降の経過措置として、本来は仕入税額控除を認めるべきでない免税事業者からの仕入れについて、２０２１年４月からの３年間は80％、その後の３年間は50％の仕入税額控除が可能とされる。

6 高齢化で増加する社会保険料

現役世代に重くのしかかる保険料負担

社会保障給付の主な財源である社会保険料は、高齢化などによる給付増を反映して、所得の伸びを大きく上回るペースで増加している。２０１４年度の社会保険料は国民所得比17％であり、60年前から8倍近くに、30年前から2倍近くに上昇している。保険料の国民所得比はマクロからみた保険料率と考えればよい。

消費税率の引上げに対する国民の関心は非常に強いが、それに比べて社会保険料率の引上げは注目されることが少ない。サラリーマンは毎月の給料から保険料が天引きされるため、その負担は毎日支払っている消費税と比べて実感しにくいのかもしれない。

だが、保険料率の引上げによる家計の負担増は、消費税増税に比べて決して小さいわけではない。家計の保険料負担は２０１４年度までの10年間でおよそ7兆円増加した。消費税率１％の引上げによる負担増は２・５兆円ほどだから、家計は過去10年間だけでも消費税率換算で３％分に近い負担増を経験したことになる。

２０１４年からは賃上げが多少は行われるようになったが、その間も保険料率は年々引き上げられており、家計の可処分所得の伸びを抑制している。サラリーマンが加入する被用者保険では、原則として保険料を労使で折半しているため、家計と同様に企業の保険料負担も増加している。社会保険料の増加は人件費の一部として企業収益を圧迫し、採用意欲や設備投資を抑制するなど企業活動にも悪影響をもたらしていると考えられる。

現役世代から引退世代への所得移転

社会保障制度は、そのときの負担をそのときの給付に充てる賦課方式で基本的に運営されている。社会保障給付の財源の大部分は現役世代が負担しており、高齢化による給付増は現役世代の負担増に直結する。それは年金だけでなく、医療や介護も同じである。高齢者向けの医療給付を現役世代が支える仕組みとして、「前期高齢者納付金」と「後期高齢者支援金」がある。

多くの場合、退職後には、65～74歳の前期高齢者の間、国民健康保険（国保）に加入することになるだろう（被用者保険に加入し続けるケースもある）。そして、75歳を迎えると後期高齢者医療制度に加入する。高齢者は病気になることが多いため、国保や後期高齢者医療制度から支払われる医療給付費は、主に現役世代が加入する被用者保険よりもかなり多い。加入者に無職者や低所得者が多い国保や後期高齢者医療制度は、他方で保険料収入が少ないから、財政力は脆弱である。こうした被保険者間の財政力の格差を調整するため、国保へは前期高齢者納付金が、後期高齢者医療制度へは後期高齢者支援金が、被用者保険から拠出されている。

各保険者が負担する前期高齢者納付金は、前期高齢者加入率（被保険者数に占める前期高齢者の割合）が国保を含めた全国平均を下回るほど大きくなる。いわば前期高齢者の少ない被用者保険ほど、前期高齢者の多い国保へお金を回す財政調整が行われている。

また、後期高齢者医療制度は、給付費の約4割を被用者保険と国保からの支援金でまかなう制度設計になっている。制度発足当初は、その支援金を後期高齢者以外で頭割りしていたが、徐々に所得割（総報酬割）のウェイトを引き上げてきた。後期高齢者支援金を各保険者に按分する際、総報酬割のウェイトは、2014年度は3分の1だったが、2015年度は2分の1、2016年度は3分の2となり、2017年度からは全面総報酬割となる。総報酬割は、各保険者に加入する被保険者の平均所得水準に応じて負担を求める方式であり、平均所得の高い保険者の加入者ほど負担が重くなる。

2013年度における被用者保険（協会けんぽ、組合健保、共済組合）の保険料収入は17兆円だったが、前期高齢者納付金と後期高齢者支援金はあわせて7兆円に達した。保険料収入の実に約4割が加入者以外の医療給付の財源になっているということであり、それだけ現役世代から引退世代へ所得が移転されているということである。

高齢者の給付を現役世代が支える制度は介護保険にもある。介護給付費の約3割は40～64歳の第2号被保険者が納付する保険料でまかなわれており、2013年度は2・5兆円であった。介護納付金と呼ばれるこの負担は、現在、各保険者に加入する現役世代の頭割りで決められているが、総報酬割の導入が検討されており、2016年末までに結論を得ることになっている。

年齢を問わない応能負担が必要

2012年から始まった社会保障と税の一体改革や、2013年12月に施行された社会保障制度改革プログラム法では、社会保険といえども各人の負担能力に応じた負担を求める「応能負担」の考え方が強く打ち出されている。先述した後期高齢者支援金の全面総報酬割は、それが現実となった典型である。そのほか、国保などにおける低所得者の保険料負担の軽減、被用者保険の標準報酬月額上限の引上げなどが行われている。

超高齢社会を維持するための財源を厳しい財政状況のなかで確保しつつ、社会保障のセーフティ・ネットを社会的弱者に対して張るためには、応能負担を強めることはある程度避けられない。ただし、負担能力のある人に負担を求めるという考え方は、若年層や壮年層だけでなく、高齢層も対象でなければ制度を維持できないだろう。現在の社会保障制度は高齢者を年齢だけで一律に弱者とみなす傾向があるが、平均的にみた高齢層は所得と資産の両面からみて現役世代よりも豊かである。

図表6－1は、可処分所得と純資産を世帯主年齢別にみたものである。世帯人員数は世帯主の年齢によって大きく異なるため、ここでは世帯人員数で割った世帯人員1人当りの金額で比較している。2014年の可処分所得は全年齢の平均で年168万円であり、年齢別では50歳代（208万円）が最も高い。50歳代と比べると60歳代や70歳以上は低いが、無職世帯が多いにもかかわらず、40歳代以下よ

図表6－1　世帯人員1人当りの可処分所得と純資産額（2014年）

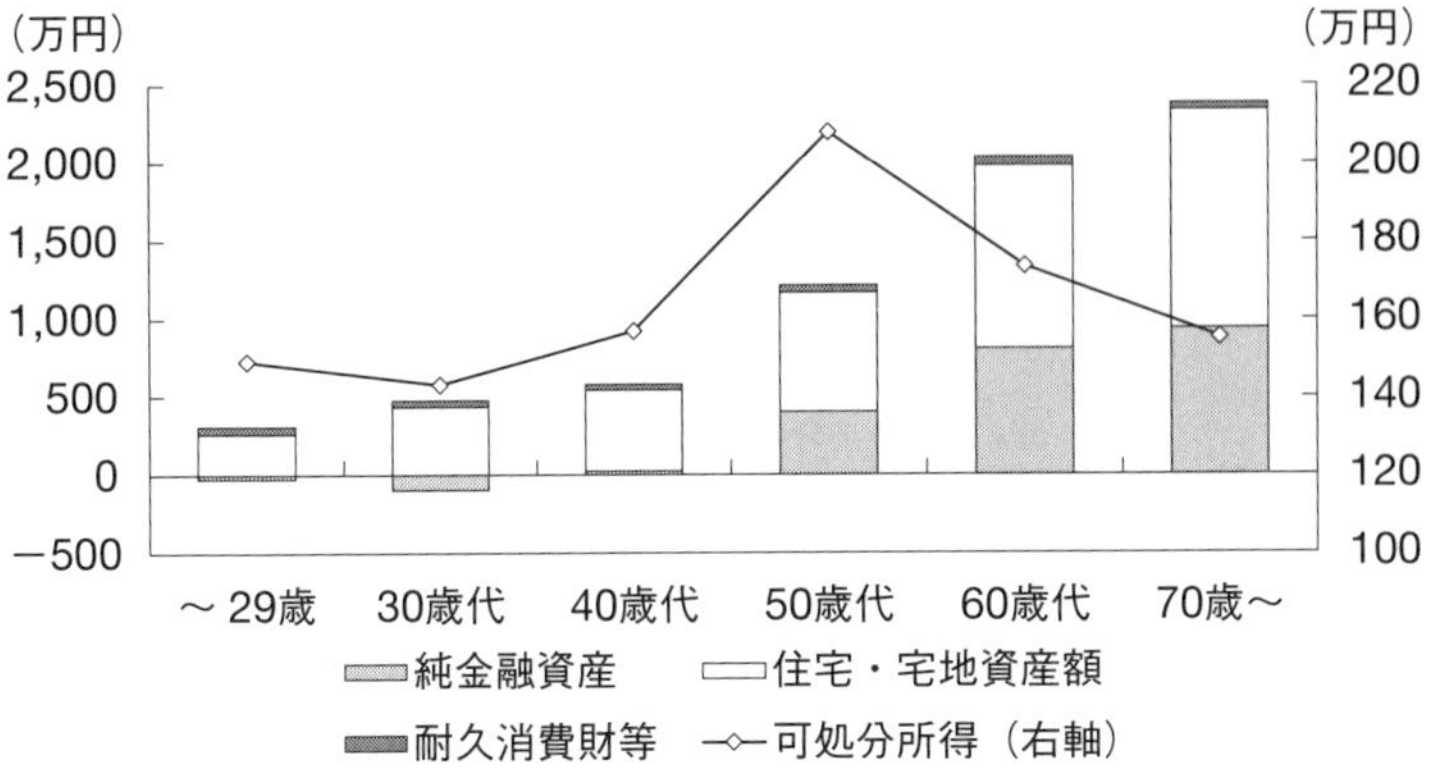

（注）　総世帯。耐久消費財等は会員権を含む。
（出所）　総務省「全国消費実態調査」等より大和総研作成

りも高いか同等の所得を有している。これは無職になって給与所得がなくなったとしても、年金や資産性の所得（利子・配当や不動産からの賃貸料など）があるためだと考えられる。

図表6－1で資産についてみると、高齢者は金融資産だけでなく、住宅や土地といった実物資産を現役世帯よりかなり多く所有している。65歳以上人口が全体の約3割を占め、今後もその割合の上昇がほぼ確実に見込まれるわが国では、負担能力が高い高齢者に現在よりも多くの負担を求めざるをえないだろう。

年金保険料の未納問題

保険料を給与天引きではなく自分で納付する必要がある国民年金や国民健康保険の未納問題も指摘されるようになって久しい。

国民年金の納付率は、1970年代は95％前後で推移していたが、その後は低下傾向が続き、2010年度には60%を割り込んだ。2012年度以降は雇用・所得環境の改善もあって上昇しているが、2014年度で63%にとどまっている。国民年金保険料の未納はどのような問題をもたらすだろうか。

国民年金保険料の未納者（過去24ヵ月間で保険料を納付していない者）は2014年度末時点で224万人である。かなりの規模の人数だが、公的年金全体（基礎年金）の被保険者に占める割合は約3%であり、一見、制度運営に支障をきたすほどの規模ではないようにもみえる。

しかし、公的年金制度は強制加入の仕組みである。保険料の未納者が多ければ、法令に従ってまじめに納付している人々の納付意欲を削ぎ、制度への信頼感を低下させる。また、年金財政の長期的な計算上、未納率が想定以上に高まれば給付が維持できなくなるおそれがある。

何より、公的年金は保険料を納付した人が年金を受け取ることができるという権利性の強い制度であるため、未納者本人が不利益を受けることになる。将来、無年金者や低年金者が増えれば社会は不安定化する。それを政治が放置できないとすれば、生活保護費の膨張など、別のかたちで政府の支出は結局増えてしまうだろう。

国民年金（基礎年金）の財源の半分は公費であり、物価スライド付きの終身年金である国民年金は、本来お得な金融商品である。年金保険料の納付はすべての国民に義務づけられているが、無所得者や低所得者などに対しては保険料の免除や猶予の制度もある。年金制度について、政治や政府は国民に対してもっとわかりやすく説明し、制度に対する漠然とした不信を払拭する努力が求められるだろう。

実は、日本年金機構によると、厚生年金に加入すべきであるにもかかわらず加入していない事業所数が24・5万もあるという（2014年度末）。年金の空洞化は、国民年金だけでなく厚生年金でも大問題である。

逆進的な保険料

所得に対する負担率が低所得者ほど高いという負担の逆進性は、しばしば消費税について指摘されるが、消費税は消費額に応じて支払う税であるため、所得が低く消費額の少ない人の税負担は小さくなる。これに対して、所得の多寡にかかわらず定額の負担を求める国民年金保険料や国民健康保険料の均等割部分の逆進性は消費税よりもはるかに強い。2016年度の国民年金保険料は月額1万6260円であり、このほかに国民健康保険料を納付しなければならない低所得者にとってはかなりの負担である。

国民年金保険料が定額であるのは、もともと実務的に所得を公正に把握することがむずかしい自営業者が念頭に置かれているためである。しかし現在の国民年金には、多くのパートタイマーやアルバイトといった非正規雇用者が加入している。厚生労働省「平成26年国民年金被保険者実態調査」によると、国民年金保険料を滞納している人の約3割は非正規雇用者であり、自営業者（16％）の約2倍である。

政府は、低所得者に対する保険料免除の適用などの取組みを推進する一方、短時間労働者への厚生年金保険の適用拡大を進めている。そもそも逆進性がきわめて強い社会保険料の増加を抑制するためには、徹底的な給付の効率化が求められるだろう。

Key Word

標準報酬月額・標準賞与額

健康保険や厚生年金保険の保険料は、標準報酬月額と標準賞与額に一定の料率を掛けて算定される。標準報酬月額は4～6月の3カ月間に支給された報酬の平均額を区切りのよい幅で設定された「標準報酬等級表」に当てはめ、毎年9月に標準報酬月額が改定される。算定対象となる報酬は基本給のほか、残業手当や通勤手当などの諸手当が含まれる。標準賞与額は実際に支給された賞与額から千円未満を切り捨てた金額となる。

標準報酬月額と標準賞与額には上限があり、健康保険の標準報酬月額は139万円、標準賞与額は年度累計額で573万円である。厚生年金での報酬上限はそれぞれ62万円、150万円であり、健康保険と比べて低い。厚生年金の保険料については、その上限を引き上げて高所得者の年金額を高くし過ぎると、現役時代の所得格差が公的な制度を通じて老後に持ち込まれてしまうことになる。

Key Word

学生納付特例制度

所得のない学生であっても、20歳になれば国民年金保険料の納付が義務づけられる。ただ、学生であれば月1・6万円の保険料を支払うことは経済的に厳しい。そこで、一定所得以下の学生については、申請により、在学中の保険料の納付が猶予される「学生納付特例制度」を利用できる。

猶予期間中の保険料は、10年以内であればさかのぼって追納することができる。制度を利用せずに未納扱いのままだと追納が認められず、将来受け取る年金額はその分だけ少なくなる。また猶予期間中は、いざとなれば障害基礎年金や遺族基礎年金の支給対象にもなるため、制度を利用するメリットは大きい。厚生労働省「平成26年国民年金被保険者実態調査」によると、学生の88％は学生納付特例制度を知っており、66％が制度を利用している。

7 時代で異なる税の負担構造

変化してきた税の構成

国の2016年度当初予算では、一般会計の税収が57・6兆円と見積もられている。その内訳をみると、所得税18・0兆円、法人税12・2兆円、消費税17・2兆円、相続税1・9兆円などとなっている。また、揮発油税（ガソリン税）が2・4兆円、酒税が1・4兆円など、身近な税もかなりの規模である。かつては映画館や演劇場に入場する際の入場税や、電車のグリーン車に乗るときの通行税、トランプや花札に課税するトランプ類税、利益がなくても株取引をするだけで課される有価証券取引税などがあり、何に課税するかは時代とともに変化してきた。

もっとも、所得税と法人税が基幹的な税目であることは、長期にわたり変わっていない。ただ、両者をあわせた税収の割合は、1980年代には7割を超えていたが、最近ではおおよそ半分である。ここ20年で税収全体に占める割合を高めてきたのが消費税である。

論点5でも述べたように、超少子高齢化の時代には、主に現役層が負担することになる所得税だけでは、政府サービスをまかなうための十分な歳入を得られない。少子化対策がうまくいったとしても、当分の間は生産年齢人口（15～64歳）が減少し続けるため、負担の配分について見直しを行うにしても、全体として所得税の税収を大きく増やすことはむずかしい。

また、法人税を重くすることも困難だ。企業はグローバルに活動するようになっており、資本は世界を飛び回っている。資本に対する課税は国際的な調和が必要であり、そうでないと、法人税の重い国から低い国へ生産拠点や投資先が移動し、雇用にも影響することになるから、法人税率を引き下げる政策がとられている。日本は、競争力のある海外企業が国内に入ってこないという問題も抱えている。外国資本が自国内に生産拠点を設ける対内直接投資残高のGDP比をみると、2014年末の国連のデータによれば、日本は世界198カ国中196位である。

全体的なバランスを考えれば、あらゆる年齢層による消費額の大きさに応じた負担である消費税の役割が高まるのは自然である。税のなかでも広く薄く、市場価格に一律的に上乗せされる消費税は、経済活動に対して中立的な税であると考えられる。

直接税と間接税

所得税と法人税は直接税であり、消費税は間接税である。学問としての税法や行政の世界では、税の実質的な負担者と納税義務者が同じ税を直接税、異なる税を間接税と呼ぶ。直接税と間接税のそれぞれの特徴をふまえたうえで、望ましい直接税と間接税の割合（直間比率）がどのようなものであるかについては昔から議論があった。議論の傾向としては、諸外国と比較して日本は直接税の比率が高かったため、1980年代までは間接税の割合を高める必要があるといわれてきた。

　直接税は景気の変動による税収の振れ幅が大きい。好況期に税収が増え、不況期に税収が減ることで景気を自動的に安定化させる機能を、ビルト・イン・スタビライザーという。一方、間接税は景気がよくなっても税収が増えにくく、反対に不況になってもさほど減らない。財政運営を考えると直接税は不安定だが、間接税は安定性があるということになる。現時点で直間比率について目標は定められてはいないが、所得、消費、資産の3つに対してバランスよく課税するということが、コンセンサスになっている。

　税収の構造と経済との関係を考えるには、地方税も含めて税をとらえる必要がある。国税も地方税も国民からみれば税金であることに違いはない。地方税は、固定資産税が大きいなど、国税とは違った特徴がある。そこで、GDP統計である国民経済計算を使って、国と地方をあわせた直接税と間接税の推移をGDP比でみたのが図表7－1である。

　ここで間接税とは国民経済計算上の定義によるもので、前述した税の負担者と納税義務者という形式に基づく分類とは少しだけ異なる。国民経済計算での間接税とは、生産コストの一部を構成している税であり、①財やサービスの生産・販売・購入・使用に関して生産者に課される租税で、②税法上損金算入が認められ、③その負担が最終購入者へ転嫁されるもの、とされている。具体的には、企業が支払う法人事業税や自動車税、家計も支払う固定資産税などが図表7－1では直接税ではなく、間接税に分類されている。家計が負担する固定資産税も、持ち家の自分自身に対する賃貸業と考えれば生産コストの

図表7－1　国および地方の税収

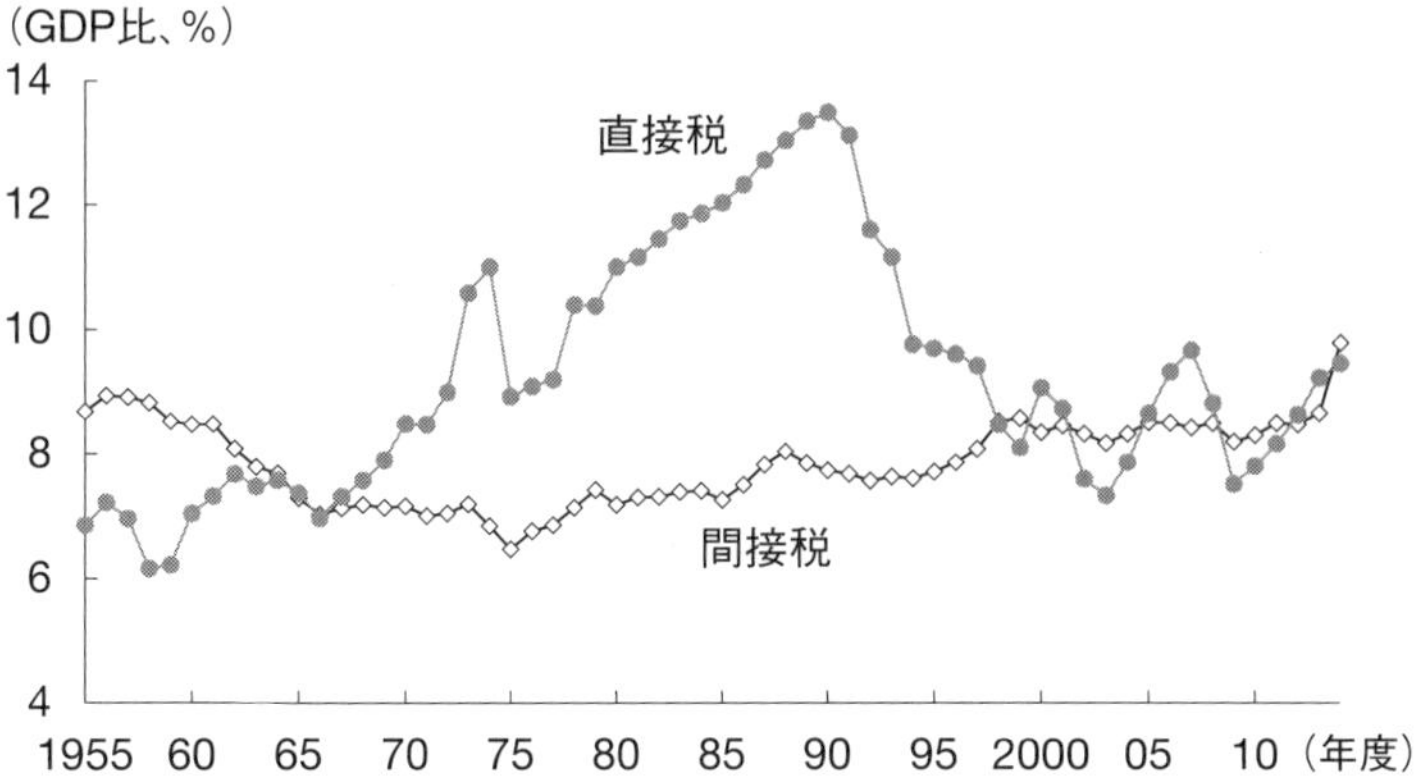

（注1）　間接税：生産・輸入品に課される税、直接税：所得・富等に課される経常税。
（注2）　1979年度以前は68SNAの間接税と直接税のベース。
（出所）　内閣府「国民経済計算」より大和総研作成

一部である。

さて、同図表をみると、2000年代は直接税が増えたり減ったりしているが、大雑把にいって両者はほぼ同じくらいの負担率になっていることがわかる。直接税の重さは1990年代初頭の頃と比べて大幅に低下している。1990年代の日本経済が低迷したということもあるが、特に1990年代には景気対策として家計や企業に対する減税が行われた影響も大きい。

一方、間接税は1970年代後半以降、緩やかに負担率が上昇し、1989年度の消費税導入や1997年度の消費税率引上げなどの税制改正を経て、存在感を増している。2014年度には17年ぶりの消費税率引上げが実施され、さらに間接税の負担率が上昇した。

租税弾性値は低下

税制は、民主主義のプロセスを通じて大きな改革や小刻みな改正が行われてきた。それは税の負担構造を私たちが変化させてきたということにほかならない。

税収の構造に関しては、租税弾性値（景気変動に伴って税収がどのくらい変動するかを示す値）という言葉が財政再建との関連で取り上げられることがある。現在、毎年の財政赤字が非常に大きいにもかかわらず、いっさいの増税なしに財政再建ができるという楽観論があるとしたら、それは租税弾性値を著しく高く見積もっているからに違いない。景気さえよくなれば、税収が自然に大きく増えるという議論である。

たしかに、税率構造に累進性をもつ所得税には一定の弾力性がある。また、それ以上に弾力性が高いのが法人税である。法人税率はシンプルだが、景気変動によって企業の利益が大きく変動するため法人税の弾性値が大きくなる。賃金や雇用は景気の変動ほどには変化しないため、結果として人件費等を差し引いた法人所得が大きく変動し、法人税の弾力性が高くなるのである。

しかし、租税弾性値について詳しく議論・研究した「経済成長と財政健全化に関する研究報告書」（内閣府、２０１１年10月17日）によると、租税弾性値は１９８０年代には１・３～１・４であったが、現在は1程度であると結論づけられている。租税弾性値が1ということは、税収はＧＤＰ並みに変動するようになっているということである。

租税弾性値が低下した要因は、第一に、GDPが増えても1980年代以前のようには賃金が増えにくくなっていることに加えて、論点1で述べたとおり税率の累進性が低下したことで、所得税の租税弾性値が低下しているからである。

第二に、論点3で述べたように、1990年代中頃以降は企業の損失を翌年度以降に税務会計上で繰り越す繰越欠損金が高水準で推移している。近年の法人税収は現在の利益や損失だけでなく、過去の損失から大きな影響を受けているため、実際の税収は企業の好決算からみるほどには増えていない。高水準の繰越欠損金は、単年度で租税弾性値を考えること自体に無理があることを示している。

そして第三の要因が、間接税のウェイトの高まりである。間接税には、酒税やたばこ税などさまざまなものが含まれているものの、計測してみると租税弾性値はほぼ1である。間接税はGDP並みにしか増えないともいえるし、GDP並みには増えるともいえる。所得税や法人税よりも租税弾性値が低い間接税が、消費税増税などによって税収全体に占めるウェイトを高めれば、税収全体の租税弾性値が低下することになる。

さらに、今後を見通せば租税弾性値を低下させる要因が多い。たとえば、法人課税における外形標準課税の拡大である。外形標準課税とは所得ではなく、資本金や人件費を含む企業の付加価値生産全体に課税するもので、GDPに対する弾力性は低いか、そもそも弾力的でない税である。

また、意外かもしれないが、単身世帯の増加は租税弾性値を低下させる要因である。扶養する配偶者や子どもがいる世帯に比べて、単身世帯は配偶者控除や扶養控除といった所得控除が少ないため、同じ所得であっても税負担が重い。租税弾性値とは税負担の平均的な重さの問題ではなく、所得がいまより1単位増えたときに、税がいまより何単位増えるかという問題であるから、実は税負担全体の重さが高くなると弾力性自体は低下するという関係にある。

このように考えると、租税弾性値を高めに見積もって財政健全化ができるという議論には相当の無理がある。2000年代以降について機械的に租税弾性値を計算すると4を超えるが、その間の税制改正の影響や法人企業の特別損失が減少した影響などを考慮せずに単純計算された租税弾性値は、あまり参考にならないと考えたほうがよいだろう。

Key Word

租税弾性値

租税弾性値とは、マクロの所得であるGDPが1単位増えたときに、税収が何単位増えるかを比で表したものである。注意したいのは、仮に租税弾性値が高いとすれば、それは不況期における税収の減少も激しいということである。「景気が回復すれば租税弾性値は2や3はある」というとらえ方は、〝いいとこどり〟であり、景気変動の波をならしたときに、経済と税収の間にどのくらいの弾力性があるのかが問題である。

8 世代で異なる税と保険料の負担構造

税金より重くなっている社会保険料

２０１５年の総務省「家計調査報告」によると、サラリーマン1世帯当りの1カ月平均の実収入は52・6万円だった（人員2人以上の世帯）。実収入とは、預貯金の引出しや資産の売却収入などを除く収入のことである。世帯員全員の毎月の給与やボーナス、利息収入、世帯内に年金受給者がいれば年金の受取額を合計したものである。

この平均的な家計は、２０１５年に勤労所得税1・6万円や個人住民税1・9万円など、直接税を1カ月当り4・2万円負担した。また、年金や健康保険の社会保険料を5・6万円負担した。実収入に対する負担率は直接税が8・0％、社会保険料が10・7％である。実収入からそれらの負担を控除した額が可処分所得であり、消費や貯蓄に回せる金額である。

日本全体でみた税や社会保険料の負担構造は時代とともに変化してきたが、それは平均的な家計の負担構造も変わってきたということである。たとえば約25年前の１９９０年には、1世帯当り実収入は52・2万円と現在とあまり大きな違いはなかったが、直接税は4・5万円（負担率8・6％）、社会保険

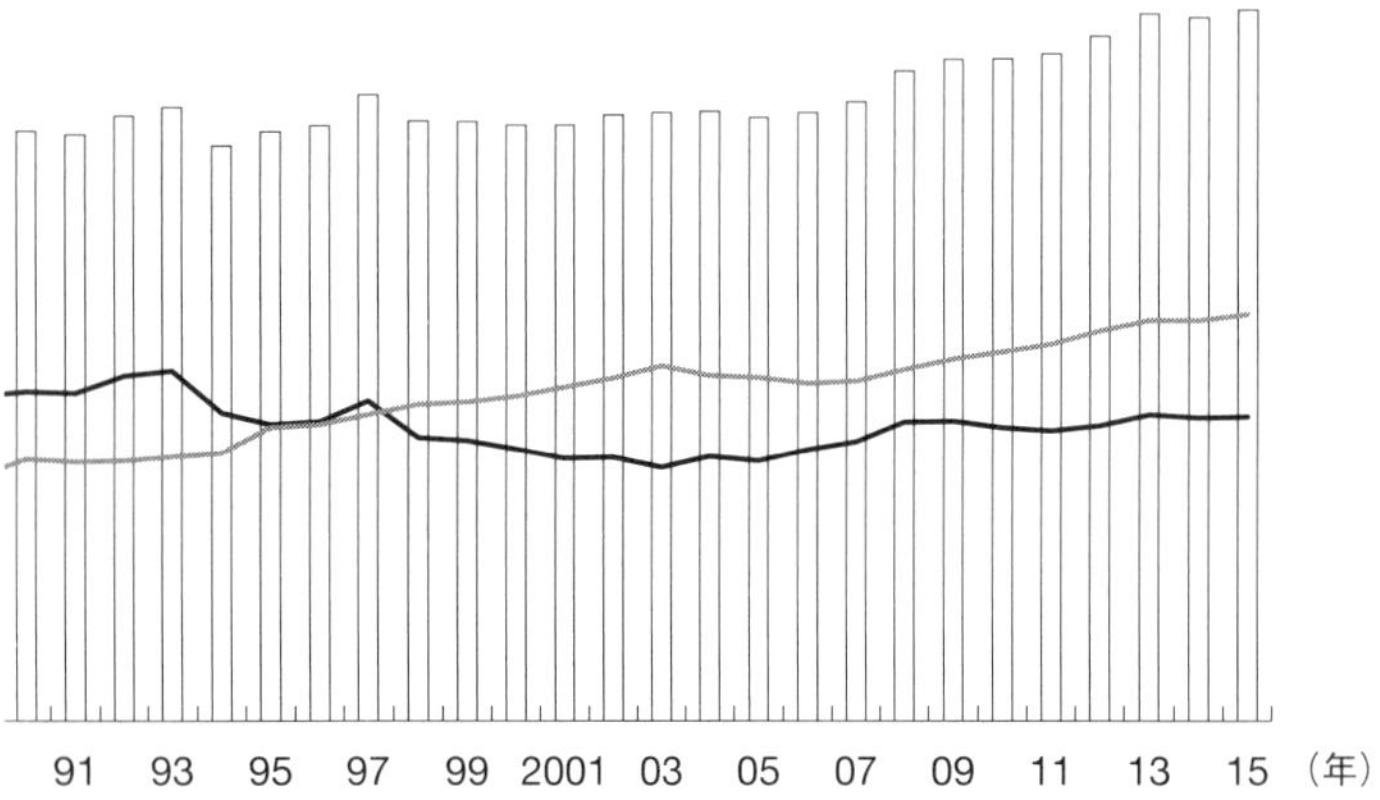

料は３・６万円（負担率６・９％）だった。当時と比べて、現在の直接税はやや軽く、社会保険料がかなり重くなっている。

さらに約50年前の１９６５年までさかのぼると、実収入は６・５万円、直接税は０・３万円、社会保険料は０・２万円だった。現在の貨幣価値に換算すると、実収入26・６万円、直接税１・３万円、社会保険料０・９万円である。当時を現在と比べれば、実質所得水準は現在の約半分で、政府サービスもいまほどは充実していなかっただろうが、負担率は直接税５・０％、社会保険料３・３％とだいぶ小さかった。負担率が低いということは、収入のうち自由に使えるお金の割合がそれだけ高かったということである。

同様に毎年の実収入に対する負担率をグラフで示したのが、図表８－１である。大まかな傾

図表８－１　実収入に対する直接税・社会保険料の負担率

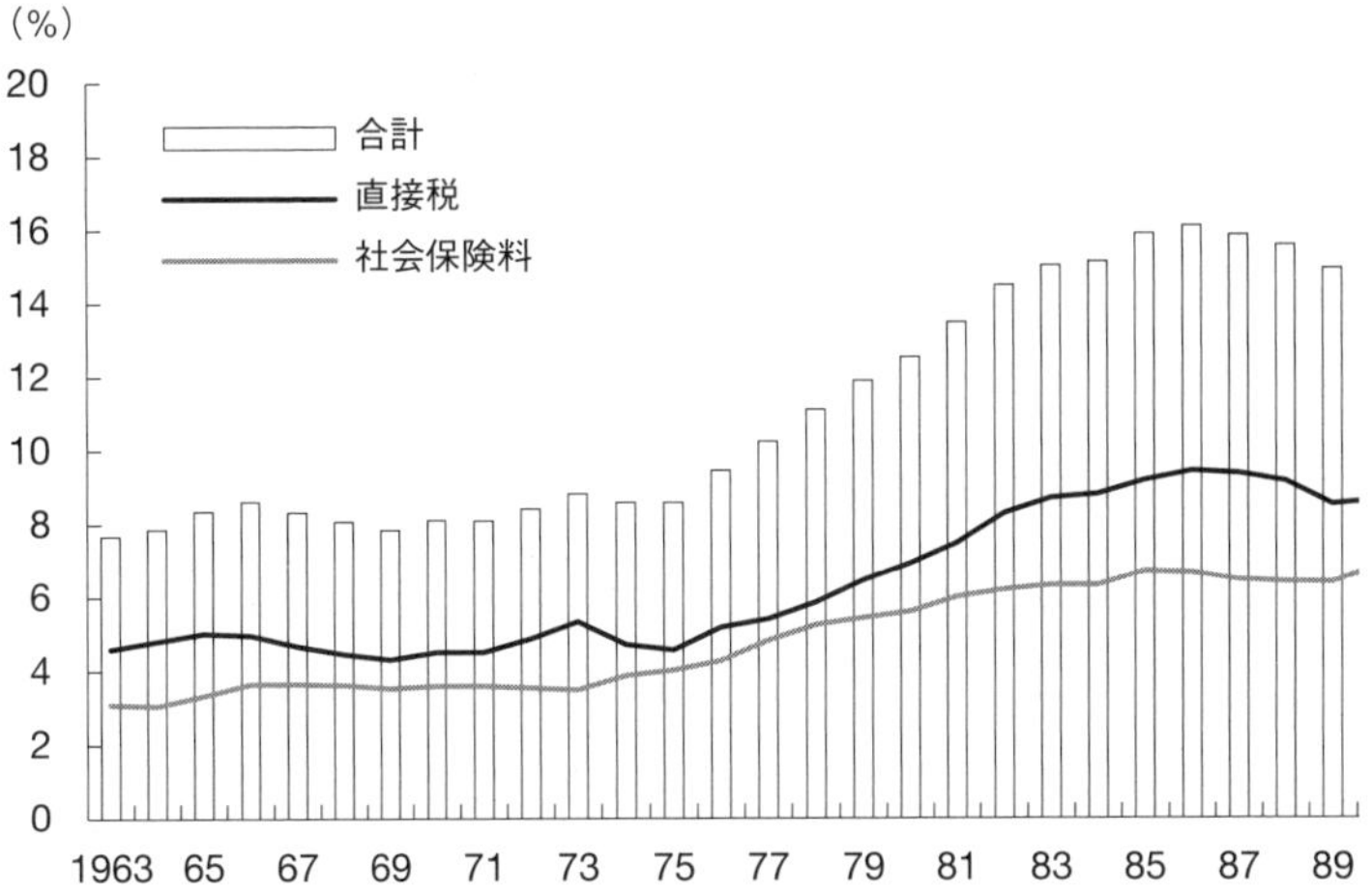

（注）　２人以上の勤労者世帯。1999年以前は農林漁家世帯を除くベース。
（出所）　総務省「家計調査報告」より大和総研作成

向として、高度経済成長期だった１９７０年代初頭までは、直接税と社会保険料をあわせた負担率はおよそ８％だった。その後、「福祉国家」としてさまざまな政府サービスや社会保障制度の充実が進められた１９７０年代後半に、負担率が一気に上昇した。なお、１９７３年が「福祉元年」と呼ばれた年で、赤字国債の発行が始まったのが１９７５年である。

　１９８０年代後半から２０００年代前半の間は、負担率は15～16％で推移したが、２００８年以降は再び上昇トレンドをみせている。ただ、それは主として社会保険料の負担増が原因である。消費税を導入するなどして税制全体では間接税の割合を引き上げたが、直接税の負担率はおおむね横ばいである。社会保険料が長期に上昇し続けており、１９９８年以降は社会保険料の負担率のほうが直接税のそれよりも高くなっている。

前述のとおり、２０１５年の１カ月当りの社会保険料は５・６万円だったが、税率８％の消費税の負担は１カ月当り２万円程度である。消費税については逆進性（負担率が低所得者ほど高いという問題）が指摘されているが、社会保険料の逆進性があまり問題にならないのは不思議である。論点６で述べたように、社会保険料には定額のものもあり、低所得者にとっては消費税よりも社会保険料の負担が格段に重くなっていると考えられる。

世代によって異なる負担

世帯当りの直接税や社会保険料の負担率が変化してきたということは、いつ頃働き盛りであったかや、いつ頃収入が多かったかによって、一人ひとりの負担率が違っていたことを意味する。

たとえば、所得税は１９８０年代中頃以降に大幅な減税が実施された。政府の経済財政白書（２００２年）の分析によると、その恩恵は１９４５年生まれよりも１９５５年生まれが、１９５５年生まれよりも１９６５年生まれが、つまり、後の世代ほど受けたという。

１９９０年代に、１９４５年生まれは40歳代後半～50歳代前半を、１９５５年生まれは30歳代後半～40歳代前半を、１９６５年生まれは20歳代後半～30歳代前半を過ごした。所得税の減税が実施されたとはいえ、所得税は累進課税の構造をもっているから年収が高ければ減税の恩恵を受けにくい。減税期に年功賃金カーブのピーク近くに位置した世代はその恩恵が小さかったということになる。ライフステージ上でどんな税制改正にめぐりあうかによって、同じ年齢であっても世代によって負担率に大きな差が出てくる。

減税や増税がさまざまに実施されてきた直接税に対し、社会保険料は一貫して負担増の方向だったといってよい。そのため、同じ年齢でみた場合には、後の世代ほど社会保険料の負担率が高くなっている。たとえば、30～34歳のときの社会保険料負担率は、１９４２～46年生まれは４・５％にすぎなかったが、１９５２～56年生まれは６・９％であり、さらに１９６２～66年生まれは８・３％となっている（家計調査による）。

１９４２～46年生まれが45～49歳になったときには社会保険料の負担率は６・８％まで高まったが、それは１９５２～56年生まれや１９６２～66年生まれが30～34歳だったときの負担率よりもまだ低い。45～49歳での負担率は、１９５２～56年生まれが９・１％、１９６２～66年生まれが10・１％と、後の世代になればなるほど高くなっている。

いざ病気で治療を必要としたり、高齢で所得を稼げなくなったりしたとき、社会保障給付を受給できるように、人々は社会保険料を負担している。だが、社会保障制度は財政的にみれば賦課方式で運営されている。年金保険料は支払ったその個人のためにどこかに積み立てられるわけではなく、支払った時点の高齢者に年金として配られている。現役世代が負担している健康保険料の多くも、その時点の高齢者の医療費として使われている。

したがって、高齢者が増え、それを支える現役世代が減れば、負担率を引き上げざるをえない。ただ、どのくらい引き上げる必要があるかは工夫次第であり、制度の見直しに腕をこまねいていれば、働く現役世代に対する負担増は際限がなくなる。

税とは累進性などを通じた所得再分配であり、税制の再構築や税収の活用は格差問題に対する処方箋になりうる。一方で、保険料は国民全体での本来のリスクシェアというよりは、だんだん現役層から引退層への所得移転のようになっている。

しかも、保険料負担率が上昇している原因は高齢化だけではない。日本の年金額は諸外国と比較しても遜色のない潤沢なものとなっており、高齢者医療は新しい医療技術で高度化が進められ寿命が延びている。２０００年度には介護保険が整備され、社会化された介護サービスの需要が大きく拡大している。つまり、高齢者の人数が増えただけでなく、制度を充実させて高齢者１人当りの受益額を大きくしてきたことも、負担増の大きな要因である。

社会保障は依然として未整備であり、もっと充実すべきだという意見は当然にある。だが、超高齢社会では「やったほうがよい」ことは無限にあり、社会保障を充実すべきという求めに終わりはない。制度を充実させるには財源をどこかに求める必要があり、どこまで充実させられるかは財源とセットで考えなければならない。

「世代会計」で考える世代間不公平

人々が、それぞれの生涯を通じて、どれだけ負担し、どれだけ受益するかを定量的に把握し、評価するツールとして「世代会計」という考え方がある。それは現在を生きているそれぞれの世代だけでなく、これから生まれてくる将来世代を含めて考えることで、将来へ負担を先送りして現在の満足を得てはいないかという問いかけでもある。将来世代の負担があまりに大きければ、現行制度での負担と受益の関係は持続性がないということになる。

内閣府の専門論文「社会保障を通じた世代別の受益と負担」（鈴木亘ほか、ESRI Discussion Paper Series No.281、2012年1月）によると、年金、医療、介護の社会保障3制度からの生涯純受給率（受益から保険料負担を差し引いた額の生涯収入に対する比率）は、1950年生まれが1・0％、1960年生まれが▲5・3％、1970年生まれが▲7・8％、1980年生まれが▲9・8％、1990年生まれが▲11・5％、2000年生まれが▲12・4％、2010年生まれが▲13・0％というふうに、後の世代になるほど負担超過になるという。

また、別の専門論文「世代別の受益と負担」（増島稔ほか、ESRI Discussion Paper Series No.217、2009年6月）では、過去の税負担分を含めた分析が行われている。これによると、1920年代半ば以前に生まれた世代は純受益になっているが、それ以降は負担が受益を超過する純負担であり、壮年層のなかでは1950年前後に生まれた世代の純負担が大きいことが示されている。1970年代後半生まれの純負担は1950年前後生まれよりはやや小さいが、1980年代以降に生まれた世代は、最近の世代になるほど、保険料率の上昇と年金のマクロ経済スライドの実施により純負担が大きくなるという。現在世代の最年少（0歳）の1人当り純負担は現在価値で3500万円程度であり、まだ生まれていない将来世代全体の1人当り純負担はその3倍近い1億円超になることが示されている。

こうした世代会計による分析は、若い世代や将来世代からの大規模な所得移転を前提にして、現在の社会保障制度が運営されていることを示している。また、負担と受益のバランスという点で、世代間不公平が無視できない大きさであることを裏付けるものである。

最近は、年金保険料を納めたくないと考える若者が増えているといわれる。制度に対する信頼感が損なわれれば、政府がさまざまなサービスを国民に提供し続けることはいずれ困難になる。また、生まれてもいない将来世代の負担をあてにした仕組みは、民主主義の限界ということだろうか。現在世代である私たちは、あまりに利己的になっていないか、将来世代に行き過ぎた重い負担を押し付けていないか、あらためて問い直す必要があるだろう。

Key Word

所得再分配

経済活動の成果として生まれた所得は、賃金などのかたちで人々に分配される。これは市場を通じた第一次的な所得分配である。ただ、そのままでは「機会の平等」が十分に確保されないため、政府は負担能力に応じて課税し、教育や福祉などの政府サービスの財源を確保する。これが所得を分配し直す所得再分配であり、政府だけが果たすことのできる役割である。

9 「霞が関埋蔵金」は財源になるか

「霞が関埋蔵金」とは何か

「霞が関埋蔵金」という言葉を聞いたことがあるだろうか。膨張する社会保障費をまかなったり何か新たな政策を行ったりするために、公共事業費のカットなどこれまでの政策の縮小や消費税率の引上げなどの増税で財源をつくりだそうとすると、痛みを受ける人が出てくる。そこで、政府がもっている「埋蔵金」を財源にできれば、そうした痛みを小さくできる。特に、「埋蔵金」を活用すれば必要な増税を回避できるという主張がみられた時期があった。

そもそも、何が「埋蔵金」であるかについては、さまざまなとらえ方がある。「霞が関埋蔵金」といった場合には、典型的には特別会計（以下、特会）の剰余金（毎年のフロー）や積立金（過去からの剰余金のストック）を指すが、政府が保有する国有地などの実物資産、NTT株式のような金融資産、独立行政法人の積立金や実物資産などを指すこともある。

特会に「埋蔵金」があるとは、どういうことだろうか。通常、われわれが予算といわれて思い浮かぶのは、一般会計である。所得税も消費税も税収は一般会計に入り、歳出として公共事業費や防衛費などが一般会計から出ていく。われわれが支払った税金がどのように使われているのかを確かめるには、基本的には一般会計をみればよい。

基本的にはと述べたのは、特会という例外があるからである。国の会計がばらばらに分かれていると、全体像が不明確になり、国民の監視が行き届かないおそれがあるため、国の会計は一般会計で総合的に管理されている。しかし、1つにまとめてしまうと、それはそれでかえってわかりにくくなることもあるため、特会という仕組みが認められている（予算の種類などについては論点17を参照）。

戦後、特会は最も数が多いときで45もあったが、特に2000年代になって特会改革が進められ、2003年に31あった特会は17に整理合理化された。改革の背景には、必ずしも注目度が高くない特会がきちんとしたチェックを受けずにいたり、剰余金や積立金を無駄に滞留させたりしているのではないかという問題意識があった。特会改革では、単に会計の数を減らすだけでなく、特会に剰余金等があれば繰り出して、一般会計の財源に繰り入れられるようにしたのだった。

特会の剰余金や積立金、政府保有の金融資産や実物資産は、別に隠されていたわけではないから、それを「埋蔵金」の発掘であるかのように論ずるのはおかしいとの意見もあった。いずれにせよ、何がしか余剰が存在するのであれば、痛みを伴う増税の前に、その活用を図るべきであることについては、だれもが賛同するだろう。問題はその先である。

外為特会と財投特会

実際、その後、特会の剰余金等の活用は進んだ。少額のものはほかにもいくつかあったが、1000億円を超えるような多額の財源にできたのは、外国為替資金特別会計（外為特会）と財政投融資特別会計（財投特会）の2つだった。

外為特会は、国が行う為替介入を管理する特会である。円高を是正するには、円を売ってドルを買う必要があるが、このため国は、政府短期証券を発行して調達した円貨でドル建て資産を購入する。逆に円安を是正したいときは、ドルを売って円を買い、これを政府短期証券の償還に充てる。外国為替の売買や外貨建て資産からの利子の受取りなどそれに伴う活動は、継続的に管理される必要がある。また、このような外国為替資金の運営に税金は投入されず、独立して運営されているため、一般会計とは明確に区分経理した特会によって管理されている。

外為特会の資産側には購入したドル建て資産（ドル建ての債券等）が、負債側には円建ての政府短期証券が計上されている。そして、ドル建て債券からの受取利子のほうが、支払う政府短期証券の利子を上回っていれば、外為特会は利益を得る。ここに剰余金が発生するのである。

財投特会については、論点31以下で詳しく述べるが、簡単にいうと、昔は郵便貯金や年金積立金を受け入れて、いまは国債の一種である財投債を発行して資金を調達し、これをインフラ建設や政策金融のための超長期の融資に充てている。この活動を管理しているのが財投特会である。

長期に続いた金利低下局面においては、財投特会の負債側では借換えが進んで支払利子が減少したのに対し、資産側は超長期の融資であるため相対的に高い金利を受け取ることができる。ここに剰余金が発生するのだが、金利上昇局面になれば逆の現象が生じて、損失が発生することは明らかだから、そのときに備えて剰余金を金利変動準備金として積み立てていた。その準備金が相当巨額に達していた。

特会以外の「霞が関埋蔵金」

特会の剰余金等以外に「埋蔵金」と呼ばれるのは、まず、国の国有財産である。特殊法人を民営化してつくった会社の政府保有株式、廃止した公務員宿舎などが代表例である。

政府保有株式売却の歴史は古い。かなり大きなものだけでも、NTT（1986～2005年、14・4兆円）、JT（1994～2004年、1・1兆円）、JAL（1987年、0・7兆円）、国鉄清算事業団保有だったJR（1993～2006年、4兆円）などがある。今後、売却が考えられるものとして、日本郵政や東京メトロの株式などがある（図表9－1参照）。

NTTやJTの株式を売却して得た収入は、国債の償還に充てられた（NTTの株式についてはいったん公共事業の財源に転用されるなどの工夫もなされた）。JR株についても、同様に旧国鉄が残した膨大な債務の処理に充てられた。

他方、2009年に発足した民主党政権以降は、株式売却収入を債務の返済ではなく、歳出の財源に

図表９－１　政府保有株式（2015年３月末現在）

（億円）

特殊会社名	総額	現行法上の政府保有義務	政府保有義務分等を除く
日本郵政	153,015	３分の１超	102,010
日本政策金融公庫	46,273	総数	―
NTT	27,287	３分の１以上	―
日本政策投資銀行	27,194	３分の１超、２分の１以上	―
JT	25,336	３分の１超	―
国際協力銀行	24,605	総数	
産業革新機構	8,572	２分の１以上	4,076
新関西国際空港	5,671	総数	―
高速道路６社	5,008	３分の１以上	3,213
東京メトロ	2,489	―	2,489
成田国際空港	2,489	―	2,489
商工中金	1,614		―
中部国際空港	344	―	344
クールジャパン機構	284	２分の１以上	92
農林漁業成長産業化支援機構	282	２分の１以上	132
その他（６社）	328		124
合計	330,797		114,971

（注）　単位未満を切り捨てているため、合計において一致しない場合がある。
（出所）　財務省「政府保有株式の概要」

するようになっている。最近では、日本郵政株も東京メトロ株も、東日本大震災の復興財源（復興のために発行した国債の償還財源）に充てられることになっている。この2社の株式は、いずれももともとあった国債の償還に充てるとされていたのだが、売却前に使い道を変更した。この意味で、復興のための新たな財源としては発掘した、といえるかもしれない。

不要な不動産を売却することも、ずっと昔から行われてきた。ただ、国有財産の売却収入は、以前は年間3000億円といった規模の時期もあったが、徐々に売れる土地は少なくなって、最近は年間数百億円程度にとどまっていた。

そこで、現に使っている不動産の利用をも、やめられるものはやめて、売却を進めるようになった。この意味で、売却対象を広げることが、いわば「埋蔵金」の発掘である。たとえば、東京の千代田、中央、港の都心3区の公務員宿舎は贅沢過ぎると批判の対象になり、それを廃止して売却を行うことになった。全国21・8万戸の公務員宿舎を16・3万戸に削減するといった努力によって、年間1000億円以上の売却収入を確保していくこととされている。

同様な財源のひねり出しは、国に準ずる組織でも可能である。論点35で述べる独立行政法人は、国から組織的には分離されているが、国の政策を実現するための実施機関である。代表的なものとして、造幣局や国立美術館などがあり、いわば国の分身といえる。これらの組織も、金融資産（基金など）や不動産（施設や宿舎など）を保有している。そのなかに、不要なもの、やめられるものがないか、徹底して調べられ、一部は「埋蔵金」として活用されたのだった。

「埋蔵金」の活用の実際

実は、外為特会については、1982年度からほぼ毎年、剰余金の一部が一般会計に繰り入れられ、政策の財源として活用されてきた。最近の数年間も、毎年度1・5〜2兆円の繰入れが行われ、2016年度予算まででその累計額は約40兆円に達している。

一方、財投特会の準備金の活用は2006年度予算が最初で、12兆円と巨額であった。外為特会と違って一時的な財源であり、国債の償還に充てられた。

また、2008年秋のリーマン・ショック後、政府は世界的な金融危機に対処するため、4度の経済対策と3度の補正予算を講じたが、その財源として、合計12・5兆円の財投特会積立金が取り崩された。このときは国債償還ではなく、経済対策の財源となったのである。

その後、民主党政権だった2010〜11年度の予算では、財投特会の積立金5・9兆円、独立行政法人の基金や不動産から1兆円近くが一般会計で使われた。さらに外為特会については、それまでは現実に生じた剰余金が使われていたのだが、年度内に発生が見込まれる剰余金も財源にカウントするようになった。

2011年3月に東日本大震災が発生すると、集中復興期間5年間で19兆円（のちに26兆円に拡大）の財源が必要となり、復興特別税10・5兆円の増税が決まったほか、日本郵政株4兆円、東京メトロ株0・2兆円、JT株の追加売却1兆円、公務員宿舎売却収入0・2兆円などが使われることになった。

財投特会では、準備金がすでに底をついていたので、前年度に生じたばかりの剰余金2・3兆円が充てられることになった。

このように「霞が関埋蔵金」はとことん活用されるようになっている。その意味で、「埋蔵金」の存在は「伝説」ではなく、現実のものとして国民負担の軽減に使われたと一応はいえるだろう。「埋蔵金」が存在するのであれば、無駄に溜め込む手はなく、活用すればよい。それが、痛みの先送りだとしても、必要な改革を考える時間を確保することができる。保有する必要のない資産を売却すれば、政府のバランスシートを圧縮することもできる。

「埋蔵金」はこれからも活用できるか

しかし、何点か付言しなければならない。

第一に、これまでの徹底的な「埋蔵金」活用により、いよいよ目立った「埋蔵金」は枯渇しつつある。もちろん外為特会のように、今後もしばらくの間は期待できるものもある。しかしそれ以外に、兆円単位で期待できる大物は、日本郵政株の売却以外には見当たらない。

第二に、「埋蔵金」は、1度使ったらそれまで、ということだ。外為特会のように今後もある程度続くことが期待できるものは例外で、政府保有株にせよ、積立金にせよ、費消したらもう戻ってこない。景気対策や震災復興など臨時の財源として活用したり、本質的な改革を議論する時間稼ぎに使ったりすることはできるが、社会保障のような恒久的に続く財政需要に「埋蔵金」を充てようというのは、根本的に間違っている。

第三に、これがいちばん重要だが、「埋蔵金」に頼っても、痛みを一時的に回避できるだけで、財政の体質はまったく改善しないということだ。家計でいえば、借金をしないで生活できるようになったかにみえて、実際は蓄えを使っているだけで預貯金はその分確実に減っている。むしろ、来年の生活費の不安はより大きくなり、子孫に残す財産は減ってしまっているのだ。赤字の現実には何の変化もない。

現金化できる「埋蔵金」が枯渇しても、国はまだいろいろな資産を保有しているから、借金は気にしなくてよいなどという意見もある。資産と負債のバランスから考えて、庁舎や道路も含め、資産がある分、ネットの借金はグロスの借金よりは小さいというのはそのとおりだが、ネットの借金が小さいからといって、状況を正当化できるわけではない（バランスシートからみた議論は論点16を参照）。

親から引き継いだ無借金の会社を、あなたが借金まみれにして子どもに引き継ぐとき、会社の資産もそれなりにあるからといえば、子どもは納得するだろうか。あなたが、おんぼろの会社をピカピカの成長企業にして子どもに引き継ぐのであれば、多額の借金があっても子どもは納得するだろうが、いまの日本という「企業」は、そんなにピカピカの将来が約束されているとは言いがたい。むしろ、これからの重い負担に頭を悩ませているのが現実だろう。

第2章

政府の歳出

——何にお金を使っているのか

10 生活や経済の基盤をつくる公共投資

公共投資と民間投資

公共投資は、政府による社会資本（インフラストラクチャー。以下、インフラ）への投資である。公共事業として実施される道路整備や治山治水などの土木建設事業が、公共投資の代表的なイメージだろう。公共投資といった場合、普通は実物投資を指し、株式投資などの金融資産への投資は含まれない。

民間企業は、製造業であれば、工場を建て、機械を購入するなどの投資を実施して、事業を行う。スーパーマーケットなどの小売業では店舗や物流倉庫など、銀行などの金融業では店舗やデータセンターなどの投資を実施して事業を行っている。つまり、民間企業の投資は、利益が得られそうな事業を実施するために、それぞれの企業が生産基盤を整備することである。

これに対して公共投資は、広く国民の生活全体や経済活動の基盤であるインフラを整備するものである。投資対象は、公共財と呼ばれるものが基本である。公共財とは、①外部性がある、②共同利用可能性がある、という特性をもつ財である。

外部性があるというのは、たとえば道路であれば、有料道路でない限りだれでも自由に利用することが可能であり、特定の個人の利用が排除されることはないという意味である。専門的にいえば、非排除性があるということだ。

また、共同利用可能性があるとは、だれかが使うと別の人が使えないということはないという意味である。道路の例でいえば、渋滞にならない限り、大勢の人が同時に利用することが可能である。これは非競合性といわれる。

つまり、税金などのかたちで間接的に対価を払う必要はあるが、直接的な対価を払わなくても利用、消費ができる財が公共財である。非排除性や非競合性という特性ゆえに、営利を追求する民間企業に任せるだけでは、必要なインフラは不足してしまう。必要であるのに民間企業に任せるとうまくいかないことを「市場の失敗」という。そのため、できる限り効率的に十分なインフラを整備することが政府の役割と考えられている。

なお、公共財とは、国防、警察、消防、行政、義務教育などのサービスも含む概念である。ここでは物理的なインフラを対象とする公共投資について考えてみよう。

公共投資の分野と主体

公共投資に関する統計の1つである総務省「行政投資実績」での分類に倣うと、公共投資の対象分野は、道路、港湾、空港、国土保全、農林水産、住宅、都市計画、環境衛生、厚生福祉、文教施設、水道、下水道、工業用水、その他に分けられる。それぞれの分野の投資規模の推移を示したのが図表

図表10－１　分野別にみた公共投資の推移（名目値）

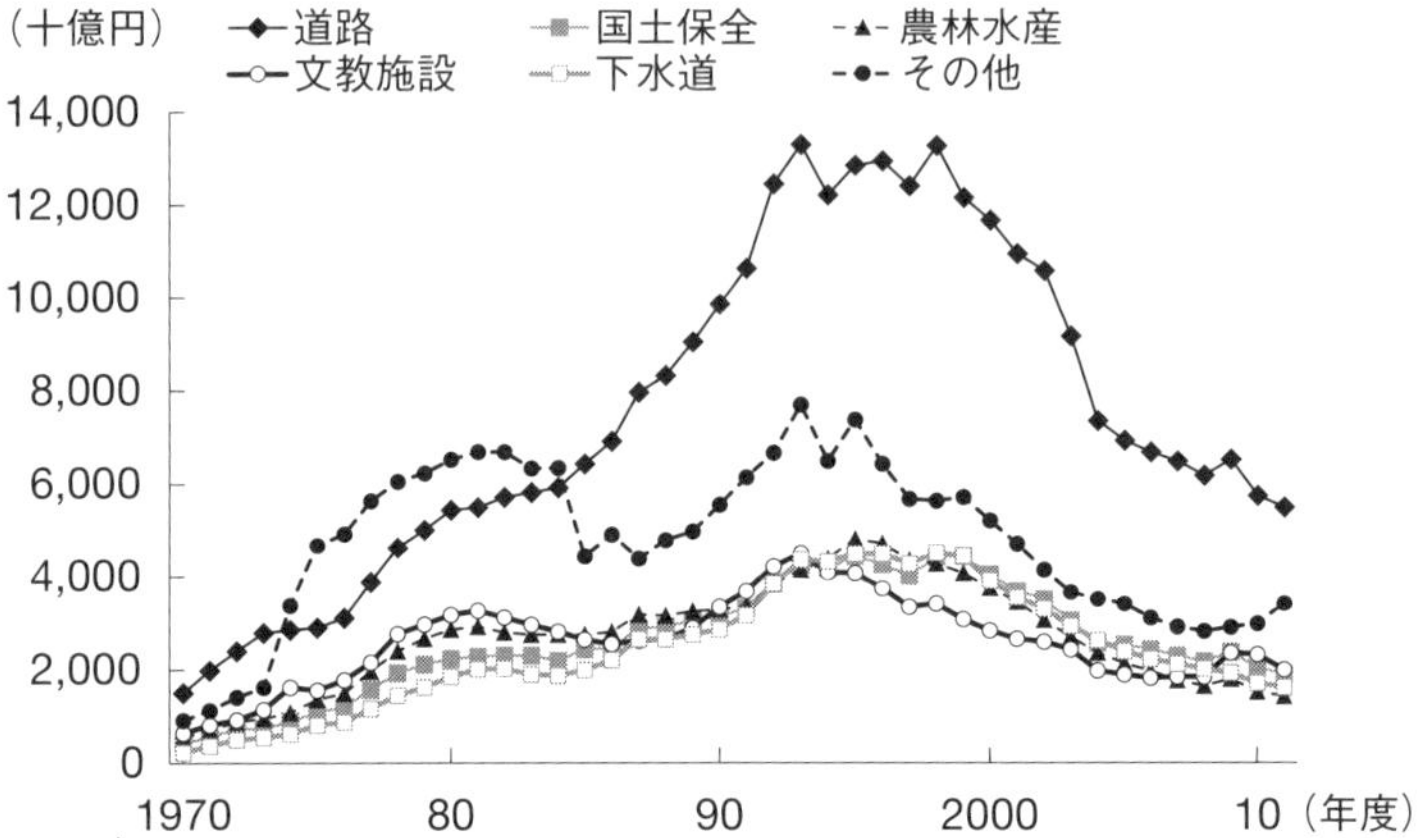

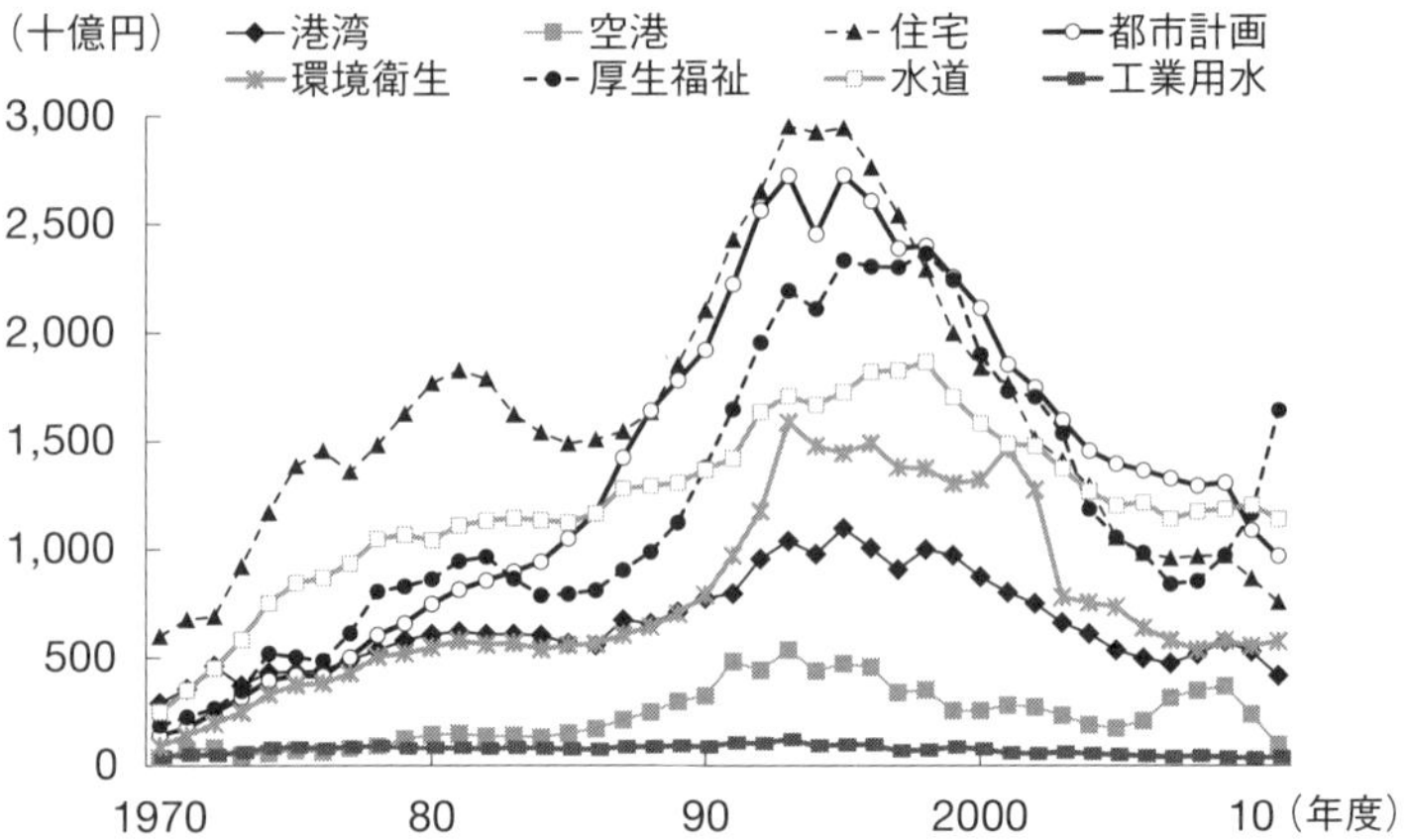

（注）　行政投資実績には、用地費、補償費、維持補修費および民間への資本的補助金が含まれる。

（出所）　総務省「行政投資実績」より大和総研作成

10－1である。

公共投資を実施する主体としては、国、都道府県、市町村、一部の特殊法人、地方公営企業などがあげられる。もっとも、何が公共投資であるのかは、時代とともに変化してきた。1985年に日本電信電話公社（電電公社）が民営化されてNTTとなり、1987年に日本国有鉄道（国鉄）が分割民営化されJR各社となったため、かつて電電公社が実施していた通信分野の投資や、国鉄が実施していた鉄道分野の投資は、現在は公共投資ではなく民間投資になっている。

公共投資は公的部門でなければ担えないが、ある水準までインフラ整備が進めば、民間の知恵を導入したほうがうまくインフラを整備・運営できるようになる分野はありうるだろう。むしろ公的部門が担い続けると必要以上のインフラをつくってしまったり、やたらと効率の悪い公共投資を行ったりして、国民負担を増やしてしまうことも考えられる。

公共投資額は90年代中頃をピークに減少

公共投資でつくられるインフラは、国民の生活や経済活動の基盤であるため、人口増加と高度経済成長を背景に、特に1970年代に大きく増加した。また、インフラ整備を不況期に前倒しで行うという考え方から、公共投資が景気対策の手段とされる色彩が徐々に強まり、金額的にはバブル経済崩壊後の90年代にピークをつけた（図表10－1参照）。

その後は、インフラが一定水準に達したこと、わが国の人口が減少基調に転じたこと、経済の低迷が続いて厳しい財政事情に直面するようになったことなどを背景に、2000年代に入ると公共投資は減少基調をたどった。

しかし、高度成長期から1970年代にかけて多く建設されたインフラは老朽化しており、今後は更新投資を行う必要がある。人口減少社会では、更新投資をせずに廃棄することも視野に入れるべきインフラもあるだろう。今後の公共投資は、新規投資は減少基調であっても、維持・更新投資が増加すると見込まれる。国土交通省の推計によれば、インフラの維持管理費が長期に高止まりすると同時に、更新費が大きく増加していく見込みである。

国土強靱化の必要性と公共投資の適正化

インフラの整備と維持は、防災の面からも重要である。2011年の東日本大震災を契機に国土強靱化の必要性が提唱され、2013年には「強くしなやかな国民生活の実現を図るための防災・減災等に資する国土強靱化基本法」が制定された。国土強靱化の政策はさまざまな面にわたるが、ハードとしてのインフラ強化の推進が最も重要な要素の1つであることは間違いない。

一方、公共投資には無駄が多いのではないかとの批判も根強い。必要性に応じて投資が行われているのではなく、手っ取り早く雇用や所得を生み出す手段として公共投資が活用されてきたという批判は、2000年代に入ってからの公共投資の削減にも影響したといえるだろう。

また、公共投資の無駄という指摘には、総額や事業数だけではなく、個々のインフラのスペックが過剰であることや、事前の需要見通しが甘かったために完成した社会資本の稼働率が低いといったものもある。こうした批判をふまえ、最近では、政策評価の導入による公共投資の適正性の評価、公共投資に関連する特殊法人等の整理合理化などが進められ、公共投資の無駄を減らして効率性を高めるための取組みがみられるようになっている。

たしかに公共投資の無駄や非効率は排除されるべきだが、すべての公共投資が不要ということにはならない。既存のインフラについては、維持・更新投資をしなければ、事故や災害につながる可能性もある。いま、求められているのは既存インフラのストック効果を高める観点から、必要に応じて再編・集約を図っていくことだろう。ストック効果とは、移動時間の短縮や、輸送費の低下などによって経済活動の生産性を向上させる効果、防災や減災に寄与するなど安全性の向上によって生活水準を高める効果のことである。実際、そうした観点から都市を集約化するコンパクトシティの形成が提唱され、いくつかの都市では実践が試みられている。

また、インフラを維持していくためには、運営の効率化を図ることも重要である。公共インフラの集約化や複合化を進める際には、官だけでなく民にある知恵や手法を最大限に取り入れるべきであり、近年では各種の官民連携（Public Private Partnerships：PPP）の取組みも進められている。

Key Word

コンパクト・プラス・ネットワーク

「コンパクト・プラス・ネットワーク」は、国土交通省「国土のグランドデザイン2050」（2014年7月）で提唱された国土構造の基本コンセプト。人口減少下での「国全体の「生産性」を高めていく」ための概念で、人口減少のみならず、地方創生、国土強靱化などの課題に対応するための方向性でもある。

いくつかの拠点都市を中核として都市の集約化（コンパクトシティの形成）を図り、それらの拠点都市を高速交通網（新幹線などの高速鉄道、高速道路、航空網など）や大容量通信網などのネットワークで結ぶ。これにより、人・モノ・情報の高密度な交流を実現し、高密度な交流によるイノベーションを創出する。また、賑わいの創出により、地域の歴史・文化などを継承し、さらにそれを発展させ、全体としての「新しい集積」の形成を目指すとしている。

Key Word

公共投資の乗数効果

公共投資が景気対策として活用された背景に、乗数効果という考え方がある。乗数効果とは、投資や減税などを行うと最終需要が増加し、それによる所得の拡大が消費や投資を増加させ、さらに所得が増加する（それによってさらに消費や投資が増加し、所得が拡大する）という効果である。かつては、公共投資の乗数効果はそれなりに高いと考えられていた。

しかし、近年では、公共投資の乗数効果は低下しているとみられる。その要因としては、①国内経済が世界経済と一体化したことにより、所得が拡大しても輸入の増加や海外への投資などのかたちで効果が海外に流出する部分が大きくなったこと、②金融緩和を伴わない場合は金利上昇が生じ、国内設備投資が抑制されたり、円高を招いて需要拡大効果が減殺されること、③財政赤字の拡大により、将来の増税を予想した家計が消費を抑制する可能性があること、などがあげられる。

11 効率性が求められる幅広い行政サービス

市場の失敗と政府の役割

市場だけに任せると不足してしまう公共財にはさまざまなものがある。防衛や警察、外交が典型的だろう。論点10で述べたように、国民生活や経済活動を営むうえで必要であるものの、非排除性や非競合性という性格ゆえに民間事業者は供給できないという「市場の失敗」を是正するために、政府はさまざまな行政サービスを提供している。

公共交通や教育、医療などのサービスは、政府だけでなく民間も提供しているように純粋な公共財ではない。だが、交通ネットワークが整備され、質の高い教育機会があり、国民皆保険のもとでだれもが病気を治せるといった効果は、それを利用する人の便益になるだけでなく広く社会全体に及ぶものである。そうした「準公共財」に関しても、市場メカニズムだけに依存すると十分な供給が得られない可能性が高い。

人々が行政サービスに何を求めるかは、時代により異なるだろう。資本主義の初期においては、政府は国防や警察、司法といった最低限の公共財の提供のみを行うべき、という夜警国家論（小さな政府）

が主流だった。しかし、経済発展に伴い、格差が拡大するなどしたため、政府が担うべき役割に所得再分配があると考えられるようになった。

また、経済は好況と不況を繰り返しながら成長していくものだが、景気循環の振れ幅を政府が小さくすべき（小さくできる）という考え方も広がった。不況期には失業率が上昇するため、政府が積極的に失業対策としての景気対策を行うべきという考えも広まった。

このように、最低限必要な行政サービスだけでなく、政府に積極的な役割を求める福祉国家論（大きな政府）が徐々に広がってきたといえる。

ところが多くの先進国では少子高齢化が進み、社会保障給付費が継続的に増加するなかで、従来のような福祉国家の維持がむずかしくなってきている。経済が成熟化し、少子化で経済の支え手が減る傾向となる一方で、財政状況が悪化し、国民の負担を増やさなければならないという課題が生じている。政府の役割や官と民の関係を見直し、行政サービスの効率性を高めた新しい国家像が求められている。

政府が提供する行政サービス

一国全体の経済活動を体系的にとらえた統計に国民経済計算がある。国民経済計算では政府の経済活動もとらえられている。そこで、行政サービス全体の動向をみるために、国民経済計算で示されている一般政府（国、地方、年金や医療など社会保険を担う社会保障基金）の支出について、主な内訳と推移を示したのが図表11－1である。

図表11－1　実質政府支出の主な内訳

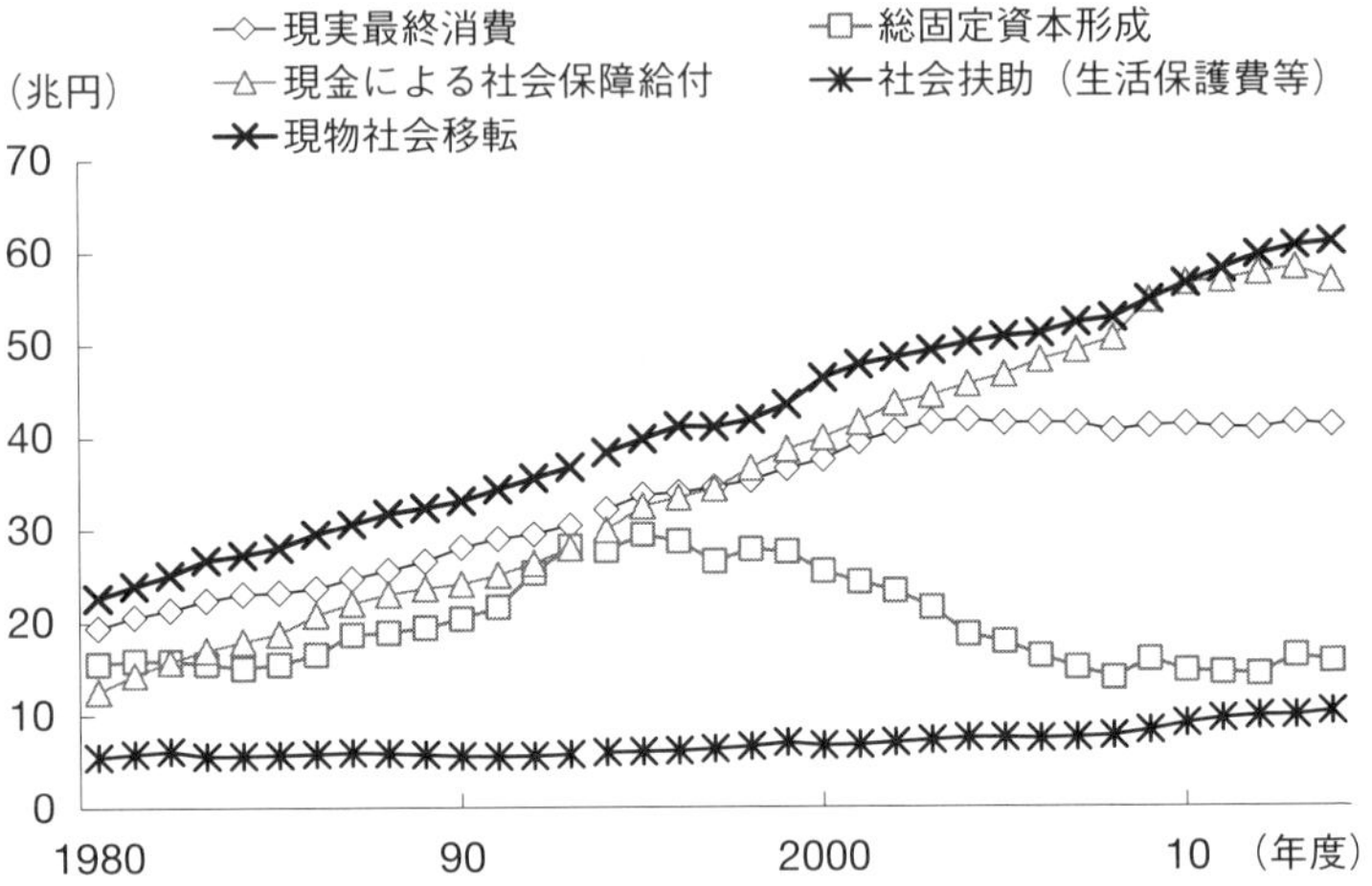

（注１）　1980～93年度までは2000年基準。それ以降は2005年基準。
（注２）　総固定資本形成に関しては、公共投資デフレーター、それ以外は政府消費デフレーターを用いて実質化。
（出所）　内閣府「国民経済計算」より大和総研作成

まず、図表11－1の「総固定資本形成」が論点10で述べた公共投資である。前述のとおり、公共投資は１９９０年代半ばをピークに減少してきた。

次に「現金による社会保障給付」とは年金や失業手当など、お金を配ることで行われているサービスである。また、「現物社会移転」とは、医療や介護など、お金ではなく現物を配ることで行われているサービスである（なお、現物社会移転の金額には教育なども含まれる）。政府支出のなかでも大きなシェアを占めているのが、これら社会保障関連のサービスであり、高齢化を背景に継続的に増加している。社会保障については、論点12以降で詳しく述べる。

図表11－1で、聞きなれない「現実最終消費」というのが、防衛、警察、外交、役

図表11－2　機能別にみた実質現実最終消費の主な内訳

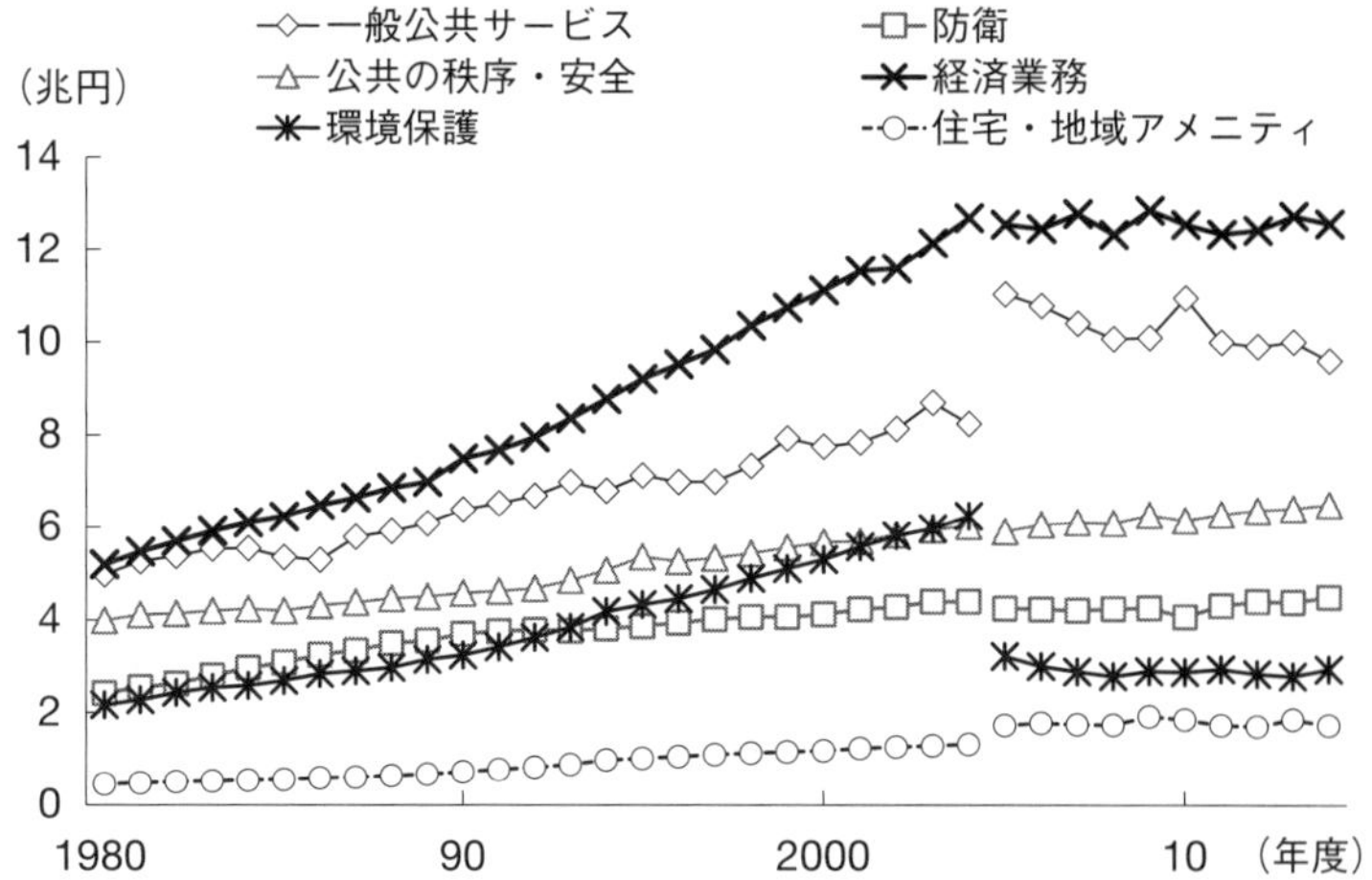

（注）　1980～2004年度までは2000年基準。それ以降は2005年基準。
（出所）　内閣府「国民経済計算」より大和総研作成

所サービス、ゴミ処理サービスなどのさまざまな行政サービスである。それら一般的な行政サービスは、公共財という性格上、その受益者を個々には特定できない。政府が提供している行政サービスは国民全体で享受していることから、国民経済計算では、それを政府の消費として取り扱っている。現実最終消費は、１９９０年代までは拡大傾向にあったが、２０００年代になっておおむね横ばいで推移している。

次に、図表11－1でみた政府支出のうち、現実最終消費について機能別に主な項目をみたのが図表11－2である。２０１４年度で、公共交通のオペレーションなどの経済業務が12・6兆円、行政サービスなどの一般公共サービスが9・6兆円、警察・消防サービスといった公共の秩序・安全が6・5兆円、防衛が4・5兆円などとなっている。２００５年度時点と比較すると、防衛や公共の秩序・安全や経済業務が若干増加しているが、2000年代に推進された公的機関の民営化や民間委託といった行政改革の結果、一般公共サービスや環境保護（廃棄物管理や公害対策など）は減少している。減少しているとはいっても、それはサービスの量が減っているというよりは、効率化や無駄の削減が進んだという面もあるだろう。

行政サービスの対価としての公務員給与

民間の場合、サービスの値段は、複数の企業の間の競争を通じて市場で形成される。これに対し、行政サービスは、いわば政府だけが売り手だから市場価格は存在しない。そのため、行政サービスの価値は、供給するためにかかったコスト（政府の支出）の総額ということになる。

一般的な行政サービスについて具体的にいえば、その供給コストは、①労働コストである公務員等の人件費、②道路や橋といった社会資本の利用分に相当する減価償却費、③政府による物品購入費、④消費税や自動車重量税など政府が政府自身に支払った間接税、である。厳密にいえば、そうしたコストの総額から、公立学校の授業料や公共施設の利用料など、個々の受益者が負担した金額を差し引いた金額が、行政サービスの生産額であり、価値でもあるということになる。

それらコストのうち、最大であるのは公務員人件費である。政府が支払っている公務員給与の総額は、「公務員数」×「公務員1人当りの給与」である。

行政サービスには市場価格が存在しないと前述したが、公務員の定員数や公務員給与は、需要と供給という市場メカニズムではなく、民主主義のプロセスを通じて決定される。国も地方も予算は議会の議決が必要であり、議会のメンバーは選挙で選ばれる。どのような行政サービスがどのような値段（税負担）で提供されるべきかは、間接民主主義を通じて国民・住民が決めている。

民間雇用者の給与は市場で決まるが、政府の雇用者の給与は「官民準拠」という原則のもと、国家公務員であれば人事院の勧告をふまえて国会が決める仕組みになっている。人事院は毎年、その役割や役職別に国家公務員と民間の給与を比較したうえで、その較差を埋めることを基本に水準の改定や制度の見直しに関する勧告を内閣と国会に行っている。また、地方公務員に関しては、人事院勧告の内容等を勘案して、地方自治体の人事委員会が給与の改定方針を決定し、最終的には地方議会が議決することが地方自治法で定められている。

これまでの人事院勧告を振り返ると、戦後長らく給与水準の引上げ勧告が重ねられてきたが、経済の長期低迷や長引くデフレから民間の給与が伸び悩み、２０００年代に入ると引下げ勧告が６回なされた。たとえば人事院の資料によると、40歳の係長職員（配偶者、子２人）の給料は、２０００年度は36万６９００円だったが、２０１５年度は32万１７００円となっている。

一方、公務員数に関しても、２０００年代になって削減されている。２０００年度の国家公務員の予算上の定員は１１５万人であったが、２０１５年度は59万人である。結果的に予算上の公務員人件費は、２０００年度の10兆３４６７億円から２０１５年度の５兆１５０６億円へと減少した。もっとも、国家公務員数の削減は、２００３年度の郵政民営化と２００４年度の国立大学法人化の寄与が大きく、公務員の定義の変更によるもので実質的にどこまで減ったといえるかは議論の余地が大きい。

ただ、それでも小泉純一郎内閣が総人件費改革として国家公務員定員を5年で5％純減する方針を打ち出すなど、この間の地道な取組みは一定の成果をもたらしているだろう。公務員人件費総額の推移をみると、1990年代以降民間事業者でリストラや非正規化が進展したのとは対照的に、2000年度頃までは増加していた。だが、2000年代になってからは減少傾向となっている。わが国の人口当りの公務員数は諸外国と比較して少ないが、2015年以降、国家公務員の定員を毎年2％以上のペースで削減する方針が政府より示されてる。

求められる「効率的な政府」の実現

地方公務員の給与水準をそれぞれの地場の賃金に確実に準拠させることや、行政サービスを効率化したり民間委託を進めたりして公務員数を削減することは、財政が悪化し、増税の必要性が議論されるなかでは当然に取り組むべき課題である。

もちろん、単純に公務員数を削減してしまっては、質も含めた行政サービスの量が減少することになるし、強引な政府サービスのカットは何より住民の支持が得られないだろう。サービスの内容やその提供方法をいかに効率化するかが重要であり、これまで公的部門が行ってきた仕事も、うまく民間委託できれば、それは民間の雇用や産業となる。公的部門を効率化するということは、行政サービスの量を維持したまま価格を引き下げるということであり、それだけ国民や住民の税負担を引き下げることを意味する。

実際、行政改革は、時代の要請に応じて行われてきた。戦後、行政の近代化を目的に１９６１年には第一次臨時行政会議が設立された。その後、１９７０年代以降に財政状況の悪化が意識されるようになり、１９８１年には第二次臨時行政会議が設立され、三公社（国鉄、日本専売公社、電電公社）の民営化が推進された。さらに、１９９６年には行政改革会議のもとで省庁再編や郵政公社化、独立行政法人の設立などが決められた。

２０００年代以降は、超高齢化により国民負担が増加するなかで、「効率的な政府」を実現するために、民間事業者の経営手法を導入することなどを通じて行政の効率化・活性化を図ろうという点に特徴がある。具体的には、１９９９年以降進められているＰＦＩ（Private Finance Initiative）や公共サービス改革、２００９年以降に民主党政権より導入された事業仕分け・行政事業レビューなどがあげられる。

ＰＦＩとは、公共施設等の建設、維持管理、運営等に、民間事業者の資金や経営能力、技術的能力を活用することにより、国や自治体が直接実施するよりも効率的かつ効果的に公共サービスを提供する手法である。たとえば、道路や空港、水道や下水道、鉄道や病院といった公共サービスについて、事業コストの削減やより質のよい公共サービスの提供を目指すものである。

１９９９年のＰＦＩ法制定以降、ＰＦＩの事業数・事業費は年々増えており、２０１５年９月末時点で累積約５１１件（事業費４・６兆円分）の事業がＰＦＩの手法を用いて実施されている。２０１１年の改正ＰＦＩ法で導入されたコンセッション方式では、民間事業者に事業運営に関する権利が付与されることから、民間事業者の事業領域の拡大が期待されている。コンセッション方式の利用例としては、２０１６年４月より開始された新関西国際空港による関西国際空港と大阪（伊丹）空港の運営があげられる。

また、公共サービス改革の中核的な取組みである官民競争入札は、「公共サービスに関して「官」と「民」が対等的な立場で競争入札に参加し、質・価格の観点から総合的に優れた者がそのサービスの提供を行う仕組み」である（内閣府による定義）。守秘義務等を民間事業者に課したうえで民間がもつ創意工夫やノウハウを活用できれば、より質の高い公共サービスをより低価格で提供できるようになる。現在、民間委託が可能となっている具体例としては、ハローワーク（公共職業安定所）関連事業や日本年金機構の国民年金保険料収納事業、登記所における登記事項証明書の交付事業などがあげられる。「競争の導入による公共サービスの改革に関する法律」が制定された２００６年以降で確認すると、官民競争入札および民間競争入札の導入決定事業数は約３４７事業となっており、１年当りの事業の経費削減効果は約２１７億円という結果が示されている。

行政事業レビューは、各省庁が実施している事業の意義や効果を総点検して、税金の使い方を国民に公開するかたちでチェックする仕組みである。執行された政策について、各省庁自身でも政策評価を実施しているが、それとは別に外部有識者による公開での点検・検証を行い、その結果を次年度の予算に反映するというＰＤＣＡサイクルが回っている。ＰＤＣＡサイクルとは、Ｐｌａｎ、Ｄｏ、Ｃｈｅｃｋ、

Ａｃｔｉｏｎというフェーズを繰り返すことで、個々の事務・事業ごとの必要性・効率性を洗い直し、結果を予算や執行に的確に反映することである。

行政事業レビューは、２００９年に導入され、２０１５年には５３６５事業が対象となった。廃止された個々の事業が予算規模の小さい事業であったとしても、小さな行政改革を積み重ねれば大きな効果をもたらす。廃止と判断されたにもかかわらず事業名称が変えられて別の予算枠内に潜り込んだりしていないかなど、不断のチェックが今後も必要である。

Key Word

PPP／PFI

PPP（Public Private Partnerships）は、官民連携や公民連携などと訳されている。官と民が協力することを指し、行政と民間事業者がそれぞれの短所を補い、長所を活かすことを目指すものである。具体的には、指定管理者制度、コンセッション、第三セクターなどがある。

直訳すれば民間資金主導であるPFI（Private Finance Initiative）はPPPの1類型である。PFIは、公共インフラについて民間事業者の創意工夫を活かす手法の1つであり、1990年代に英国で行財政改革の手法の1つとして導入された。わが国では1999年に「民間資金等の活用による公共施設等の整備等の促進に関する法律」が制定され、活用が始まった。

PFIでは、行政は公共インフラの企画・計画だけを担当し、設計、建設、維持管理など全体がまとめて民間事業者に発注される。民間事業者の創意工夫によって、同じ公共インフラをより低いコストで提供する、あるいは同じコストでより充実した公共インフラを提供することを目指す。すべて民間事業者に任せきりにするのではなく、行政は当初の企画・計画に沿ったものとなっているかチェックする。

Key Word

連携中枢都市圏構想

人口減少が進み、歳入が減少している自治体では、施設の運営費などの固定費によって財政が悪化するという問題に直面している。厳しい財政制約のなかで自治体職員数の確保も困難となっており、行政サービスの水準を維持することが課題となっている。

この課題に対しては、自治体の間で「連携」を進めることがソリューションになる。現在、連携中枢都市圏構想という、地方における中枢都市と近隣市町村の間で連携協約を締結することによって、行政サービスの事務処理等を共同で行うだけでなく、行政サービスの提供の方向性や役割分担も行えるような制度整備が進められている。また、この構想は行政サービスの効率化にとどまらず、圏域全体で地方経済の活性化を推し進めることも目的としている。どのくらいの数の連携中枢都市圏がどのように形成されていくか、動向が注目される。

Key Word

マイナンバー制度

２０１５年10月に導入されたマイナンバー制度は、国民一人ひとりにマイナンバー（個人番号）を付し、まずは社会保障や納税、災害対策に関する行政手続の情報を管理することを目的とした制度である。この3分野以外での利用については、法律の施行の状況をみながら、3年後をメドに検討される。

マイナンバー制度によって、行政の効率化、国民の利便性の向上、公平・公正な社会の実現という利点がもたらされることが期待されている。行政手続をワンストップで行うことができれば国民の負担が少なくなるとともに、政府や自治体にとっても情報の照合等が容易になるため、行政の効率化が期待できる。また、行政サービスの受給状況を正確に把握し、不正受給を防止することは、社会の公正さを高める。

他方、マイナンバー制度では、個人情報保護法よりも厳格な情報保護や監視体制、情報を分散管理するなどのシステム面における保護措置などが講じられているとはいえ、内閣府のアンケート調査によれば、約7割の人々がマイナンバー制度に対して情報漏えいや不正利用のリスクに関する不安を感じている。マイナンバー制度が定着していくよう、安心して利用できる十分な体制が政府には求められる。

12 増加が著しい医療・介護の費用

日本の医療と医療保険制度

わが国の公的医療保険制度は、すべての国民がいずれかの制度に加入する国民皆保険である。病気や怪我をしたときには、いつでも医療機関へ自由にアクセスでき、保険証を提示すれば、だれでも一定の自己負担で必要な医療を受けることができる。

また、基本的にはどの医療機関を選んでも費用に差が生じないよう、保険対象の診療行為や薬には公定価格（診療報酬点数）が設定されている。このような医療保険制度は、国民の寿命を延ばし、生活の安定を通じて経済社会の発展に寄与してきたと考えられる。

ただし、医療費は増加が著しい。１９９０年度に20兆円を超えた国民医療費は、高齢化の進展などにより２０１３年度は約40兆円となった。その間に名目ＧＤＰは１・１倍にしかなっていないから、医療費の増加ペースは経済規模に比べても急速である。

約40兆円に及ぶ国民医療費の財源は、保険料20兆円、公費（税金や財政赤字）16兆円、患者負担５兆円で構成されている。小学生以上69歳以下の医療費の自己負担割合は３割だが、国民全体の平均的な自己負担割合は1割強（＝5兆円÷40兆円）である。これは、小学校入学前と70～74歳の自己負担割合は2割（子どもについては、さらに独自で公費を投入して無償としている自治体が多い）、75歳以上（後期高齢者）は1割とされているためである。一般的に、小さな子どもや高齢者ほど病気に罹ったり重症化したりする傾向があるが、そうした層の自己負担割合はさほど高くはない。

また、国民全体でみたときの自己負担割合がそれほど高くない理由として、患者の負担が青天井にならないようにするための高額療養費制度もある。値段の高い医療や薬、長期の療養ということになれば、自己負担割合が定率であっても相当な金額となる。そこで自己負担が重すぎないようにするため、たとえば１００万円の医療費であっても、患者の自己負担を3割の30万円ではなく8・7万円あまりにとどめ、それを超えた分については医療保険から保険給付されている。

さらに、論点14で述べるように、生活保護受給者は、医療を受けた場合の自己負担はゼロである。その他にも障害者の自立支援医療や難病対策など、福祉の観点から社会全体、すなわち公費で患者を支援する制度が整備されている。２０１３年度の公費負担医療給付費は3兆円であった。

医療保険の種類

公的医療保険は、国民健康保険（国保）、被用者保険、後期高齢者医療制度に大別され、それぞれのグループに保険の運営主体（保険者）が分立する体系となっている（図表12－1参照）。

ただし、それぞれの制度は完全に独立的なわけではなく、財政力に応じて公費が投入されている。市町村国保は給付等の50％が公費で負担されており、２０１４年度当初予算ベースで３・５兆円の税金が充てられている。また、保険者間で大規模な資金移転を行うことで構造的な財政力格差が調整されている。具体的には論点６で述べたとおり、65～74歳の前期高齢者と75歳以上の後期高齢者の医療費は、被用者保険が巨額の負担をしている。

さて、国保には自営業者や前期高齢者、被用者保険の適用にならない非正規雇用者などが加入しており、市町村が主な保険者である。被用者保険には、①中小企業のサラリーマンとその家族が加入する「協会けんぽ」（全国健康保険協会管掌健康保険）、②大企業のサラリーマンとその家族が加入する「組合健保」（組合管掌健康保険）、③公務員が加入する「共済組合」、の３つがある。後期高齢者医療制度は75歳（寝たきり等の場合は65歳）以上の高齢者が加入しており、保険者は都道府県単位の広域連合である。

保険者の財政状況は、加入者の所得水準や年齢構成、健康状態などに強く影響を受ける。一般的に、加入者の平均所得が高い（低い）保険者では保険料収入が多く（少なく）、平均年齢の低い（高い）保険者では医療費が少なく（多く）なる。

図表12－１では各保険者の状況を比較しているが、市町村国保は被用者保険に比べて加入者平均年齢が高く、加入者１人当り平均所得が低いため財政状況が厳しい。被用者保険の加入者の多くは比較的健康な現役世代である一方、市町村国保には現役世代も加入しているが、退職後で保険料の負担能力が低く医療費が増加する前期高齢者の多くも加入していることなどが反映されている。

市町村国保は非正規労働者や年金生活者等の無職者が加入者の７割を占めていることもあり、法定上

組合健保	共済組合	後期高齢者医療制度
1,431	85	47
2,935万人 被保険者1,554万人 被扶養者1,382万人	900万人 被保険者450万人 被扶養者450万人	1,517万人
34.3歳	33.3歳	82.0歳
2.6%	1.4%	2.6%（注2）
14.4万円	14.8万円	91.9万円
200万円 1世帯当り（注4） 376万円	230万円 1世帯当り（注4） 460万円	80万円
10.6万円〈23.4万円〉 被保険者1人当り 19.9万円〈43.9万円〉	12.6万円〈25.3万円〉 被保険者1人当り 25.3万円〈50.6万円〉	6.7万円
5.3%	5.5%	8.4%
後期高齢者支援金等の負担が重い保険者等への補助（注8）	なし	給付費等の約50%
274億円		6兆8,229億円

（注4） 被保険者1人当りの金額を表す。

（注5） 加入者1人当り保険料額は、市町村国保・後期高齢者医療制度は現年分保険料調定額、被用者保険は決算における保険料額を基に推計。保険料額に介護分は含まない。

（注6） 保険料負担率は、加入者1人当り平均保険料を加入者1人当り平均所得で除した額。

（注7） 介護納付金および特定健診・特定保健指導、保険料軽減分等に対する負担金・補助金は含まれていない。

（注8） 共済組合も補助対象となるが、2011年度以降実績なし。

（出所） 厚生労働省ウェブサイト
（http://www.mhlw.go.jp/file/06-Seisakujouhou-12400000-Hokenkyoku/0000072791.pdf）

図表12－1　各保険者の比較

	市町村国保	協会けんぽ
保険者数 （2013年３月末）	1,717	1
加入者数 （2013年３月末）	3,466万人 （2,025万世帯）	3,510万人 被保険者1,987万人 被扶養者1,523万人
加入者平均年齢 （2012年度）	50.4歳	36.4歳
65〜74歳の割合 （2012年度）	32.5%	5.0%
加入者１人当り医療費 （2012年度）	31.6万円	16.1万円
加入者１人当り 平均所得（注３） （2012年度）	83万円 １世帯当り 142万円	137万円 １世帯当り（注４） 242万円
加入者１人当り 平均保険料 （2012年度）（注５） 〈事業主負担込〉	8.3万円 １世帯当り 14.2万円	10.5万円〈20.9万円〉 被保険者１人当り 18.4万円〈36.8万円〉
保険料負担率（注６）	9.9%	7.6%
公費負担	給付費等の50%	給付費等の16.4%
公費負担額（注７） （2014年度予算ベース）	３兆5,006億円	１兆2,405億円

（注１）　組合健保の加入者１人当り平均保険料および保険料負担率については速報値である。

（注２）　一定の障害の状態にある旨の広域連合の認定を受けた者の割合である。

（注３）　市町村国保および後期高齢者医療制度については、「総所得金額（収入総額から必要経費、給与所得控除、公的年金等控除を差し引いたもの）及び山林所得金額」に「雑損失の繰越控除額」と「分離譲渡所得金額」を加えたものを年度平均加入者数で除したもの（市町村国保は「国民健康保険実態調査」、後期高齢者医療制度は「後期高齢者医療制度被保険者実態調査」のそれぞれの前年所得を使用している）。

　協会けんぽ、組合健保、共済組合については、「標準報酬総額」から「給与所得控除に相当する額」を除いたものを、年度平均加入者数で除した参考値である。

の公費負担だけでなく、保険料収入の不足を埋めるための法定外の税投入や翌年度収入の先食いを必要とする状況が続いている。そのため、市町村国保については制度の抜本改革が議論され、都道府県が国保の運営方針や財政上の責任を担い、市町村が住民の資格管理や健康増進事業などを担う新しい仕組みが、2018年度からスタートすることになっている。

介護保険制度の概要

国民医療費の増大に加えて、介護費用も大きくふくらんできている。少子高齢化や核家族化の進展を背景に、介護を必要とする高齢者を社会全体で支える仕組みとして、介護保険制度が2000年4月に施行された。

介護保険制度は、要介護者の尊厳を維持しながら、その能力に応じて自立した日常生活を送ることができるようにすることを理念としている。介護が必要となった場合には、福祉を割り当てられるのではなく、社会保険の受給権として各種の介護サービスを選択して利用することができる。第1号被保険者である65歳以上の保険加入者数は制度創設時から約1・5倍に増加し、サービス利用者は約3・5倍に増加した。

在宅や施設での介護サービスは現物給付であり、受給者は原則として介護費用の1割（現役並みの所得がある場合は2割）を負担し、残りが保険給付となる。介護費用から利用者負担分を除いた介護給付費の財源は公費と保険料で半分ずつとされているが、保険料の負担能力の低い家計や保険者に対しては公費による負担軽減が行われているため、財源に占める実際の公費の割合は保険料を上回る。

厚生労働省「介護保険事業状況報告」によると、２０１４年度の介護費用は9・6兆円であり、このうち利用者負担は0・7兆円、給付費は8・9兆円だった。平均的な利用者負担割合（利用者負担÷介護費用）が1割を下回っているのは、高額療養費制度と同様の仕組みが介護保険制度にもあることなどが理由である。

介護保険の保険料は、第2号被保険者である40～64歳も負担している。第1号被保険者である65歳以上の保険料は市町村ごとに異なり、第2号被保険者の保険料は加入する医療保険によって異なる。第1号と第2号の全体としての保険料負担割合は、人口比に基づいて3年ごとに決められる。２０１５～17年度は、第1号被保険者が保険給付費の50％のうち22％分を、第2号被保険者が残りの28％分を負担する。

介護保険制度の保険者は市町村である。介護サービスの利用申請を受けると、市町村は認定調査や医師の意見書をもとに要介護認定を行う。要介護認定は介護予防サービスを利用できる要支援1～2から、介護保険サービスを利用できる要介護1～5までの7段階に分かれ、要介護度に応じてサービス限度額などが決められている。

高齢化以上のペースで増加する医療・介護費

医療と介護の費用の増大は、財政問題そのものといってもよい。少子高齢化によって制度の支え手である現役世代が減少し、医療や介護を必要とする高齢者が増加しているからである。今後も現役世代の負担する保険料の引上げは続くだろうが、それに限界があるとすれば税負担をさらに増やす必要があるだろう。保険料と税の負担をうまく増やせなければ、財政赤字が拡大することになる。

医療・介護費は高齢化以上のペースで増加している。特に医療費はその傾向が強い。２００９～13年度における国民医療費の増加率は平均で年率２・９％だったが、伸びのうち高齢化などの人口要因や診療報酬改定で説明できるのは、およそ半分にすぎない。すなわち、国民医療費の伸びの半分は、医療技術の高度化や高額な薬剤使用による平均単価の上昇、医療の供給体制が抱えるさまざまな非効率が影響していると考えられる。

さらに、医療や介護は全国的に同じかほぼ似た価格体系で運営されているにもかかわらず、１人当りの医療費や介護費は、年齢構成を調整しても大きな地域差がある。１人当り病床数や要介護認定率などが地域によって異なることが影響しているとみられる。

医療・介護保険制度は社会保険方式を基本としているが、実際には多額の公費に依存している。２０１３年度の公費負担額は21兆円（医療16兆円、介護５兆円）に達しており、政府の構造的な財政赤字の主要因となっている。財政が破綻すれば医療・介護保険制度も破綻することになり、給付の効率化を進める改革が、医療・介護の制度の持続性を確保するために必要である。

現在、政府はレセプト（診療報酬の明細書）や健康診断データといった情報を統計的に分析して医療・介護給付の実態を「見える化」し、１人当り医療・介護費の地域差の半減に取り組む方針を掲げている。薬については、同じ効能で価格の安い後発医薬品の普及を進めるとともに、重複投薬や残薬の削減を進めようとしている。

また、団塊の世代が75歳以上となる2025年をメドに、将来の人口動態を見据えてそれぞれの地域に適した医療供給体制を構築することや、地域の医療・介護サービスの緊密な連携により、住まい・医療・介護・予防・生活支援サービスが身近な地域で包括的に提供される「地域包括ケアシステム」の構築を目指している。

個人や保険者に対しては、健康の維持・増進や適切な受療行動などを促す取組みにインセンティブを与える仕組みが導入・強化されていく。たとえば、医療費適正化に積極的に取り組んだ保険者ほど補助金を厚くしたり、高齢者医療のための負担を減らしたりする仕組みが2018年度から実施される。医療保険者が健康づくりの活動状況等に応じて加入者に「ヘルスケアポイント」を付与し、貯まったポイントで健康グッズ等と交換できるといった制度の導入も推進される。人々の健康度が高まれば、医療費を減らすだけでなく、生産性を引き上げて経済にもプラスの影響をもたらすだろう。

Key Word

介護保険制度改革

介護保険の制度見直しが進められている。給付の効率化・重点化に関しては、介護予防サービスの大部分を占める訪問介護と通所介護が、2017年度末までに市町村が運営する地域支援事業へ移行される。移行後も介護保険事業であることは変わらないが、全国一律だったサービスの種類や内容、単価等を市町村が地域の実情にあわせて決めるようになる。また、入所待機者が多い特別養護老人ホームへの新規入所者は、2015年度から原則として要介護3以上に重点化された。

2015年度から低所得者の保険料軽減が強化された一方、利用者負担については、一定以上の所得者の自己負担割合が2015年8月から2割に引き上げられた。さらに2015年8月からは、一定以上の資産がある利用者は、低所得の施設利用者の食費や居住費を補てんする「補足給付」の対象外とされるようになった。

今後は、提供体制の適正化・効率化や負担能力の適正化に向けたさらなる見直しが行われる見通しである。1人当り介護費の地域差の半減に取り組むほか、軽度者に対する生活援助サービスなど給付の見直しや地域支援事業への移行などについて検討される。

13 マクロ経済スライドがポイントの年金

年金制度の仕組み

わが国の公的年金制度は、高齢期に収入を得る力が低下するリスクや長生きのリスクに備えるための社会保険であり、20歳以上のすべての人が加入する国民皆年金制度である。原則として60歳まで保険料を納め、65歳を迎えると、保険料の納付期間や納付額に応じて老齢年金を一生涯受け取ることができる。また、被保険者が障害を負ったり亡くなったりした場合は障害年金や遺族年金が支給される。

現在、老齢年金の受給資格を得るには25年以上の納付期間が必要とされているが、２０１２年の社会保障と税の一体改革により、消費税率10％への引上げ時に10年に短縮されることになった。さらに、２０１６年8月2日に閣議決定された「未来への投資を実現する経済対策」では、年金受給資格期間の短縮を２０１７年度中に実施することが盛り込まれた。

私的な年金とは異なり、公的年金には賃金や物価の変動に応じて支給額が改定される仕組みがある。仮に、年金支給額が一定で物価が毎年２％上昇すると、年金生活者は毎年２％分だけ商品やサービスを購入できなくなる。２％の物価上昇が30年続くと物価水準は１・８倍に達し、支給額の実質的な水準は

図表13－1　年金制度の体系

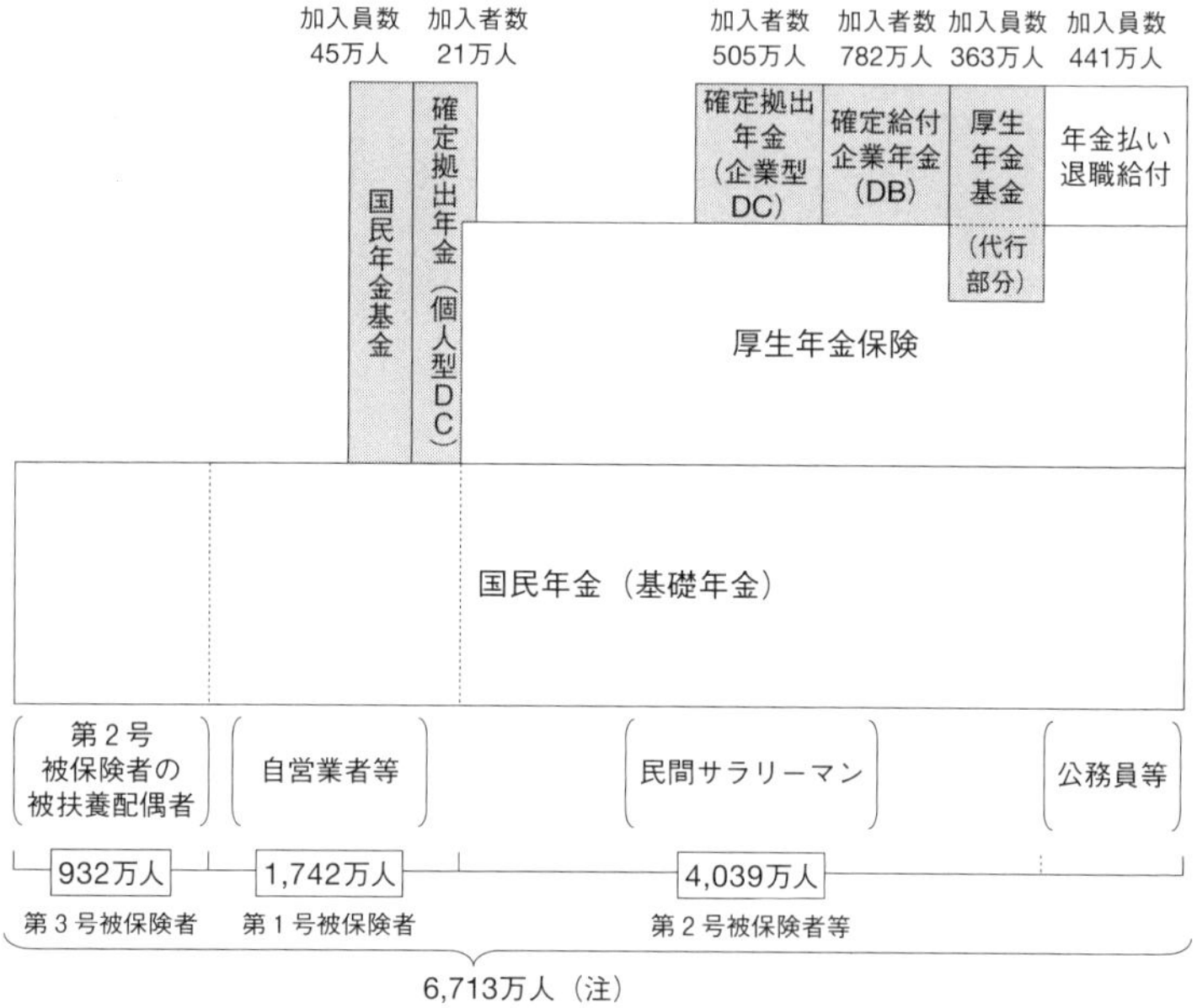

（注）　20～65歳未満人口は、7,130万人。人口推計（2015年4月）調べ。2015年10月以降。加入者数等は2015年3月現在。

（出所）　厚生労働省ウェブサイト（http://www.mhlw.go.jp/file/05-Shingikai-12601000-Seisakutoukatsukan-Sanjikanshitsu_Shakaihoshoutantou/0000127380.pdf）

6割弱（＝1÷1.8）まで低下してしまう。年金生活者にとっては、賃金や物価の上昇は生活上の大きなリスクなのである。

そこで年金の購買力を確保するために、受給開始時の年金（新規裁定年金）は現役世代の賃金水準が反映（賃金スライド）され、受給開始後の年金（既裁定年金）は物価変動に応じて毎年改定（物価スライド）されることが基本となっている。

図表13－1が示すように、公的年金制度は2階建ての構造である。1階部分

はすべての国民が加入する国民年金（基礎年金）で、2016年度の支給額は満額で月額6・5万円の定額である。

自営業者など国民年金に加入している人は「第1号被保険者」と呼ばれ、保険料は定額である。2016年度の国民年金保険料は1万6260円で、2017年度の1万6900円（2004年度価格）まで引き上げられることが決まっている（それ以降は実質横ばい）。

サラリーマンや公務員などは基礎年金とあわせて厚生年金に加入しており、2階部分の報酬比例年金を受け取る。厚生年金の加入者は「第2号被保険者」と呼ばれ、定率の保険料を雇主と折半で負担している。2016年9月からの厚生年金保険料率（1階部分と2階部分をあわせた保険料率）は労使合計で18・182％であり、2017年9月に18・3％まで引き上げられることが決まっている（それ以降は横ばい）。なお、長らく、公務員や私立学校の教職員が加入する年金は共済年金だったが、2015年10月に厚生年金に一元化された。

第2号被保険者に扶養されている専業主婦などは「第3号被保険者」に該当する。所得のない第3号被保険者の保険料は第2号被保険者全体で負担するという考え方がとられており、個々の第3号被保険者に保険料の負担は求められていない。

また、2016年10月から短時間労働者の被用者保険適用拡大が進められる。これまでは、企業に雇われていても1週間の労働時間や1カ月の労働日数が通常の労働者の4分の3未満の場合には、第2号被保険者ではなく、第1号や第3号とされていた。2016年秋以降は、週20時間以上の労働で年収

106万円以上などの条件を満たす場合には、第2号被保険者とされる。第1号や第3号から第2号になれば、保険料負担が増えるとしても、将来の年金が増えることになる。短時間労働者の適用拡大については、状況をみながらさらに拡大する方針が示されている。

このほか、任意加入の制度として、自営業者などが基礎年金の上乗せとして加入・受給する「国民年金基金」があり、厚生年金の上乗せ（3階部分）として「厚生年金基金」「確定給付企業年金（Defined Benefit : DB）」「企業型確定拠出年金（Defined Contribution : DC）」といった企業年金制度がある。また、個人単位で任意加入できる仕組みとして「個人型ＤＣ」がある。公務員については、従来あった3階部分の「職域加算」は被用者年金の一元化に伴って廃止されたが、新たに「年金払い退職給付」という上乗せ制度が創設された。

なお、２０１６年5月には「確定拠出年金法等の一部を改正する法律」（改正ＤＣ法）が成立し、従業員１００人以下の中小企業への普及・拡大を促すために、設立手続等を大幅に緩和した「簡易型ＤＣ制度」が創設されることになった。また、個人型ＤＣの加入対象者が大幅に拡大され、第3号被保険者や公務員など約２６００万人が新たな対象者となる。さらに、ＤＣからＤＢへのポータビリティも拡充される。

公的年金の財政運営

公的年金制度は、現役世代の保険料負担でその時々の高齢者世代を支える「賦課方式」が基本である。その時々に支払われた保険料のほとんどは、その時点の年金給付に充当されており、将来自分が年金を受給するときに必要となる財源を現役時代に積み立てておく「積立方式」とは異なる。

２０１４年度の年金給付費は約50兆円であり、その財源は保険料が33兆円、公費が12兆円などとなっており、基礎年金給付費の２分の１相当額は国庫負担とされている。さらに、将来の保険料負担の増加や給付水準の低下を回避するために、過去に積み立てられてきた積立金も財源として活用されている。２０１４年度の積立金の運用収入は20兆円（時価ベース）、積立金の取崩しは０・５兆円だった。

厚生年金と国民年金の積立金の運用は年金積立金管理運用独立行政法人（ＧＰＩＦ、Government Pension Investment Fund）が行っている。ＧＰＩＦの積立金運用額は２０１５年度末で１３５兆円（時価ベース）である。財政投融資改革（財投改革）によって自主運用が開始された前身の年金資金運用基金の時代を含め（財投改革については論点33を参照）、２００１〜15年度の平均収益率は年率２・７％であり、累積で45兆円の収益をあげている。２・７％は一見低いようにみえるが、同時期の10年国債利回りは平均１・１％であるから決して低くはない。

また、年金財政の計算上、年金積立金の運用収益率は絶対水準ではなく、賃金上昇率との関係が重要である。保険料収入は賃金上昇率で決まってくるが、長期デフレ下で賃金が伸び悩んだことと対比して、積立金からは低くない収益があがっている。年金積立金の運用に対して、株価が下落する局面になると運用状況をことさらに問題視する論調が増えるが、積立金の運用は長期的にみて年金財政にプラスの効果をもたらしている。

重要なマクロ経済スライドと実施の遅れ

年金支給開始年齢や年金額の改定の仕組みなど、現在の年金制度は、数次にわたる改革によって構築されたものである。特に2004年の改革が重要な内容を含んでいた。

具体的には、①保険料率を2004年の改革を2017年度まで毎年引き上げ、それを上限として固定する、②おおむね100年間を視野に入れて年金財政の均衡を図る（100年後の積立金の水準が給付費1年分になるよう積立金を活用する）、③モデルケースにおける新規裁定年金の所得代替率（現役サラリーマン世帯の平均所得に対する世帯年金額の比率）は50%を上回る、④基礎年金の国庫負担割合の3分の1から2分の1への引上げの道筋を明確にする、⑤人口動態に応じて給付水準を自動的に調整する「マクロ経済スライド」を導入する、といった内容である。

2004年の年金改革で保険料率の上限や国庫負担割合という財源が定められ、給付水準の下限も設定された。積立金についてもその活用方法が決められたから、後はそれらのすべてを満たすように給付額の調整を行っていけば、年金財政は破綻しないことになる。

その際の最も重要なツールが、給付水準について必要な調整を必要な期間だけ行うマクロ経済スライドである。これは、現役世代の減少と平均余命の伸びという年金財政を悪化させる要因の分だけ、毎年の年金給付の伸びを抑える仕組みである。マクロ経済スライドが行われる間、年金の伸びは賃金や物価の伸びよりもスライド調整分だけ低くなる。たとえば、物価が2%上昇するとき、マクロ経済スライド調整率が▲1％であれば、既裁定年金はフルに2％引き上げられるのではなく、1％しか引き上げられない（実質で1％の削減になる）。

先行き100年という超長期の見通しは、もちろん不確実性を伴う。そこで、いつまでどの程度のマクロ経済スライドを行う必要があるかについては、少なくとも5年に1度、「財政検証」を行うことになっている。「財政検証」では、その時点の経済・社会状況をふまえて想定の異なる複数の財政見通しや、マクロ経済スライドの終了年度の見通しが作成される。

このように、マクロ経済スライドの実施によって年金の長期的な給付と負担の均衡を図るという優れた制度設計になっている。ところが、実際にはマクロ経済スライドが発動されたのは、これまでのところ2015年度のわずか1度しかない。

マクロ経済スライドを着実に進めることは、年金財政の持続性確保と世代間の公平性の観点からきわめて重要である。スライド調整を行わないことは、制度の持続性を損なう超高齢化の進行がわかっていながら、現在の年金水準について必要な調整を先送りすることにほかならない。調整を長期化させれば将来の年金水準はみすぼらしいものとなり、世代間不公平も拡大する。2004年改革のときには、マクロ経済スライドの終了時期は2023年度と見込まれたが、2014年の財政検証では終了時期が2040年代になるとされた。

マクロ経済スライドが実施されていない第一の理由は、2004年改革の時点で、年金は特例的に高い水準で支給されていたところ、その特例分が解消するまではマクロ経済スライドが発動できないルールとしてしまったためである。特例的にというのは、デフレ下では本来は物価スライドで年金額を引き下げなければならないにもかかわらず、政治的配慮から2000年代初頭の数年間で年金額を据え置いてしまった（実質的には増額した）という問題である。結局、特例分の解消は2014年度を待つ必要があった。

そして、今後にもかかわる第二の理由は、マクロ経済スライドは年金支給額を名目額で引き下げない範囲でしか行えないというルール（名目下限措置）になっていることである。

たとえば、賃金・物価上昇率が1・5％でスライド調整率が▲1％だとすると、年金の改定率は0・5％（＝1.5％－1％）となり、マクロ経済スライドを実施できる。だが、賃金・物価上昇率が0・5％の場合は、名目下限措置により年金の改定率は0％（＝0％＞0.5％－1.5％）とされ、マクロ経済スライドは部分的にしか実施されない。賃金・物価上昇率がマイナスであれば、マクロ経済スライドをまったく行うことができない。

名目下限措置が存在するため、長期デフレのもとではマクロ経済スライドは機能しない。2015年度は前年度に消費税率が引き上げられたこともあって物価上昇率が一時的に高まり、マクロ経済スライドが初めて発動されたが、2016年度は賃金上昇率が再びマイナスへ転じたためマクロ経済スライドは行われなかった。

だが、最近になって、政府もこの問題に対処しようとしている。2016年3月に、マクロ経済スライドのルール見直しを含む年金制度改革関連法案が国会に提出されたのである。2016年の通常国会は終了し継続審議扱いとなっているが、法案が成立すれば、前年度までの未調整分を含めてマクロ経済スライドが実施されるようになる。すなわち、スライド調整できなかった分は翌年度に繰り越され、賃金や物価が上昇したときに当年度のスライド調整に上乗せするかたちで繰越分も調整される。名目下限措置が撤廃されたわけではないが、未調整分をいつになるかわからない遠い将来へ先送りするのではなく、できる限り手前で処理するようになるという点で一定の前進と評価できる。

ただし、このルールがうまく機能するには、結局のところ十分な賃金上昇や物価上昇が必要になる。そうでなければ繰越分が積み上がるだけだからだ。日本経済がデフレ基調から脱却できない場合は、必要な調整が依然として進まない。公的年金制度の持続性や信頼性を確保するためには、賃金・物価動向にかかわらずマクロ経済スライドが働くようにして、必要な給付抑制をできるだけ短期間で終了させることが必要だろう。

Key Word

企業年金制度

企業年金制度は、企業が従業員に対して提供する年金の仕組みである。従業員にとっては退職金の性格がある半面、公的年金制度を補完する機能ももっているといえる。確定給付企業年金（ＤＢ）と企業型確定拠出年金（企業型ＤＣ）に大別される。

ＤＢでは、企業は従業員に将来の給付額を約束し、拠出金を運用する。従業員は高齢期になると規約に基づいて給付を受ける。従業員自身は資産運用を行う必要がなく、老後の安定した収入源として期待できるが、企業業績の悪化や運用難などで年金が減額されるおそれもある。

企業型ＤＣは、米国の税法である内国歳入法４０１条ｋ項を参考に創設された制度であることから通称「日本版４０１ｋ」と呼ばれる。企業や従業員が無税で拠出した掛け金は個人ごとに明確に区分され、従業員自身がそれを投資信託や保険、預貯金などの金融商品へ自身の判断で投資する。企業は従業員に投資教育を行うが、従業員が運用の責任を負うことになる。受給権が確立しているため、企業業績などで年金が減額されることはない。

14 生活保護などの福祉

社会保障（社会保険）と福祉は似ているが違う

年金や医療・介護などの社会保障（社会保険）と区別すべき政府の役割に、福祉がある。社会保障とは、保険料を財源として、病気に罹ったり、要介護となったり、失業をしたりしたときに給付が受けられる公的な保険である。年金も働く能力や機会が失われた老齢期の生活費の一部をまかなうものだから、予想外の長生きに備えた保険といえる。

これに対して、福祉とは、いざというときの給付が保険料負担とは紐付いておらず、生活の困窮や障害などに対して、税を財源にして援助や補助が行われるものである。社会保障にも税が投入されているが、社会保障の財源は全体としてみれば3分の2が保険料であり、保険としての政策的・数理的な公正さが社会保障では求められる。一方、より直接的な国家による扶助が福祉であり、それはすべての国民が文化的な社会の一員として生活を営めるようにすることを目的としている。

一般には、福祉を含めて「社会保障」とひとくくりに議論される場合もあれば、社会保障を含めて「福祉」と呼ぶ人もいる。社会保障も福祉も、社会の構成員全員が連帯して支え合うセーフティ・ネットであるという性格は共通している。ただ、高齢化の進展や格差の状況にあわせて、セーフティ・ネットを持続的なものとしていくためにどうすればよいかを考える際には、両者を区別して議論したほうがよいだろう。

なぜなら社会保障は保険料が財源の中心であり、負担と受益が結びついた関係にあるからである。負担と受益の関係が明確で、給付を受ける権利性が明らかであれば、負担（コスト）とのバランスをとろうとする改革インセンティブが働く。

一方、福祉は財源のすべてが税であり、税の負担は何かの見返りと直接結びついたものではない。一定の要件を満たすときに福祉の仕組みを利用できる権利や資格については、特段の要件は求められていない。福祉の範囲や水準について、医療・介護保険や年金とは少し違った視点をもって現状を知り、改革を進める必要があるだろう。

福祉政策の中身

福祉として、具体的には何が行われているのだろうか。

大きな分類として、老人福祉、障害者保健福祉、精神保健福祉、児童家庭福祉、生活保護がある。また、戦争犠牲者援護や公衆衛生・環境衛生関連の施策も福祉政策に位置づけられる。

高齢者に関しては、介護保険でさまざまなサービスが提供されているが、それ以外にも社会参加を促し、生きがいをもち続けることなどを目的にした老人福祉を市町村が提供している。障害者保健福祉とは、障害福祉サービス、自立支援医療、身体障害者施設福祉、障害児・知的障害者に対する施設福祉などであり、障害者の生活支援や自立支援のためのサービスである。

また、児童家庭福祉とは、母子保健対策、保育対策、児童健全育成対策、母子家庭・父子家庭対策などである。たとえば、母子保健対策では、妊婦健診、乳児健診、1歳6カ月児健診、3歳児検診、幼児健診などの一連のサービスが提供されている。最近、政治問題化している保育所の整備や運営も福祉の一環である。

福祉政策のそれぞれに課題が指摘されているが、なかでも関心が高いのが、生活保護だろう。生活保護は生存権を規定した憲法第25条に基づく制度である。憲法第25条は、第1項で「すべて国民は、健康で文化的な最低限度の生活を営む権利を有する」とし、第2項で「国は、すべての生活部面について、社会福祉、社会保障及び公衆衛生の向上及び増進に努めなければならない」と述べている。

そこで国は最低生活費として、生活扶助、住宅扶助、教育扶助、介護扶助、医療扶助、出産扶助、生業扶助、葬祭扶助という体系を整備し、能力や資産等をすべて活用してもなお生活に困窮する人々に対して、その困窮度に応じた保護を行っている。困窮度に応じた保護というのは、能力に応じて働いて得た収入や年金などの収入と、最低生活費の差額が保護費として支給されるという意味である。

生活保護費は国が4分の3、地方自治体が4分の1を負担することになっており、2016年度当初予算ベースの生活保護費（事業費ベース）は3・8兆円に達している。イメージしやすいように、この金額を仮に消費税率に換算すると、税率1・4％分に相当する規模であり、かなり大きい。

図表14－１　国が負担する生活保護費
（2016年度当初予算）

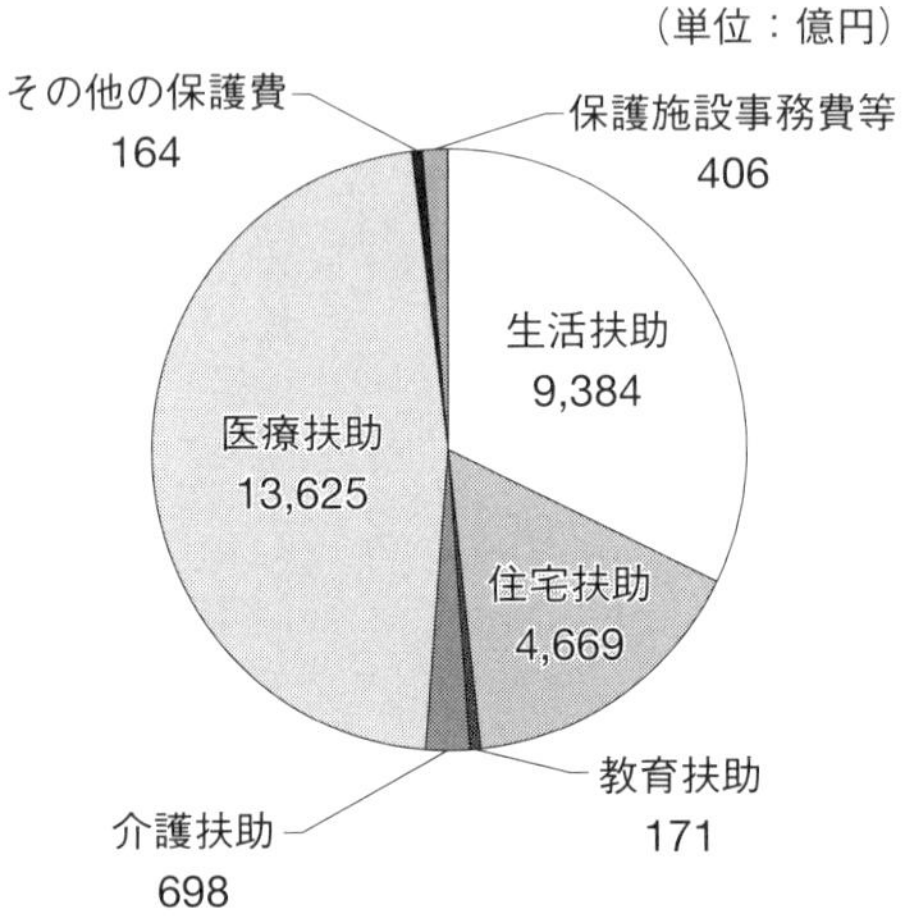

（注）国は保護費全体のうち４分の３を負担。保護費総額は２兆8,711億円。保護施設事務等をあわせると２兆9,117億円。

（出所）財務省「平成28年度予算及び財政投融資計画の説明」より大和総研作成

図表14－１は２０１６年度当初予算における国の支出額について示したものである。総額は２・９兆円で、社会保障関係費の９・１％を占めている。また、生活保護費の約半分は医療扶助である。医療扶助とは、生活保護受給者が病院や診療所で医療サービスを利用した場合の費用であり、生活保護受給者は医療サービスや処方薬について、窓口での自己負担がない。

生活保護の実像

生活保護を受けている方々の人数は、１９９０年代中頃は90万人を割り込んでいたが、２０１４年度時点で２１７万人に達している。しかも

図表14－2　被保護世帯158万世帯の類型別内訳

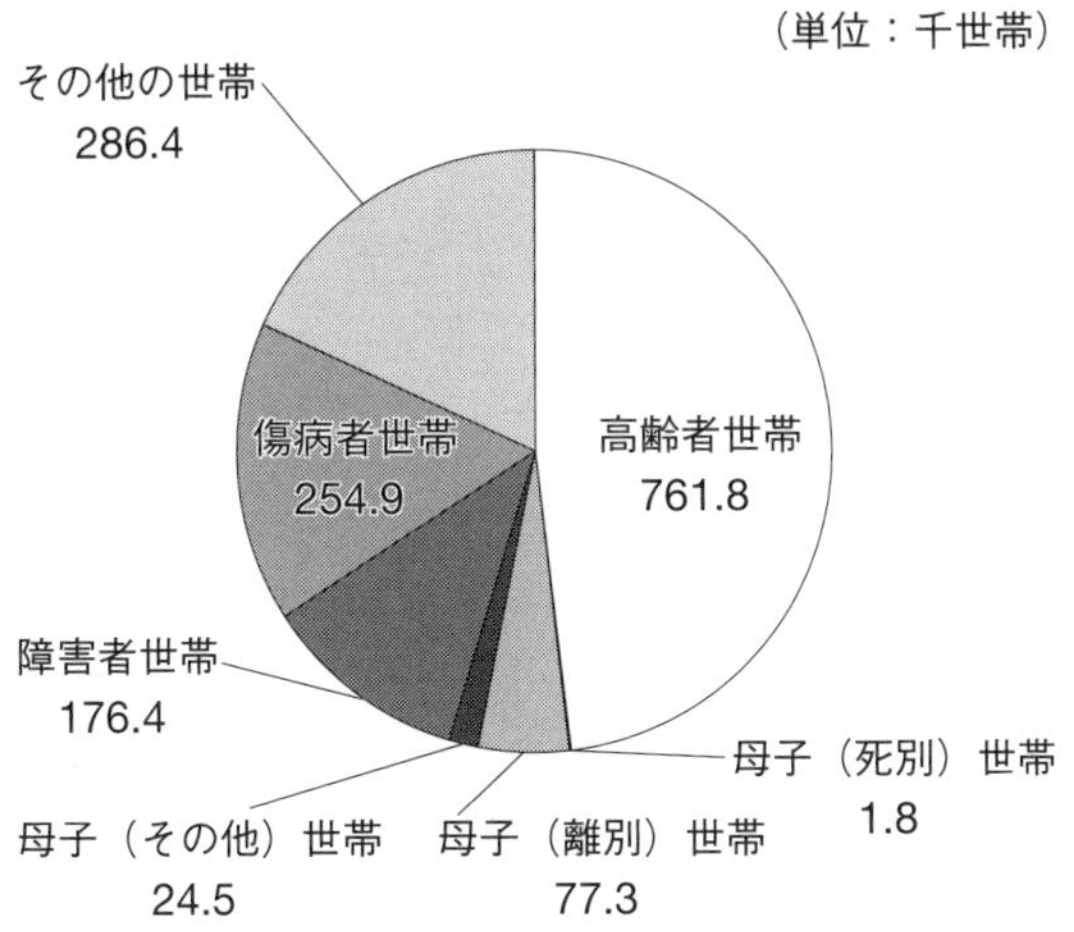

（注）　2014年７月末現在。
（出所）　厚生労働省「被保護者調査」より大和総研作成

驚くべきことに、終戦後間もない１９５０年代初頭頃よりも人数が多い。当時と比べて総人口が１・５倍に増えているとはいえ、現在は国民の59人に１人が生活保護を受給している。生活保護の受給者数だけをみれば〝戦後間もなくの時代よりも貧困が広がっている〟という、よくわからない事態になっている。

もちろん、ここ10年間で受給者数が大幅に増えたことには理由もある。高齢化の進行や、リーマン・ショック後の深刻な世界同時不況、東日本大震災である。

たしかに、現在、生活保護を受給している世帯の半分弱は高齢者世帯である（図表14－2）。ただ、かつての高齢者と比べて現在の高齢者が全体として貧しくなっているとは、にわかには考えにくい。生活保護受給者の増加の原因が高齢化であるならば、さらに高齢化が進む今後30

年間で生活保護費やそれをまかなうための税負担が莫大なものになるおそれがある。

また、２００９～10年頃はたしかに厳しい不況だったが、最近は全国各地の有効求人倍率が歴史的な高さをみせている。労働力人口が減っていくなかで、これからの日本は働き口がないという状況ではもはやない。

実は、かつてと比べて、ここ数年で生活保護の受給を開始した世帯で目立っているのは、「その他の世帯」である。「その他の世帯」とは、高齢者世帯、母子世帯、障害者世帯、傷病者世帯のいずれにも該当しない世帯である。「その他の世帯」がどういう世帯であるのかはよく調べてみないことにはわからないが、「その他の世帯」以外の世帯と比べて、就労できる可能性（すでに就労している場合には、さらに所得を増やせる可能性）は比較的高いと考えられるだろう。

進められている取組み

各省庁の政策を評価している総務省行政評価局が、生活保護に関する調査結果と勧告を２０１４年8月に公表している。それによれば、生活保護行政を担当する福祉事務所が行っている就労支援事業の参加率には大きなばらつきがあり、また、その事業の効果検証がまちまちになっているという。

生活保護法第1条は「（前略）国が生活に困窮するすべての国民に対し、その困窮の程度に応じ、必要な保護を行い、その最低限度の生活を保障するとともに、その自立を助長することを目的とする」と規定している。つまり、生活保護には最低限度の生活を保障する安全網の役割だけではなく、そこから脱却するトランポリンのような役割が求められている。

そこで国や自治体は、従来の就労支援事業を見直して、就労できるようになる人の割合や収入が増加する人の割合を引き上げる新たな取組みを2015年度から開始している。職業安定所などと連携しながら、就労支援の状況を管理・検証していくことで、保護からの脱却率を高めていく必要がある。

また、前述したように、生活保護では医療扶助が費用の大きなウェイトを占めている。厚生労働省の研究会報告によれば、生活保護受給者は肥満や低体重の割合が一般よりも高いという。また、平均的な世帯と比較して、生活保護を受けている世帯は運動習慣が少なく、規則正しい食事や栄養のバランスをとった食事をしていないという調査結果もある。多少の費用をかけてでも、健康指導や健康診断を行って、受給者の健康度を高めたほうが、トータルでは保護費を減らすことになるのではないだろうか。

さらに、医療扶助では後発医薬品を使用することが法律上で原則とされている。効能が同じならば、できるだけ価格の安い薬を使うことが、生活保護に限らず、国をあげての取組みになっている。生活保護における後発医薬品の使用割合は、院外処方で66・2%、院内処方で56・2%にとどまっている（2015年）。国全体で2018～20年度末のなるべく早い時期に80%以上にすることが政府の目標になっており、生活保護では少なくともこれを上回ることが必要だろう。

抜本改革へ向けて

生活保護制度では、全国消費実態調査という5年に1度の大規模な調査の結果に基づいて保護の基準が見直される。次回は２０１７年に生活扶助基準が見直され、２０１８年の国会で関連する法律改正が行われる予定である。

現在の生活扶助の基準（地域や年齢、世帯人員数などに応じた最低生活費）は、たとえば東京都区部の高齢者単身世帯（68歳）で月額８万８７０円である（２０１６年度、冬季加算を含む）。これが高いか低いかは意見が分かれるだろうが、40年間欠かさずに保険料を納め続けた場合に受給できる国民年金６・５万円（２０１６年度）より高いことはふまえられるべきではないだろうか。

年金が低いことのほうが問題だと考える読者もいるだろうが、６・５万円は全国民に共通した基礎年金であり、それを増やすには大規模な国民負担増が必要になる。問題は、保険料をきちんと納めずに年金を受給できなくなっても、年金以上の現金（生活保護）を政府が配り続けていては、年金保険料を負担する動機はなくなってしまうということである。

また、生活保護で標準世帯とされる３人世帯（夫33歳、妻29歳、子４歳）の生活扶助額（児童養育加算等を含む）は16万１１０円である（２０１６年度、東京都区部、この他に住宅扶助、医療扶助などがある）。

これに対して、総務省「家計調査」における２０１５年の関東大都市圏における２人以上世帯（全年齢の平均）の年間収入５分位の第Ⅰ分位（世帯のうち収入が最も低い20％のグループの平均）の消費額は、家賃や医療費なども含めて20万８４８１円である。生活保護は総世帯の３％程度だけが受給していることを考えると、現在の扶助基準は決して低いとはいえないだろう。生活扶助基準額は２００１年度から２０１２年度まで２００３～04年度を除いて据え置かれてきたから、デフレのなかで実質的には増額傾向にあったことになる（2013年8月〜15年度にかけて一定の適正化が実施された）。

文化的な生活が送れない真の困窮者は、生活保護制度によって迅速かつ的確に保護されなければならない。同時に、公正な運用や給付の適正化を進め、また保護からの脱却を目指す効果的な取組みも必要である。生活保護の不正受給は増加傾向にあり、年間4万3230件も発覚している（2013年）。2013年の生活保護法改正では、福祉事務所の権限拡大や不正受給の罰則引上げ・返還金上乗せなど、不正・不適正受給対策が強化された。税金で運営されている以上は、制度に対する国民の信頼も重要である。生活保護の実態をふまえつつ、さらなる自立支援促進のために制度全体を見直していく必要があるだろう。

Key Word

生活困窮者自立支援制度

生活保護に至らないようにするための自立支援策の強化として、あるいは生活保護から脱却した人が再び生活保護に陥ることのないようにするために、2015年4月に創設された制度（国の予算規模400億円）。年金・医療保険や労働保険が第1段階のセーフティ・ネット、生活保護が最終の第3段階のセーフティ・ネットだとすれば、生活困窮者自立支援制度はその中間の第2段階のセーフティ・ネットに位置づけられる。

包括的な自立相談支援と本人の状況に応じた支援（生活支援、就労支援、家計再建支援、居住確保支援、子ども支援など）によって、長期ひきこもりを解消したり、貧困の連鎖を防いだりすることが期待されている。2015年度における、福祉事務所での新規相談件数は全国で22・6万件、自立生活のためのプラン作成件数は5・6万件だった。

15 少子高齢化と政府の歳出構造の関係

財政の硬直化をもたらしている社会保障関係費の増大

論点10～14で政府の主な歳出について述べたが、日本の財政が悪化してきた最大の要因は、なかでも社会保障関係費の増大といってよい。

図表15－1に示したように、国の一般会計歳出の推移を5年度ごとに区切ってみると、歳出総額は、バブル経済のピーク付近だった1990～2015年度にかけて、69・3兆円から96・3兆円と27・1兆円増えている（39％増）。これを主要経費別にみると、社会保障関係費が11・5兆円から31・5兆円と20・0兆円の増加（175％増）となっており、歳出全体の増加の7割以上を占めている。国債の元利払費である国債費の9・1兆円増（64％増）、防衛関係費の0・7兆円増（17％増）などと比べても、社会保障関係費の伸びが際立っている。

また、1990～2015年度にかけての変化を、歳出全体に占める主要経費別の割合でみても、地方交付税交付金等が23・0％から16・0％、公共事業関係費が10・0％から6・2％、文教および科学振興費が7・8％から5・6％にそれぞれ低下する一方、社会保障関係費は16・6％から32・7％へと

図表15－1　国の一般会計歳出の推移

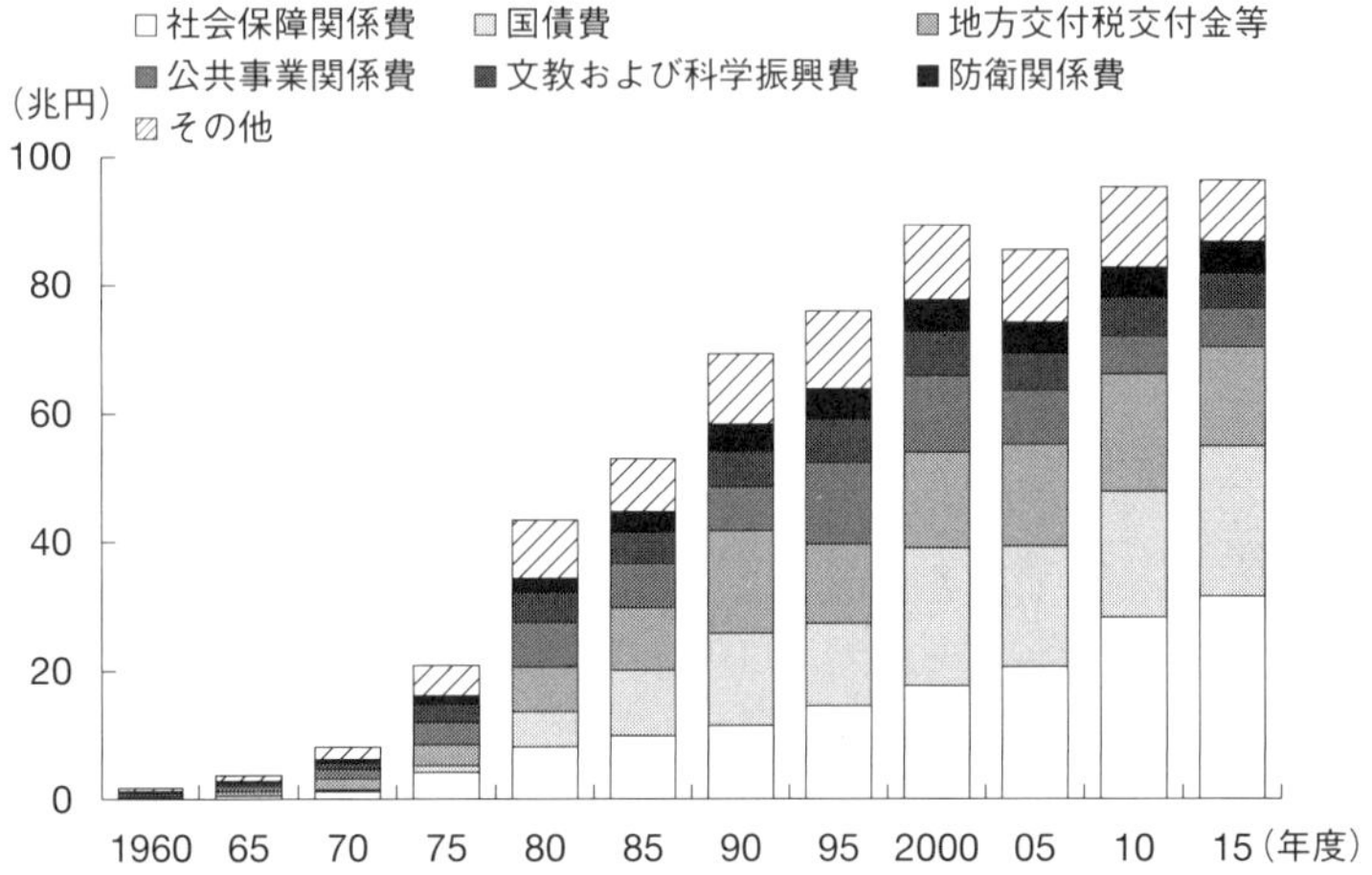

（注）　2010年度までは決算額、2015年度は当初予算額。
（出所）　財務省「財政統計（予算決算等データ）」より大和総研作成

増大し、全体の約3分の1を占めるに至っている。

　現状は、予算配分において社会保障関係費が他の政策経費を圧迫しているようにさえみえる。社会保障関連に支出が偏ってしまうと、財政政策において、社会インフラや教育といった将来への投資である分野に予算を振り向けにくくなる。このように政策の自由度に制約が生じることを「財政の硬直化」という。

急速に進む少子高齢化が原因

　社会保障関係費が増加を続けている背景には、人口構造の変化がある。総務省「人口推計」等によれば、日本の総人口は、2008年の1億2808万人をピークに、減少に転じた（図表15－2参照）。

　総人口の推移を年少人口（0～14歳）、生産年齢人口（15〜64歳）、高齢人口（65歳以上）に分けると、年少人口は、1954年に2989万人でピークをつけてから減少傾向をたどり、2015年には1586万人となった。1954年に33・9％だった年少人口の割合は、12・7％へ低下した。生産年齢人口は、年少人口の動きがタイムラグを伴って現れ、1995年がピークの8726万人だった（総人口に占める割合は69・5％）。2015年の生産年齢人口はそこから1134万人減少して7592万、生産年齢人口の割合は60・6％である。

年少人口、生産年齢人口ともに減少傾向が続いているのとは対照的に、高齢人口は戦後一貫して増加し続けている。高齢人口は、1947年の375万人から2015年には3342万人と実に9倍になった。この結果、1947年に4・8％だった高齢人口の割合は、2015年には26・7％と、全体の4分の1を超えている。

序章でも述べたように、超のつく少子高齢化によって、高齢者1人を支える生産年齢人口は著しく減少している。1960年代までは、高齢者1人に対して、生産年齢人口は10人以上というバランスだったが、1995年には4・8人になり、2015年には2・3人となっている。

高齢者が増えれば年金や医療・介護の給付費は当然に増加する。その財源は社会保険料や税でまかなわれるが、少子化で就業者が増えなくなれば、それ以前のようには税収が増えなくなる。日本の社会保障制度は、税の再分配ではない建前だが、社会保険方式による運営を基本としつつも、給付財源として国や地方の公費（税金や公債発行）への依存を強めてきた。2013年度時点でみると、社会保障給付費110・7兆円に対して、保険料（被保険者拠出と事業主拠出の合計）は63・0兆円であり、公費が

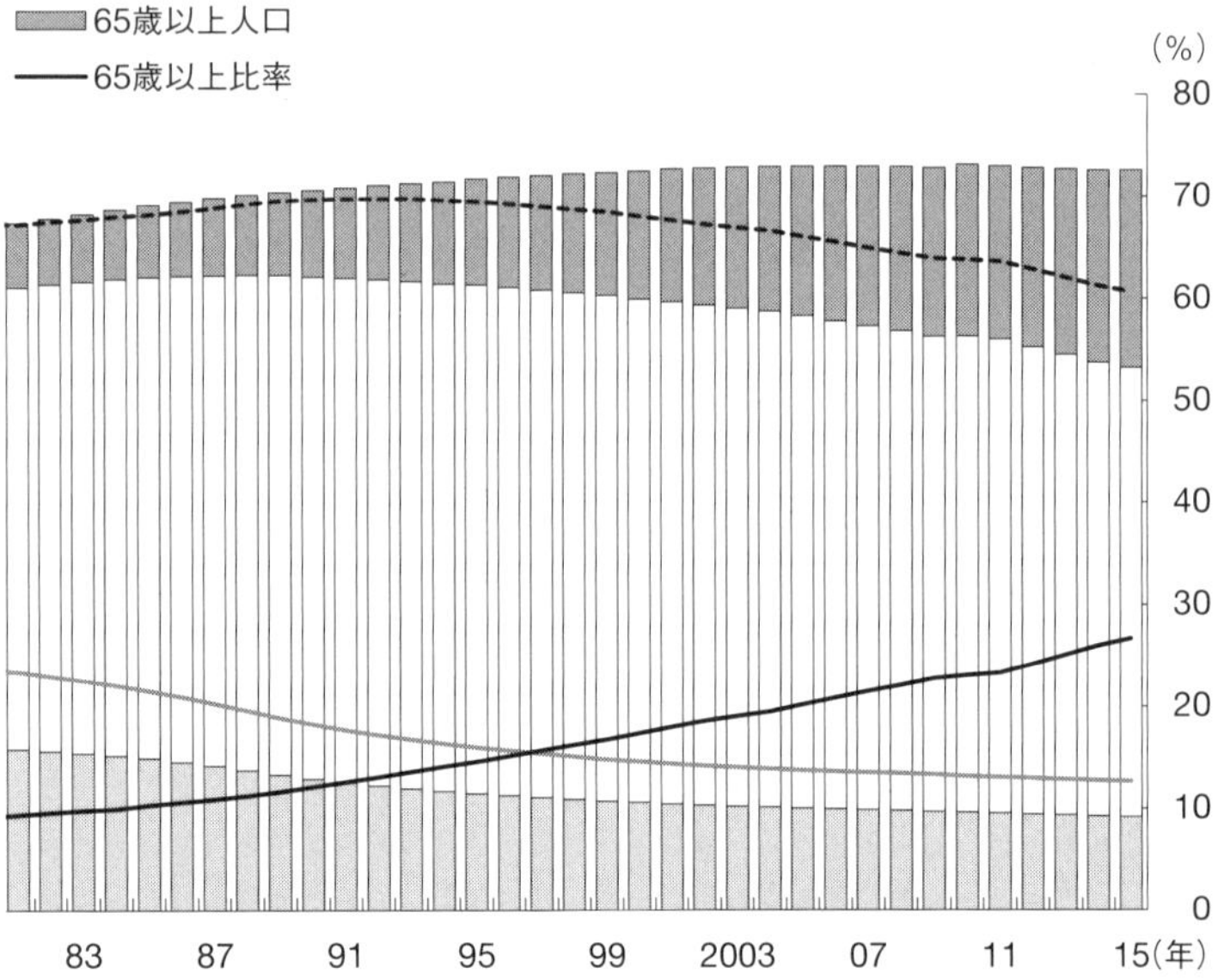

43・0兆円となっている。1972〜2013年度までの平均で、社会保障給付は毎年2・5兆円のペースで増加を続けてきたがこれに伴って公費負担も毎年平均1・0兆円のペースで増加している。

社会保障関係費を高齢化が進むに任せて増やしていけば、増えない税収と公費負担の差額は拡大する。その差額こそが財政赤字の主要部分であり、毎年の財政赤字が政府債務として累積する。少子高齢化は今後も続くのが確実であり、社会保障制度の改革や税収の増加を考えなければ政府債務は増加し続けることになる。

図表15－2　日本の人口と人口構造の推移

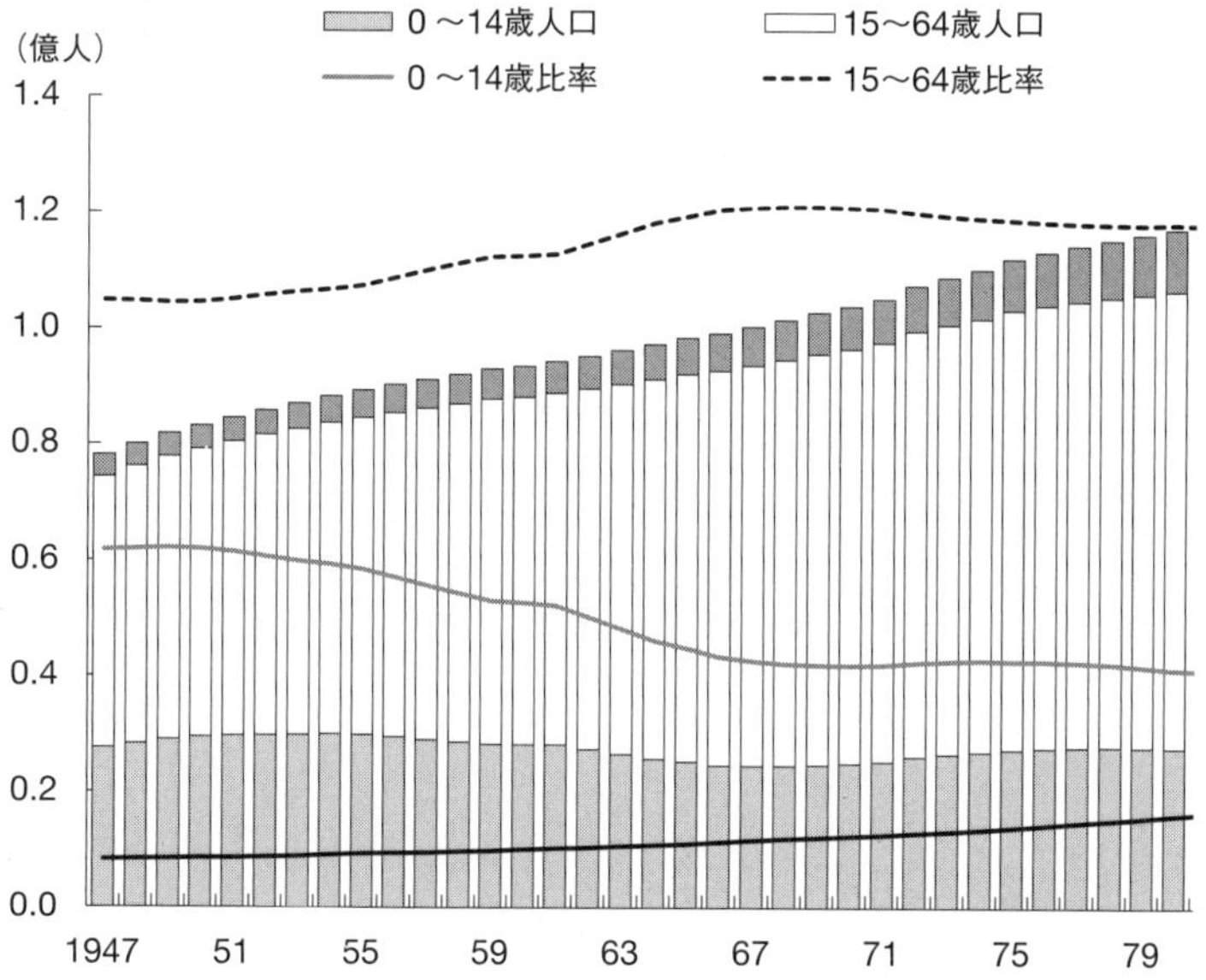

（注）　各年10月1日現在の推計人口。
（出所）　総務省「人口推計」より大和総研作成

少子高齢化はこれから どのくらい進むか

少子高齢化は、これからどのくらい進むのだろうか。国立社会保障・人口問題研究所「日本の将来推計人口（平成24年1月推計）」によると、2010～60年までの50年間で、総人口は1億2806万人から8674万人まで4132万人減少し、現在の3分の2程度の規模となると推計されている（出生率や死亡率が中位の仮定）。

前述した年齢3区分でみると、2010～60年にかけて、年少人口は1684万人から791万人へと893万人減少し、生産年齢人口は8174万人から4418万人へと

3755万人減少すると推計されている。それぞれの減少率は53・0％、45・9％であり、いずれも現在の約半分になる可能性があるということである。

対照的に、高齢人口は2948万人から3464万人へと516万人増加すると推計されている。増加率は17・5％であり、総人口に占める割合は23・0％から39・9％に上昇する。2060年の高齢者が約4割という状況下では、高齢者1人を1・3人の生産年齢人口で支えなければならない。

超高齢化社会にふさわしい財政構造の実現が課題

社会保障給付費や財政赤字の拡大の原因が高齢化にあり、それが続くのだとすれば、超高齢化の時代にふさわしい財政構造を実現するしかない。逆にいえば、それが実現できれば超高齢化を乗り越えることができるということである。では、超高齢化時代にマッチした財政構造とはどのようなものだろうか。

政府の歳入側の現状や課題については第1章の各論点で詳しく述べたとおりである。生産年齢人口が減少していくなかでは、社会保険料と並んで所得税の収入を大きく伸ばすことはむずかしい。法人税は、経済のグローバル化のなかで増やすというよりは諸外国との調和が求められている。だとすると、残るのは消費税であり、高齢者も含めたオールジャパンで薄く広く負担する消費税が超高齢社会の財源としてはふさわしいという結論になる。

一方の歳出側のあり方はどう考えればよいだろうか。厚生労働省「社会保障に係る費用の将来推計の改定について（平成24年3月）」によると、「団塊の世代」全員が後期高齢者（75歳以上）となる２０２５年度において、社会保障給付費用は２０１２年度の１０９・５兆円から36％増加して１４８・９兆円に達すると推計されている。

内訳は、年金給付が53・８兆円から60・４兆円へと６・６兆円増加（増加率は12％）、医療給付が35・１兆円から54・０兆円へと18・９兆円増加（同54％）、介護給付が８・４兆円から19・８兆円へと11・４兆円増加（同１３４％）になるという。この推計は物価の動きをどう仮定するかによって金額が違ってくるが、保険料や税収などの財源調達のベースである名目ＧＤＰが同じ期間に27％の増加見通しとなっていることから、伸び率でみてそれを大きく上回る医療や介護の給付をどうコントロールするかが課題であることがわかる。

高齢になれば病気に罹りやすくなるから、１人当り平均の医療費は高齢化が進めば進むほど高くなる。さらに、医療費の財源に占める公費の割合は、後期高齢者で非常に高い。これは後期高齢者医療制度が、そういう制度設計になっているからである。

厚生労働省「平成25年度国民医療費の概況」によると、１人当りの年間の医療費は、64歳以下で17・８万円、前期高齢者（65〜74歳）で55・３万円、後期高齢者で90・３万円である。財務省「日本の財政関係資料（平成28年４月）」によると、このうち国庫負担は64歳以下で２・６万円（医療費の15％）、前期高齢者で８・０万円（同14％）、後期高齢者で34・６万円（同38％）である。

また、介護費にも同様の傾向がある。厚生労働省「介護給付費実態調査（平成25年）」および財務省

「日本の財政関係資料（平成28年4月）」によると、1人当りの年間の介護給付費は、前期高齢者は5・0万円（うち国庫負担は1・4万円）であるが、後期高齢者は47・0万円（同13・4万円）である。

したがって、超高齢社会では、高齢者の医療費や介護費をどのように効率化・重点化し、結果としてどの程度増加を抑制できるかに英知を結集する必要がある。それは、今後長期的に必要になる消費税の増税幅を決めることにもなるだろう。

以上のような歳入側と歳出側の改革にメドをつけるタイムリミットは「団塊の世代」が後期高齢者となり始める2020年代初め頃ではないか。それまでに、医療・介護分野における給付の効率化・重点化に取り組むとともに、予防・健康管理等の取組みを強力に推進すべきことについては、論点30で述べている。

Key Word

社会保障制度の財政方式

社会保障制度を財政面からとらえれば、加入者が支払う保険料で給付をまかなう「社会保険方式」と、国民が支払う税金で費用を負担する「税方式」の大きく2つが考えられる。社会保険方式は負担と受益の関係や「保険原理」を重視する考え方、税方式は「所得再分配」を重視する考え方といえる。現在、基礎年金の財源の2分の1は国庫負担だが、基礎年金について全額を税財源にすべきという提案がしばしば聞かれる。ただ、保険料ではなく税を財源とする年金給付となれば、生活保護との境界があいまいになる。

また、社会保険方式には、現役世代が拠出した保険料をその時々の給付の原資とする「賦課方式」と、将来受給する年金等の原資をそれぞれの加入者や同一の世代で積み立てておく「積立方式」の2つの財政方式があり、各々にメリット・デメリットがある。たとえば、賦課方式は、現役世代の賃金を財源のベースとしているためインフレに対応しやすい半面、少子高齢化といった人口構造の変化の影響を受けやすい。

16 国のバランスシートをみてみよう

巨額の借金で国が破綻？

家計部門と企業部門と政府部門をあわせて日本を全体としてみれば、対外純資産（海外にもつ資産から負債を差し引いた金額）を２０１５年末時点で３３９・２兆円保有する世界最大の対外債権国である。だが、政府に限ってみれば、国と地方の公債等残高は９９８兆円であり、おそろしく大きな借金を抱えている。それを返済できずに、いつか国家が破綻するのではないかという見方がある。

どうなれば破綻といえるのかはむずかしいが、破綻間際まで事態が悪化したギリシャのような状況に日本が陥ることはあるのだろうか。日本の政府は多くの借金を抱えている一方で、多くの資産も保有しており、資産を現金化すれば借金を返済できると考える人もいる。あるいは政府の借金は国民全体の借金だが、国債を政府から買っているのは国民なのだから、国債は国民の資産でもあるととらえる人もいる。

政府財政に対する悲観論と楽観論が入り混じっているが、政府の債務残高が極端に膨れ上がっていることは間違いない。楽観論者も財政再建が不要とはいっておらず、多くの国民は、このままでは何か大変なことになるのではないかという漠然とした不安を抱いているのが実態だろう。

債務超過に陥っている日本政府

はたして日本政府が破綻するようなことが本当にあるのかを判断するためには、国の財務状況を正確に理解することが不可欠である。本来、納税者は国の財務状況にもっと関心をもつべきだろう。国民から徴収した税金を政府はどのように使い、どのような成果をあげているのか、なぜ政府債務はここまで積み上がったのか、財務状況とはその結果が表されたものである。

企業が作成する財務諸表と同じように、国家版の財務諸表である「国の財務書類」が2003年度から毎年作成されている。そこで、以下では、財務省が公表している「国の財務書類」に基づいて国の財務状況を把握しよう。

「国の財務書類」は、国全体の資産と負債、あるいは費用や財源などを、企業会計に倣ってとらえたものである。大まかには企業の財務諸表と似ているが、国の活動の特性をふまえた独自の工夫もなされており、企業の財務諸表とは異なる部分もある。

その1つは自己資本（株主資本）である。企業の貸借対照表には資産と負債があり、その差額として資本金などを含む純資産がある。だが、国の場合は企業のような払込資本がないため、貸借対照表では資本は存在せず、資産と負債の差額は「資産・負債差額」とされる。

また、国の活動とは、強制的に徴収した税金などを財源に、政府にしかできない政策を実施することであり、利益の獲得を目的としているわけではない。そのため、損益計算書は作成されない。もっとも、企業会計でいう「費用」に相当するものとして「業務費用」の総額や内訳が「業務費用計算書」として示されている。企業会計でいう「収益」に相当するものとしては税収や保険料といった「財源」があるから、「財源」から「業務費用」を差し引いた超過費用が財政赤字に相当する。

「国の財務書類」では一般会計と特別会計を合算したものに加え、国の業務と関連する事務・事業を行っている独立行政法人を連結した「連結財務書類」も作成されている。また、それぞれにさまざまな計算書や附属明細書もあり、かなり充実している。さらには、それらが省庁別にもつくられている。

最も基本となる、一般会計と特別会計を合算した貸借対照表が図表16－1である。2014年度末の国の資産は679・8兆円、負債は1171・8兆円であり、資産・負債差額は▲492・0兆円で資産額が負債額より小さい債務超過の状態である。492兆円とは、日本全体の1年当りの付加価値の生産（経済規模）を表すGDPとほぼ同じ金額である。

しかも前年度末と比べると、資産の増加幅が負債の増加幅よりも小さいため、資産・負債差額のマイナスは前年度末より拡大してしている。実は、資産・負債差額は8年連続でマイナス幅を拡大させている。

国の場合、将来にわたる課税権を有しているため、資産・負債差額がマイナスというだけでは破綻とはいえないが、仮に民間企業であれば、債務超過額が拡大し続けているようであれば倒産するのが普通である。

図表16－1　国の貸借対照表（2014年度末）

（単位：兆円）

	2013年度末	14年度末	増▲減		2013年度末	14年度末	増▲減
〈資産の部〉				〈負債の部〉			
現金・預金	18.6	27.8	9.1	未払金等	11.2	11.9	0.8
有価証券	129.3	139.5	10.2	政府短期証券	101.6	99.2	▲2.4
未収金等	11.9	11.5	▲0.4	公債	855.8	884.9	29.2
前払費用	1.3	4.3	3.0	借入金	28.4	28.9	0.5
貸付金	137.9	138.3	0.3	預託金	7.0	6.5	▲0.4
運用寄託金	104.8	103.7	▲1.1	責任準備金	9.4	9.7	0.2
貸倒引当金	▲2.3	▲2.1	0.3	公的年金預り金	112.2	113.7	1.5
有形固定資産	177.7	179.6	1.8	退職給付引当金等	9.1	8.4	▲0.7
無形固定資産	0.2	0.2	▲0.0	その他の負債	8.4	8.6	0.2
出資金	66.3	70.0	3.7				
その他の資産	6.9	7.1	0.2	負債合計	1,143.1	1,171.8	28.8
				〈資産・負債差額の部〉			
				資産・負債差額	▲490.4	▲492.0	▲1.6
資産合計	652.7	679.8	27.1	負債および資産・負債差額合計	652.7	679.8	27.1

（出所）　財務省「平成26年度「国の財務書類」のポイント」より大和総研作成

負債の中身

国が債務超過になるほどの負債の巨額さについて、国の貸借対照表ではその中身が明確にされている。

図表16－1をみると、負債総額1171・8兆円のうち、いうまでもなく公債が884・9兆円と最大である。公債とは要するに国債のことで、歳出の財源を調達するために発行された建設国債や赤字国債である。なお、ここには財政投融資制度のなかで特別会計が発行している財投債も含まれる（国債の種類については論点18、財政投融資（財投）については第5章を参照）。

次いで、113・7兆円の公的年金預り金、99・2兆円の政府短期証券と続いている。これら3つの項目で負債の94％を占める。

公的年金預り金とは、国民が納めた年金保険料のうち、その一部が積立金として運用されているお金に相当する。年金積立金は政府の資産であり、それは国から年金積立金管理運用独立行政法人に寄託されていることから、資産側に運用寄託金として計上されている。ただ、年金積立金は将来の保険料率引上げを抑制したり、給付を維持したりする目的で保有されていることから、政府が国民から預かっている負債でもあると整理されている（年金積立金には現預金などもあるため、運用寄託金と公的年金預り金の金額は完全には一致しない）。

なお、積立方式で運営されている民間の年金の給付債務とは異なり、賦課方式で運営されている公的年金については、国の貸借対照表上において将来にわたる年金給付債務をバランスシート上の負債としては認識しないことになっている。ただし、政府が将来にわたって課すことができる年金保険料の価値を資産として認識することも行われていない。

政府短期証券は、円売りの為替介入時に発行される外国為替資金証券などである。為替介入は、為替相場の急激な変動を抑え、その安定化を図ることを目的として実施される。外国為替市場で「ドル買い・円売り介入」を行う場合、外国為替資金証券を発行して調達した円資金を対価にドルを買い入れる。この場合、貸借対照表上では、負債側の政府短期証券と資産側の外貨資産（ドル建て債券など）が両建てになる。

負債と資産が両建てになっているという点では、公債もそういう部分がある。公共施設を、建設国債を発行した財源で建設した場合、資産側の有形固定資産と建設国債は両建ての関係になる。財投債で調達された資金も、それが貸付に回れば資産側の貸付金と両建てになる。両建てということは、バランスシートを膨張させてはいるが、その限りにおいては債務超過の原因ではないということである。

ただし、建設してしまった公共施設は運営コストがかかる。財投制度における貸付も、将来にわたって利子補給（追加の財政支出）をしないと債権の価値を維持できないケースがある。さらに赤字国債については、そもそも見合いの資産が存在しない。たとえば、年金の国庫負担分や私たちの生活を支えている政府サービスの費用（公務員人件費など）をまかなうために赤字国債を発行していると考えると、公債発行で調達した資金は日々費消されてしまっており、借金だけが残った状態である。

国の資産は簡単に売れるか

政府は莫大な負債を抱える一方で、多くの資産を保有している。そのため、いざというときには資産を現金化して借金を返済できると考えれば、借金は実態的にはあまり大きくないという話もある。ポイントになるのは、国はどのような資産を保有し、本当にそれらの資産を売却できるのかである。

金額の大きな資産についてみていくと、179・6兆円ある有形固定資産は、河川や道路といった国が管理する公共用財産などである。それらは公共的に利用されているものであり、売却して現金化することは想定できない。だれもが通行できる一般国道を購入する人はいないだろう。もっとも、未利用の国有地などはできるだけ売却すべきであり、国は実際に売却を進めている。

次に、139・5兆円ある有価証券は、その大半が外貨証券（米国債など）で、為替介入の結果保有することになったものである。前述のとおり、それは政府短期証券と両建てになっていることに加え、外貨証券の売却は「円買い・外貨売り」の為替介入になってしまうから、いつでも売却できるというものではない。なお、有価証券のなかには民営化された政府系企業の株式なども含まれており、法律で政府保有が義務づけられている分を超える株式について売却余地がある。ただし、株式相場が変動するなかで、国民にとって最大の利益になるタイミングで市場売却できるかは意外にむずかしい。

貸付金138・3兆円は、その大半が財政投融資制度を通じた政策金融機関や特殊法人などへのものである。財投については第5章で詳しく述べるが、これも前述のとおり、公債の一種である財投債と両建ての関係にあり、それは財政投融資制度のルールやガバナンスのもとで実施されている。その貸付金の返済分や貸付金を証券化して売却した資金を、一般の国債の償還に充てることはもちろんできない。

資産の集約と活用が必要

国の保有する資産の大半は、換金して負債の返済に充てることができるようなものではないことは明白だろう。もちろん、精査すれば不要な資産もあるはずで、それらは換金し負債の返済に充てるべきである。また、今後は人口減少にあわせて社会資本の再編や集約化を図り、不要となった公共施設などを売却するなどの取組みも求められる。

さらに、資産を売却するのではなく、より有効に活用するという発想も重要である。政府にしろ、民間にしろ、資産は活用してはじめて価値が生まれ、政府の保有資産を活用することは、雇用を生み出したり、経済全体の生産性を引き上げたりすることにつながる。

たとえば、国や自治体が保有する未利用の土地に定期借地権を設定して、不足している保育所や介護施設を整備することは多くの人が望むことだろう。庁舎の建替えの際には、民間の商業施設や住宅などと合築すれば、資産から生み出される価値が大きく高まる。社会資本に関するメンテナンス産業を育成して、公共施設の維持管理費を引き下げたり、長寿命化させたりすることにも大きな意味がある。

Key Word

年金給付債務

公的年金における年金給付債務とは、保険料の支払に応じて国が負っている厚生年金や国民年金の国民に対する支払義務である。民間では企業年金や退職金について将来の給付債務が負債として認識されているように、公的年金の給付債務も負債計上すべきという意見がある。

だが、厚生年金や国民年金は、各時点の保険料収入や税収を財源に給付を行う賦課方式で運営されている。国民が保険料を支払った分の積立金を国は保有する必要がないため、年金給付債務は負債計上されていない。仮にこれまで保険料が払い込まれたことに相当する国民の年金受給権を国の負債と考えると、現在、国が保有している積立金は遠くそれに及ばない規模である。

ただし、「国の財務書類」の説明資料では、たとえば、厚生年金について、すでに保険料が支払われた過去期間分の給付現価（運用利回りで現在価値に換算した額、2014年度末）は1090兆円（将来期間分をあわせると2030兆円の給付現価）であることが示されている。

17 予算の決まり方

予算の全体像

予算とは、一定期間における収入と支出の見積りのことをいう。国や地方公共団体の予算は、会計年度（4月1日～3月31日までの1年間）における歳入と歳出の見積りを集計した財政運営の計画書である。予算をみることにより、どの政策にどれだけの支出を行い、それらの支出に充てる財源をどのように調達するかという財政の構造を把握することができる。また、各予算項目の長期的な推移をみれば、政府の財政・経済政策における姿勢や考え方をうかがうことができる。

予算制度は、憲法や法律によってそのあり方が定められている。政府の予算は、執行前に、国民の代表である国会（自治体の場合は住民の代表である地方議会）による審議・議決を受けなければならない（事前議決の原則）。

このほか、政府の予算は、すべての歳入とすべての歳出が計上されていること（総額主義の原則）や、会計年度ごとに編成され議決を受けること（単年度主義の原則）、また、各会計年度の歳出はその年度の歳入でまかなわれること（会計年度独立の原則）が求められている。これらの原則によって、国民

（住民）が政府の財政活動を統制する財政民主主義の枠組みが確立されている。

国の予算の種類

国会に提出される国の予算は、①予算総則、②歳入歳出予算、③継続費、④繰越明許費、⑤国庫債務負担行為の5つである。

①の予算総則とは、予算全般に関する総合的な規定である。公債の発行限度額、財務省証券（歳出の財源ではなく一時的な資金繰りのために発行する短期証券）や一時借入金の最高額、その他の予算執行に関する必要事項が定められている。

②の歳入歳出予算は、予算の本体であり、歳入歳出の項目と金額を示すものである。歳入予算は主管別・部・款・項・目に区分され、歳出予算は所管別・組織別・項・目・目の細分に区分される。歳入歳出予算ともに、国会の議決の対象となるのは「項」までであり、「目」や「目の細分」の具体的な取扱いは行政（内閣）に委ねられる。

③の継続費とは、工事や製造などで完成までに複数会計年度を要することが見込まれるものについて、事業を計画的に進めることを目的として、必要となる経費の総額と各年度の支出予定額を、あらかじめ決めておくものである。継続費は、予算の単年度主義の例外であり、特に必要な場合に5カ年度以内に限って継続的な支出が認められる。現在では、防衛省の艦艇（警備艦や潜水艦）の建造費に継続費の制度が利用されている。

④の繰越明許費は、歳出予算のうち、経費の性質や予算成立後の事情により、年度内にその支出が終わる見込みのないものについて、あらかじめ国会の議決を経て、翌年度に繰り越して使用することができるとするものである。

⑤の国庫債務負担行為は、国が契約などにより負担する債務である。国が債務を負担しようとする場合は、法律や条約、歳出予算や継続費に基づく場合のほかは、あらかじめ予算の形式をもって国会の議決を経なければならない。年度内に契約を締結する必要があるが、支出そのものは翌年度以降になされる場合に用いられる。債務返済（支出）については、あらためてその金額を歳出予算に計上しなければならない。なお、災害復旧やその他の緊急の必要のある場合には、あらかじめ国会の議決を経た金額の範囲内で債務負担を行うことができる。

以上の5つの分類とは別に、成立した予算を変更して柔軟にお金を使うことが認められる制度もある。1つには、予算執行の段階において、情勢の変化によって予算どおりの執行が不適切となった場合に「移用」が認められる。移用とは、予算の項と項の間で経費を融通することである。移用はあらかじめ国会の議決を経た場合に限り、財務大臣の承認を経て行うことができる。また、もう1つ、同一項内の目と目との間での経費の融通である「流用」も、財務大臣の承認を経て行うことができる。

さらに、予算には「予備費」が計上されている。予備費は、予見しがたい予算の不足に充てるための経費である。予算成立後、歳出予算に計上した経費に不足が生じた場合や新たな経費が必要となった場合、あらかじめ国会の議決を経たうえで、内閣の責任において、その不足に充てるための支出を行うことができる。予備費の支出は、事後に国会の承認を得なければならない。

一般会計予算、特別会計予算、政府関係機関予算

国の予算には、一般の歳入・歳出を総合的に管理する一般会計予算と、国が行う特定の事業を管理する特別会計予算がある。一般会計は、社会保障、公共事業、教育といった国の基本的な経費を主要な歳出とし、それに税金や公債金などの財源を充てる会計である。

一方、特別会計は、国が特定の事業を行う場合や特定の資金を保有してその運用を行う場合、政策の明確化や行政効率の向上を目的に一般会計とは区分して経理する必要がある場合に限って設置が認められる会計である。2015年度においては、「交付税及び譲与税配付金特別会計」「国債整理基金特別会計」「東日本大震災復興特別会計」など14の特別会計がある。2000年代前半には30以上の特別会計があったが、近年は特別会計の改革が進められてきている。

一般会計予算、特別会計予算に加え、政府関係機関予算についても、国会の議決を経ることが必要である。政府関係機関とは、特別の法律により設立された政府全額出資の法人のことで、2015年度時点では、沖縄振興開発金融公庫、日本政策金融公庫、国際協力機構有償資金協力部門、国際協力銀行の4つが該当する。

本予算、暫定予算、補正予算

国の予算には、本予算、暫定予算、補正予算という形式の分類もある。本予算は「当初予算」とも呼ばれ、年度前に編成される通常の予算本体のことである。国会での予算審議が順調に進めば、3月末までに成立し、新年度である4月から執行される。

一方、衆議院の解散や国会審議の長期化といった理由で年度開始までに本予算が成立しない場合には、暫定予算が編成される。暫定予算は、必要最小限度の範囲内で暫定的につくられる予算である。暫定予算も国会の議決を経る必要があるが、本予算の成立をもって失効し、本予算に吸収されることになる。

また、補正予算は、予算成立後の年度の途中に、経済・社会情勢の変化や自然災害の発生などによって、必要経費が不足する場合や予算内容の変更が求められる場合に、国会の議決を受けて本予算の内容を変更・追加する予算である。実際には、補正予算は、毎年編成されており、年度によっては複数回にわたって組まれることもある。

補正予算が必要になる理由として、年度開始前の見積りが実際の歳入・歳出からかい離し、年度末にかけて本予算の修正が必要になるケースがあるほか、景気対策として歳出が増額されるケースも多い。本予算は編成に時間がかけられ、その過程では後述する「概算要求基準」といった手続を経ることで一定の財政規律が働くのに対して、補正予算にはそのような仕組みが存在せず、短期間で編成される。そのため、補正予算の必要性や規模についてはさまざまな議論がある。

国の予算の編成から執行、決算までの流れ

国の予算は、編成、審議、執行、決算までの流れを3年程度かけるサイクルとなっている。

憲法上、国の予算を編成し、国会に提出する権限は内閣が有している。内閣のなかでは、内閣府が「財政運営の基本及び予算編成の基本方針の企画及び立案のために必要となる事項」を所掌しているが、実際に予算案の作成を担当するのは「国の予算、決算及び会計に関する制度の企画及び立案並びに事務処理の統一に関すること」や「国の予算及び決算の作成に関すること」を所掌している財務省である。法律上、財務省は「健全な財政の確保」を任務としている。

各省庁は、毎年8月末頃までに、財務省が作成し閣議の了解を経た「概算要求基準」に基づき、翌年度予算の見積り要求である概算要求書を財務省に提出する。財務省は、9～12月にかけて、各省庁から詳細な説明を聴取しながら要求内容を査定し、折衝を重ねたうえで、予算案の内容を固めていく。そして、重要項目に関する財務大臣と各府省の大臣との折衝などを経て、12月下旬頃、政府予算案として閣議決定される。

閣議決定された政府予算案は、形式が整えられたうえで印刷に付され、予算書として参考資料とともに、通常は1月末までに国会に提出される。国会での予算審議は、憲法の規定により、衆議院で先に行われる（衆議院の予算先議権）。予算が衆議院に提出されると、財務大臣による財政演説が衆議院、参議院の順に行われる。財政演説の後、予算は衆議院の予算委員会で審議され、さらに本会議での審議を経

て、議決される。予算案が衆議院で可決・通過すると、参議院へ送付され、同様の過程を踏んだ後、予算が成立する。

なお、衆議院と参議院の議決が異なる場合は、両院協議会が開かれる。それでも一致しない場合には、衆議院の議決が国会の議決となる（衆議院の優越）。また、衆議院で可決した予算案を参議院が受け取った後30日以内に議決しない場合も衆議院の議決が国会の議決となる。これは「予算の自然成立」といわれる。

予算が成立すると、各省庁に歳入歳出予算が配賦され、執行の段階へと移行するが、歳出予算と歳入予算とでは、執行について異なった効力を有する。歳出については、予算の金額を超えて使うことはできないし（超過支出の禁止）、予算を目的以外に使うことはできない（流用禁止の原則）。一方、歳入については、税法に基づき収納され、経済情勢によって税収が予算の金額を上振れたり下振れたりする。

一会計年度における予算の執行が完了すると、各省庁は、それぞれの所掌に係る歳入歳出の決算報告書を作成し、翌年度の7月末までに財務省に提出する。財務省は、各省庁の決算報告書を取りまとめ、国全体の決算を作成する。決算は、会計検査院による検査を受けて、その検査報告とともに、内閣から国会に提出され、審議が行われる。

国会での決算の審議は、衆参両院で行われ、最終的に承認・不承認の採決が行われる。ただし、審議の結果、不正の事実等が明らかになったとしても、政府の政治的責任は追及されるが、予算の執行の効力自体が失われることはない。

決算の結果、歳入決算と歳出決算の差である歳計剰余金が生じた場合には、通常、翌年度の歳入に繰り入れられる。ただし、当該年度に新たに発生した剰余金から、歳出財源の繰越額などを控除した、純余剰金の2分の1以上は、翌々年度までに公債等の償還財源に充てなければならないとされている。

なお、予見できなかった税収の落ち込みなどによる歳入不足が年度末間際になって見込まれる場合や、年度経過後において決算上の不足が明らかになった場合、補正予算によって対応することは困難である。そのような場合には、1977年度に設けられた制度である決算調整資金から一般会計に財源を組み入れて、処理されることになっている。

Key Word

概算要求基準

概算要求基準とは、正式名称を「○○年度予算の概算要求に当たっての基本的な方針について」といい、各省庁が財務省に対して行う予算要求（概算要求）の上限を定めた予算の基本方針である。社会保障や公共事業といった経費の種類別に上限額が規定されるため、予算のシーリング（天井）とも呼ばれる。政策のメリハリをつけるために、予算要求上の特別枠の設置なども概算要求基準で示される。概算要求基準は、内閣府に設置されている経済財政諮問会議が取りまとめる「○○年度予算の全体像」と整合的に作成され、閣議了解を経て、財務省が各省庁に通達する。

第3章

公債発行

——政府の借金によるお金の調達

18 国債はどのように発行されているのか

国債依存の国家財政

第1章で述べたとおり、政府は公共投資や社会保障等の政策のために、さまざまな支出活動を行っている。その中心である国の一般会計予算の規模は、2016年度で約97兆円である。それをまかなう主な財源は第2章で述べた所得税や法人税、消費税などだが、2016年度予算の税収は58兆円と、一般会計予算の6割を占めるにすぎない。不足する残りの大部分は、国が債券（国債）を発行してまかなっているのが現状であり、2016年度予算の国債発行額は34兆円である。

国債による財源の確保には、現役世代の税負担の急増を回避し、将来世代にも負担を分散させて、国民の負担を平準化するというメリットがある。しかし、国債発行への依存が行き過ぎたり、あまりに長期に続いたりすれば、それは将来世代への負担の先送りにすぎない。

歳入総額に占める国債発行額の割合を公債依存度というが、図表18－1に示したように、直近の約20年間はそれがきわめて高い状況が続いている。長期的にみても、1980年代を除けば、それが目立って低下した局面はない。政策経費の増大にあわせた歳出改革と歳入改革が不十分だったことや、経済の

図表18－1　公債依存度の推移

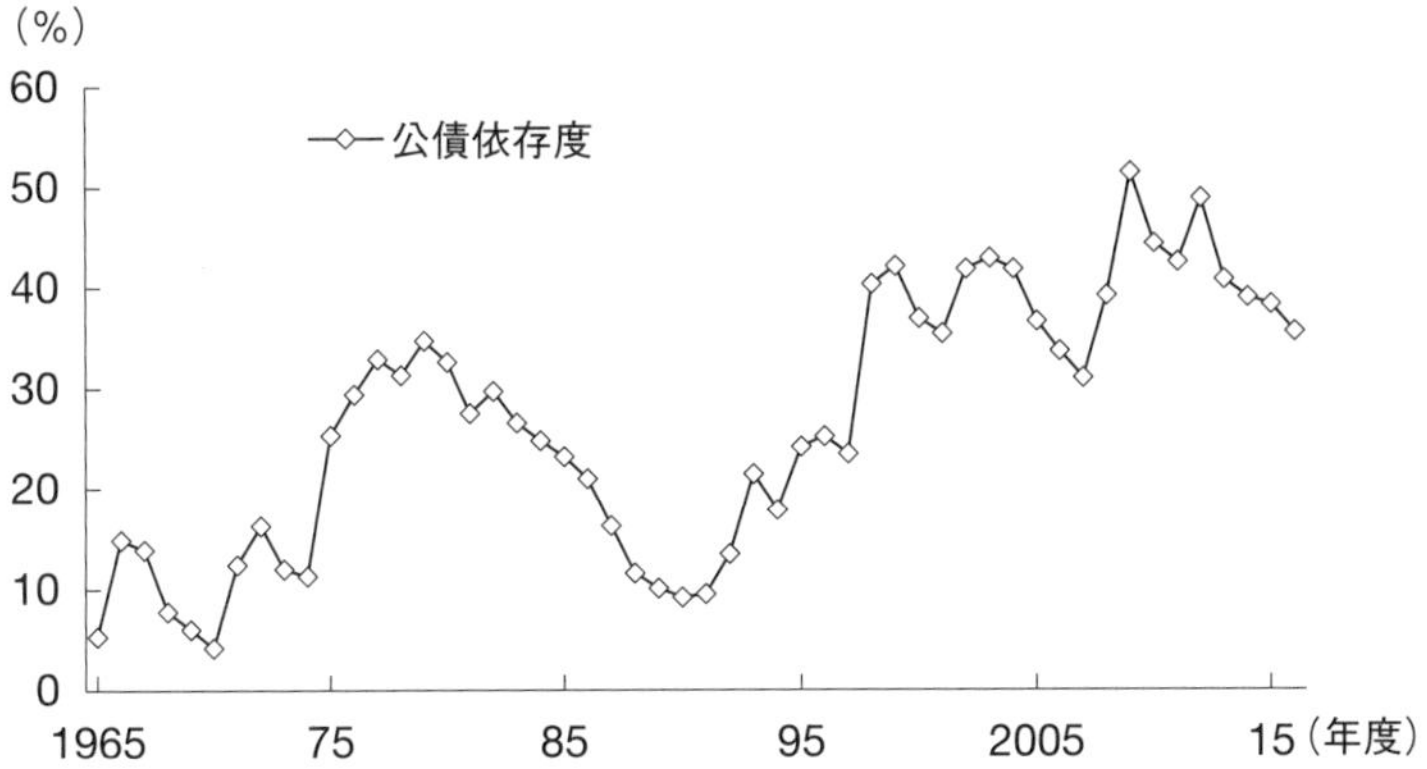

（注）　2014年度までは実績値（決算ベース）。2015年度以降は当初予算ベース。
（出所）　財務省「日本の財政関係資料」より大和総研作成

低迷に伴う税収不足に国債増発が充てられてきたことを、図表18－1は強く示している。

収支均衡が大原則のはずだが

そもそも、財政運営の基本を規定する、戦後間もない1947年に制定された財政法は、「国の歳出は、公債または借入金以外の歳入を以て、その財源としなければならない」と述べている。つまり、財政は収支均衡が大原則である。実際、1964年度までは、戦前の国債借換え等を除き、国債の新規発行は行われなかった。

ただし、財政法は例外を認めている。それが、公共投資のために発行する建設国債である。財政法は、「公共事業費、出資金及び貸付金の財源については、国会の議決を経た金額の範囲内」で例外的に国債発行をしてよいと述べている。振り返ると、東京オリンピックにわいた好況の反動で景気後退に

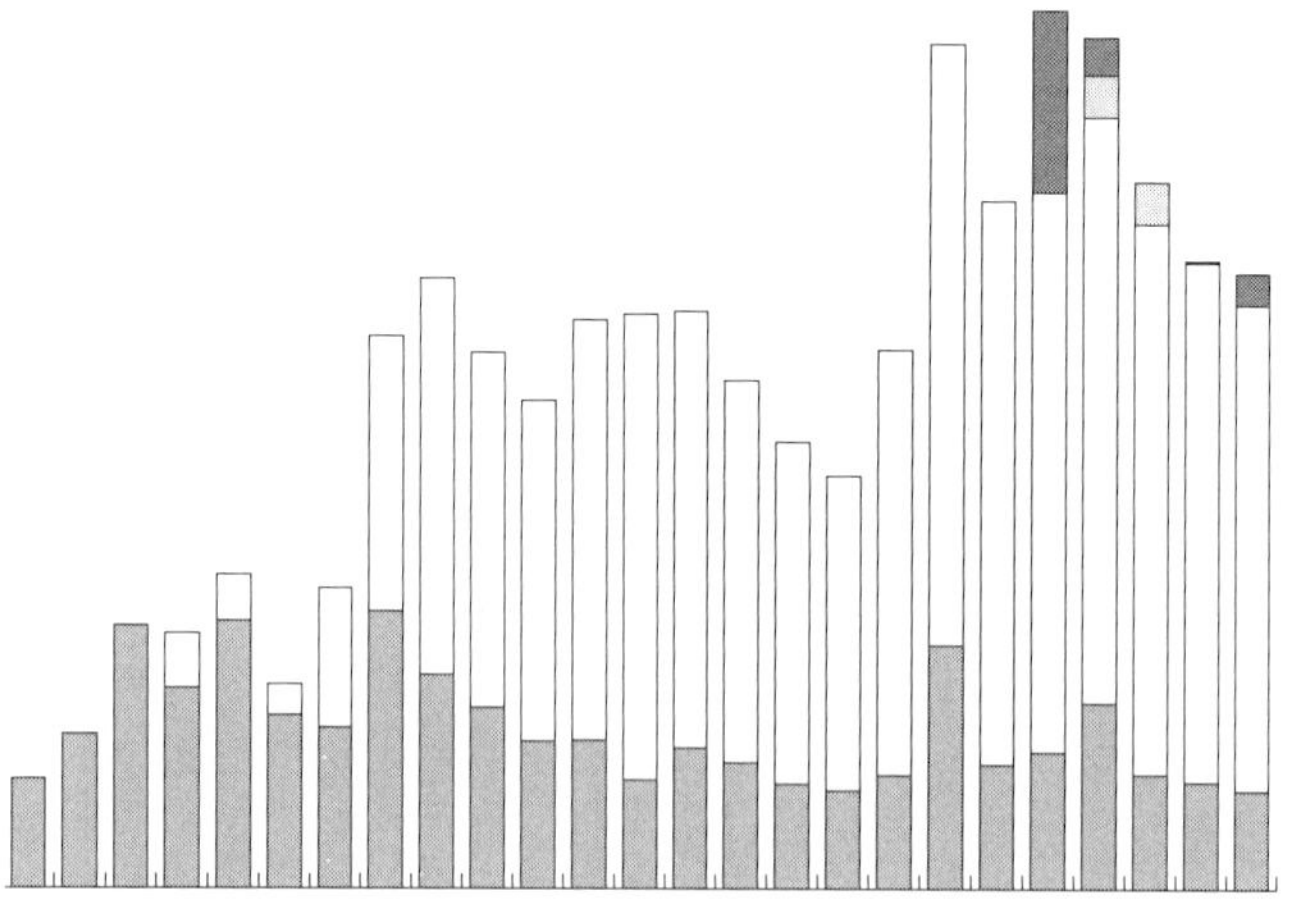

陥ったこともあり、1965年の補正予算から建設国債が発行されるようになった。

たしかに、この先、何十年間にもわたって使用する社会資本を整備しようというときには、現在世代の負担だけでなく、将来世代にも負担を求めることは合理的な話だろう。無駄な公共事業は論外だが、必要な社会資本を整備し、その使用にあわせて建設国債の償還（元利返済）を行っていくというのは常識的なやり方である。

このように、収支均衡が原則であり、建設国債が例外で

図表18－2　国債発行額の推移

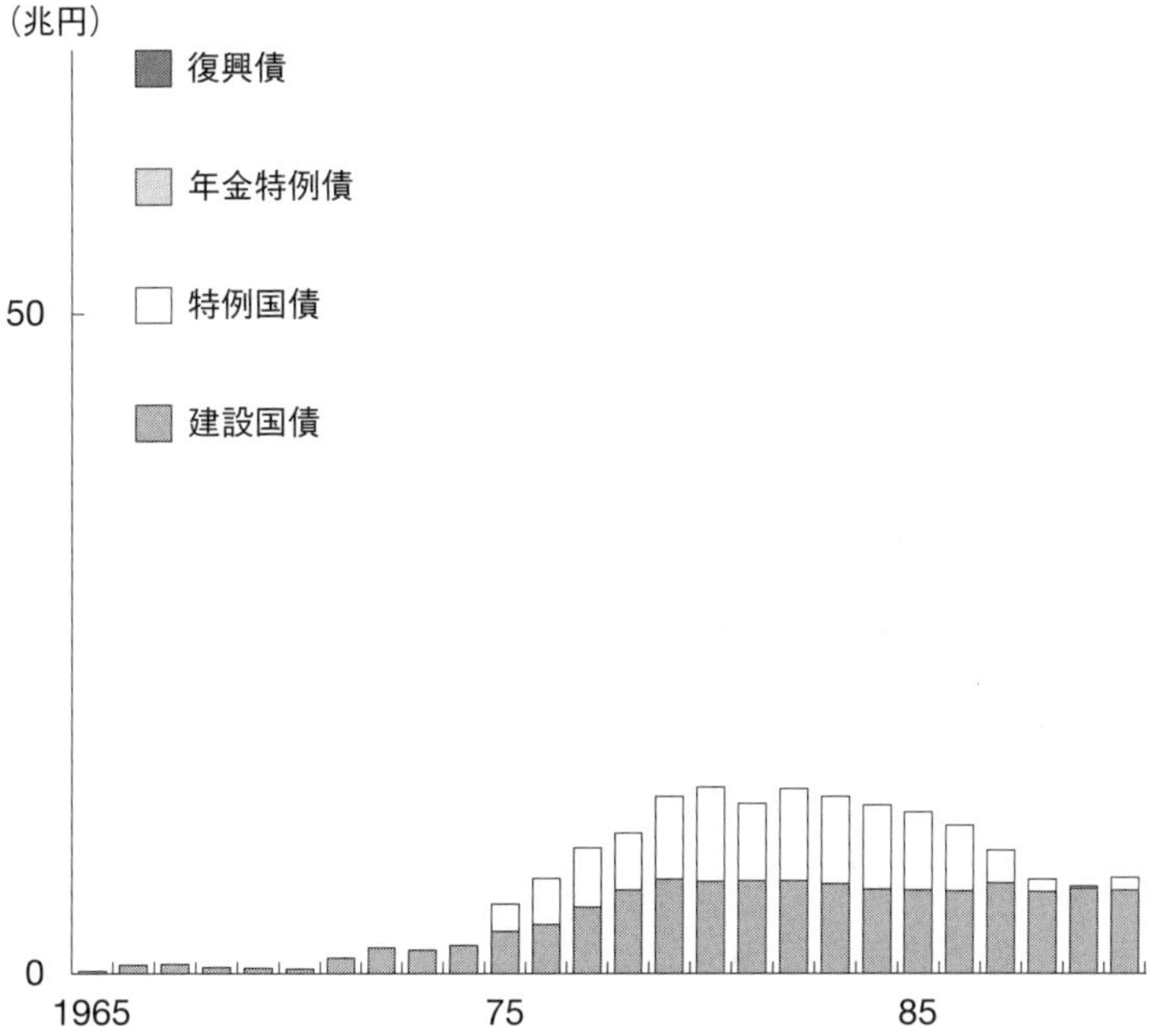

（注）　国債発行額は、2013年度までは実績、2014年度は補正後、2015年度は当初。

（出所）　財務省「日本の財政関係資料」等より大和総研作成

あるが、現実にはもっと大きな例外がある。それが、投資的な支出以外の財源をまかなう特例国債（赤字国債）である。財政法は赤字国債を例外としても認めていないから、「財政法の規定にかかわらず発行してよい」という趣旨の特別法を国会で議決したうえで赤字国債が大量に発行されてきた。

赤字国債の発行は１９７５度から恒常化した。１９７０年代の日本は、ニクソンショックや2度にわたる石油危機による不況に直面し、一方では福祉の充実を進めたため、赤字国債の発行を余儀なくされることになった。

もちろん、単なる税収不足や経常的な歳出に充てる赤字国債の発行は望ましいものではないから、1980年代には、マイナスシーリングによる歳出抑制の努力が払われた（シーリングについては論点17参照）。バブル経済を背景とする税の自然増収もあり、1991～93年には一時的に赤字国債からの脱却に成功する。しかし、その後はバブル経済崩壊に伴って、再び赤字国債の発行が増大したのだった（図表18－2）。

多種多様な日本国債

国債には建設国債と赤字国債以外のものもある。一般会計が発行する建設国債や赤字国債は普通国債と呼ばれる一方、財政投融資特別会計が発行する財投債も国債の一種である。財投債については第5章で詳しく述べる。

また、新規財源債として発行された建設国債や赤字国債が満期を迎えると、一定のルールに従って一部を税で償還し、大部分は借換債を発行することで借り換えられる（国債の償還ルールについては論点21参照）。借換債とは、国債整理基金特別会計において借換えを目的に発行されるもので、歳出のための財源ではない。政府は国会の議決を受けることなく借換債を発行できる。

これら多様な国債は、法制度上はその根拠や性格が異なる。だが、いずれも政府の信用に基づいて発行される点に違いはなく、発行・流通の仕組みや税制上の取扱いなどは基本的に同じである。国債の買い手の間では、市場のなかで区別なくこれらの国債が取引されている。

また、国債は商品性もさまざまである。現在発行されている国債は、短期国債（期間1年以下）、中期国債（同2年、5年）、長期国債（同10年）、超長期国債（同20年、30年、40年）、物価連動国債（同10年）、個人向け国債（固定3年、固定5年、変動10年）に大別される。

元利払いで区別すれば、短期国債は利子が支払われず、満期時の償還金額（額面）が割り引かれて発行される割引国債である。これに対し、中期国債、長期国債、超長期債、個人向け国債（固定3年、固定5年）は、発行時に決められた利子が半年に1回支払われ、満期時に額面金額で元本が償還される固定利付国債である。

物価連動国債は利率は固定されているが、物価の変化に連動して元金と利子を増減させることでインフレリスクを政府側が負う仕組みになっている国債である。個人向け国債（変動10年）は、一定のルールに基づき利率が変動する国債である。

政府は、国債を購入するさまざまな投資家のニーズをふまえながら、商品設計の多様化を進め、各商品の発行額のバランスを工夫することで、国債の安定的な消化に努めてきている。国債保有者の多様化については論点20で述べる。

国債安定消化のための発行方式

商品性の多様化だけでなく、発行の仕組みも国債を安定的に消化するうえで重要である。1965年に戦後初めて国債が発行される際に導入された発行方式は、民間金融機関や証券会社から構成される国債引受けシンジケート団（シ団）と当時の大蔵省の資金運用部（原資は郵便貯金など）に、引受け額を割り当てる方式だった。発行条件や発行計画は、シ団参加者で構成される国債発行等懇談会での協議で決められたが、当初は各金融機関が引き受けた国債の売却は制限されていた。

だが、シ団へ割り当てる方式は民間金融機関に国債が堆積することになり、徐々に無理が生じてきた。そのため、1977年以降は国債の売却制限が徐々に緩和され、国債の流通市場が形成されていく（流通市場については論点19で述べる）。加えて、1978年以降は、シ団引受けだけでなく発行条件を入札によって決定する公募入札方式が段階的に導入され、1980年代に国債の発行条件の自由化が進展した。1989年には、シ団10年債にも入札方式が一部導入され、シ団引受けシェアは徐々に低下した。

2000年には国債市場懇談会が、2002年には国債投資家懇談会が開始され、政府は従来以上に市場との対話を重視するようになる。さらに2004年には欧米の「プライマリー・ディーラー制度」を参考にした国債市場特別参加者制度が導入された。国債市場特別参加者制度では、国債の落札シェアなど一定基準を満たした銀行や証券会社が応札責任や落札責任、流動性供給責任等の義務を負う。そのかわりに、国債市場特別参加者は買入消却入札（償還期限前の償却）や流動性供給入札（流動性が不足している銘柄の追加発行）への参加、国債発行計画や国債発行方式、商品性のあり方といった事項に関して当局との意見交換を行う国債市場特別参加者会合への参加資格を有する。2016年9月現在、21社が国債市場特別参加者となっている。

現在の市中発行では、価格（利回り）による競争入札だけでなく、入札で決まる発行価格で応募をする非競争入札など、入札の方法も工夫されるようになっている。

さらに、国債は個人向けにも販売されている。個人は、固定金利の3年物や5年物、変動金利の10年物といった国債を最低1万円から約1000機関の金融機関で購入することが可能である。また、2009年より新型窓口販売方式が開始され、金融機関が売買を行っている一般の中長期国債をより手軽に購入することも可能になった。

なお、財政法は、均衡財政主義を謳うだけでなく、中央銀行である日本銀行（以下、日銀）に国債を引き受けさせることを禁止している。これは、第二次世界大戦の軍事費をまかなうための日銀による国債引受けが激しいインフレを招いた反省に立っている。ただし、特別の事由がある場合には、国会の議決を経た金額の範囲内で例外が認められる。実務的には日銀が保有している国債の償還額の範囲内で、借換債を日銀が引き受けており、これは日銀乗換といわれる。

ところで、日銀は2013年4月に「量的・質的金融緩和」を導入するなど、民間の金融機関から大量の国債を購入している。この政策はあくまでも金融政策として行われているものであり、日銀は発行市場で国債を引き受けているわけではないが、民間金融機関が日銀への売却を前提に国債を取得しているとしたら、実質的には日銀が財政赤字の穴埋めをしていることに近いのではないかという声もある。財政赤字と中央銀行の関係については論点28で議論する。

19 活発な取引が行われている国債市場

日本の国債流通市場

国債の取引の場として、発行市場だけでなく、流通市場も発展してきた。投資家にとっては、ひとたび発行された国債を、自由に第三者に転売（換金）できる流動性があってこそ、安心して国債を取得できる。既発行の国債を売買できる透明性の高い流通市場は、発行市場と両輪の関係にあり、国債の適正な価格形成や安定的な発行を期待するうえで重要な役割を果たしている。

国債に関する流通市場の整備が本格化したのは、１９７０年代後半以降のことである。発行が著しく増加したことで国債の安定的な消化が意識され、また、国債の売却制限が緩和されたことに伴って、流通市場が拡大した。具体的には、１９７９年に証券取引所における国債の大口売買取引制度が導入され、１９８３年には金融機関による国債ディーリングが解禁された。

図表19－1は、国債の店頭市場における取引高の推移を表している。株式と違って債券は取引所ではなく、証券会社の店頭市場（証券会社が顧客の売りや買いの相手方となって売買を成立させる形態）での取引が大きなウェイトを占めている。債券は銘柄数（発行回数）が多く銘柄当りの発行額が少ない、銘柄

図表19－1　期限別売買高（月次ベース）

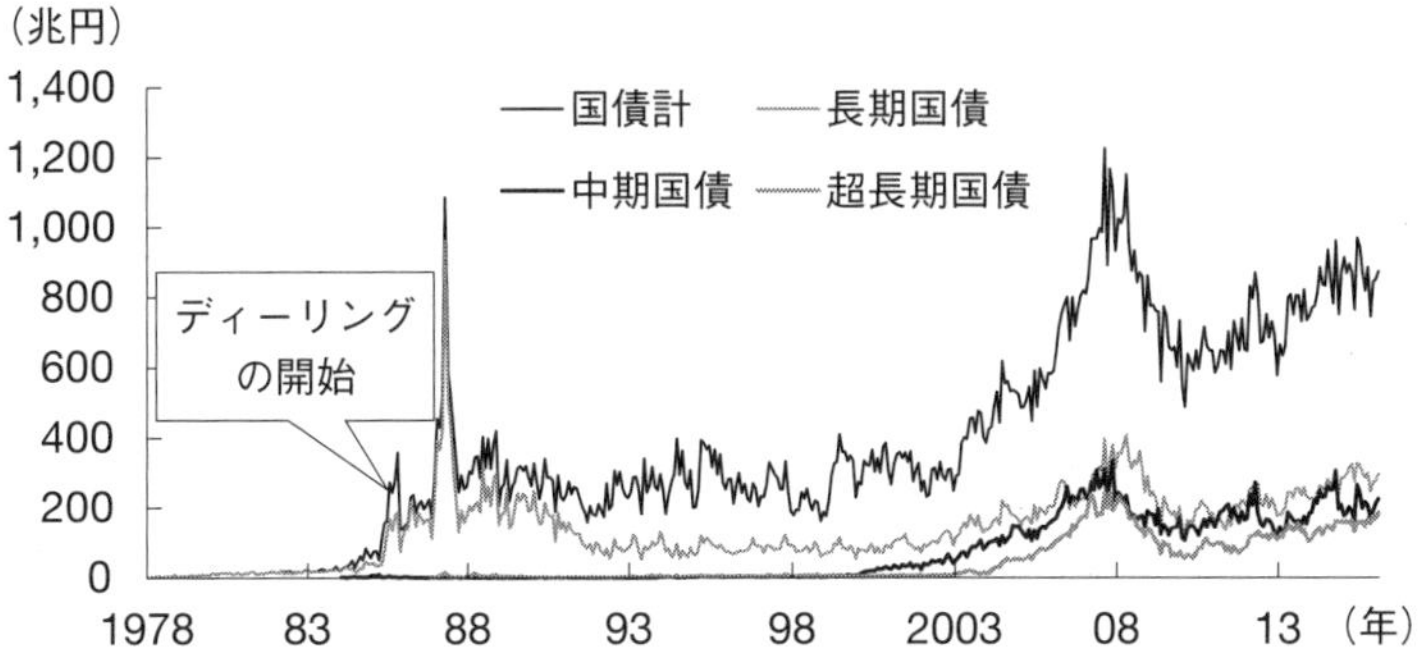

（出所）　日本証券業協会「公社債種類別店頭売上高」より大和総研作成

間で金利裁定が働くため株式のような個別銘柄ごとの取引がなじまない、当初は取引参加者の中心がプロである金融機関だった、といったことが店頭市場が中心となっている理由である。

また、流通市場の拡大は、国債に関する税制や会計基準の整備とあわせて進められてきた。特に、金融機関や証券会社が保有する登録国債については、租税特別措置法によって利子に対する所得税の源泉徴収が行われない取扱いとされたことが、流通市場の黎明期においては重要だったといえる。登録国債とは、国債の券面は発行されずに、保有者の権利関係を登録簿に記載する方法による国債である。金融機関等に限ってそうした措置をとったことは、それ以外の投資家層の参入を妨げた面があるが、投資家層の多様化を進める観点から、１９９０年代末以降は非居住者や外国法人についても同様の取扱いとされている。また、直近では一定の条件を満たす大規模な事業法人についても源泉徴収を免除する税法改正が行われた。

さらに、市場の透明性を向上させる取組みも進められてきた。国債売買の中心である店頭取引は、価格や譲渡日等の自由度が高い相対取引であるため、第三者からは取引内容がわからず、市場全体としての統一性に欠けるという面もある。そのため、売買の参考として、日本証券業協会が１９７７年から主要銘柄について指標気配や標準気配を発表するようになり、１９９２年からは基準気配を証券会社からの報告に基づいて発表するようになった（気配とは相場の状況や売買が行われそうな価格のことである）。２００２年以降は、債券に関する公平で公正な価格形成や投資家保護を図るために、店頭取引における市場実勢（売買価格）が、公社債店頭売買参考統計値として毎営業日公表されるようになっている。

取引の安全性・確実性も向上している。有価証券全般に共通する話だが、国債の売買においては、取引の契約（約定という）が成立したとしても取引相手の破綻などによって国債と代金の受渡しである決済が行われず、結果的に損失を被るリスクが存在する。日本では長らく、決済を特定の日に一括して行う方式だったが、国債の受渡しはさまざまな主体が連鎖しているため、ある１つの決済が失敗すると国債市場全体の決済が停止するというシステミックリスクに発展する可能性があった。

そこで１９９６年には、特定日に決済するのではなく、契約ごとに約定日の一定日数後に決済を行うローリング方式へと変更が加えられた。加えて、国債と代金の受渡しについて一方が行われなければ他方も行われないＤＶＰ決済（Delivery Versus Payment、１９９４年）や、取引を相殺せずに1件ごとに即時にグロス同士で行うＲＴＧＳ（Real-Time Gross Settlement、２００１年）が導入された。

さらにＲＴＧＳ導入後には、受渡日に国債が調達できず国債受渡しができなかったとしても即時にデフォルトとは認定しないフェイル市場慣行（２００１年）や、国債の買い手の資金調達を支援するための国債DVP同時担保受払機能も導入された。そのほか、2005年には決済の履行保証のための国債清算機関が設立され、約定から決済までの期間をさらに短縮するための計画が継続的に進められているなど、国債市場のインフラが着々と整備されてきている。

活発な国債流通市場の形成と最近の状況

日本の債券市場は国債が中心であり、債券市場全体に占める国債の取引シェアは金額ベースで9割を超える。市場の流動性の尺度である売買回転率（売買高÷発行残高）をみても、地方債（地方自治体が発行する債券）が2・8回、社債（民間企業が発行する債券）が0・8回であるのに対し、国債は3・3回となっている（2015年）。

国債が他の債券に比べて活発に取引されるのは、信用力の高さに加え、国債先物取引や国債レポ取引が機能していることも要因としてあげられる。現物取引は銘柄によって取引量が異なるが、先物取引ではクーポンレートや償還期限などを標準化した「標準物」を売買する。先物取引は最終的に受渡適格銘柄の受取り・引渡しを通じた現物の決済を行うことから、国債先物市場は金利形成において重要な役割を果たしており、国債取引の円滑化に貢献している。また、資金と国債を一定期間交換する取引である国債レポ取引は、短期の金融市場における資金や国債の運用・調達手段であり、国債市場の流動性を高める重要な役割を果たしている。これらの先物取引やレポ取引が現物市場と相互に連動しながら、活発に取引される流通市場を形成しているといえる。

また、国債の発行者である政府が、市場の流動性を考えた取組みをしていることも国債取引の安定性確保に貢献している。たとえば、発行ずみの国債を償還期限の到来前に買い入れる買入消却が、国債の満期償還の平準化や需給バランスの是正を目的に実施されている。また、買入消却や流動性がひっ迫している銘柄を追加的に発行する流動性供給入札が２００６年に導入され、２０１５年には、９・６兆円（発行総額の６・３％）が実施された。

国債市場の機能向上がさまざまに図られてきた一方で、２０１３年4月の量的・質的金融緩和の導入以降、国債市場の流動性が低下しているのではないかという指摘がある。２０１５年9月11日の国債市場特別参加者会合では、「量的・質的金融緩和が長期化することにより最終的に国債市場の流動性が枯渇していくことを懸念している」との意見があった（同会合の議事要旨より）。

日銀が保有する国債残高は２０１５年末時点で３３１兆円であり、量的・質的金融緩和導入直前から約２・６倍（国債残高の約32％）に増加している。日銀による国債の大量購入は金融政策の手段として実施されているものだが、日銀が市場にある国債を買い占めるようなことをしていけば、それ以外の国債取引は行われにくくなる。

国債の流動性が低下するのは、長い目でみて大きな問題である。第一に、流動性がない商品はその分のプレミアムをつけないと売れなくなるから、国債の発行コスト増につながるおそれがある。第二に、さまざまな金利の基準となっている国債市場で金利リスクの管理がむずかしくなると、金融市場の発展を阻害したり、金融システムを不安定化させたりするおそれがある。第三に、市場機能の低下によって本当の金利（本当の日本国債の価格）が不透明になり、財政政策や金融政策の判断に悪影響を与えかねない。

流動性に関心が集まるなか、国債市場の流動性に関して分析した「国債市場の流動性：取引データによる検証」（黒崎哲夫ほか、日本銀行ワーキングペーパーシリーズ、2015年3月）は、「伝統的な指標をみる限りでは、2014年10月の量的・質的金融緩和の拡大以降も、国債市場の流動性は目立っては低下していないようにみられる。しかしながら（中略）本稿が新たに取り上げる諸指標は、2014年秋以降、国債市場の流動性が低下していることを示唆している」と述べている。

日銀は金融政策が国債に与える影響に注意を払っており、たとえば、債券市場の機能度を調査する「債券市場サーベイ」を四半期ごとに行っている。また、市場参加者との対話の場として「債券市場参加者会合」を開催している。金融政策と市場機能の関係については注視していく必要があるだろう。

市場との対話を重視する政府

金融政策当局に加え、国債の発行者である政府も国債市場との対話を重視している。国債の発行・流通・償還を円滑に行うために、政府としては市場のニーズや動向を把握する必要がある。また、市場参加者が政府の意図を理解することは、市場の運営や国債価格の形成を適正なものとするうえできわめて重要である。

現在、国債に関する政策を担当する財務省には、市場との対話のためのプラットフォームが複数ある。

代表的なものが、論点18でも述べた「国債市場特別参加者会合」である。この会合のメンバーはプライマリー・ディーラーといわれる大手銀行や証券会社であり、実務的にきわめて重要な市場との対話の場となっている。2004年の国債市場特別参加者制度の導入以降、2015年度末までに65回開催されている。なお、2004年以前もこの会合の前身である「国債市場懇談会」が2000年から開催されていた。

また、生命保険会社、損害保険会社、年金基金、銀行、海外投資家といった国債の投資家と直接かつ継続的な意見交換を行う場である「国債投資家懇談会」というものもある。2002年の発足以降、2015年度末までに64回開催されている。投資家の運用に対する考え方を把握しておくことは、国債の安定的な消化や保有の促進を望む発行者として当然のことだろう。

個人向け国債については、個人に対して国債の募集取扱いを積極的に行っている金融機関が参加する「国債トップリテーラー会議」がある。政府は家計部門を含めて国債の保有者層の多角化を進めており、いまでは証券会社、都市銀行、ゆうちょ銀行、地方銀行、信用金庫、労働金庫、JAバンクなど、多くの金融機関で個人が国債を購入できるようになっている。この会議は2007~15年度末までに15回開催され、国債の個人向け販売状況などに関する意見交換が行われている。

Key Word

レポ市場

レポとは本来は買戻し（Repurchase）のことだが、日本でレポ取引といった場合には、現金を担保として債券の貸借を行う取引を一般に指す。すなわち、国債レポ市場では資金と国債とを一定期間交換する取引が行われている。短期の金融市場における資金や証券の運用・調達手段として、また、国債市場の流動性を高めているという点で、きわめて重要な役割をレポ市場は果たしている。

資金の受取側・債券の貸出側は債券を担保にした資金の借入れを行っていることになり、資金の出し手側・債券の借入側は資金の運用を行っていることになる。あらかじめ当事者間で合意された期間が終了すると、債券の借入側（資金の出し手側）が債券の貸出側（資金の受取側）に借り入れた債券の返還と貸借料の支払を行い、債券の貸出側（当初、資金を受け取った側）が現金の返還と金利の支払を行う。この取引で用いられる債券のほとんどが国債であり、２０１６年２月時点の契約残高は約１００兆円となっている。

レポ取引では、債券の貸出側が支払う担保金金利から受け取る債券貸借料を差し引いたものが取引レートとなり、これをレポレートという。レポレートは通常はプラス（債券の貸出側がお金を支払うのが普通）だが、２０１３年春に導入された量的・質的金融緩和政策のもとでは、マイナスのレポレートが恒常化している。

20 国債をだれが保有しているのか

日本の国債はだれが何の目的で保有しているのか

日本政府は莫大な債務を抱えているが、それはだれから借金をしているということなのだろうか。2015年末時点の国債残高1040兆円の保有者をみると（図表20-1）、主要な投資家は、銀行などの預金取扱機関が238兆円（残高に占める割合は23%）、保険会社が200兆円（同19%）、公的部門と民間部門をあわせた年金基金等が85兆円（同8%）、家計が14兆円（同1%）、海外投資家が110兆円（同11%）、日銀が331兆円（同32%）となっている。

幅広い主体が、政府に対する債権を保有していることがわかるが、国債を保有する目的は投資家によってさまざまである。また、近年はその保有構造に大きな変化もみられている。

受け入れた預金を運用しなければならない銀行は、優良な貸出先を見つけることができなければ消去法で国債を保有することになる。また、銀行に課されている規制に対応するために安全資産である国債を保有している面もある。国債は信用力が高いことから、金融取引上の担保としてのニーズもある。

もっとも、2012年3月末時点で約380兆円の国債を保有していた預金取扱機関は、その後は保有額を減少させている。特に、２０１３年4月に日銀が導入した量的・質的金融緩和政策を背景に、日銀への売却を進めているためである。２０１５年6月以降は、銀行等が保有する国債残高は日銀のそれを下回るようになっている。

保険会社は、その負債とのバランス上で国債を保有している。保険会社は、保険金の支払を確実に行うために、資産運用によって一定の利回りを確保する必要がある。保険会社の国債保有残高は長期的に増加傾向にあったが、２０１５年以降はその傾向が止まって頭打ちになっている。保険会社の主要な投資対象である30年国債の利回りは、それでなくとも低い利回りで推移してきたが、２０１６年1月の「マイナス金利」導入の公表以降に、いっそう低下したこともあり、国債を保有するインセンティブが低下している公算がある。

年金基金は、年金給付という負債が超長期的なものであるため、超長期債を保有する傾向がある。また、年金基金に関しては、公的年金の積立金を運用しているＧＰＩＦ（年金積立金管理運用独立行政法人）の動きも注目される。ＧＰＩＦは、さまざまな資産ごとの配分割合である基本ポートフォリオについて、２００６〜13年6月までの間は、国内債券運用比率を67％（かい離許容幅±８％）と設定していたが、株価の上昇といった運用環境の変化を背景に、２０１３年6月には国内債券運用比率を60％（かい離許容幅±８％）まで引き下げた。また、２０１４年10月には基本ポートフォリオの見直しをさらに行い、60％としていた国内債券運用比率を35％に引き下げ、国内株式や海外債券・株式等の比率をさらに引き上げた。その他の年金基金も保有する国債残高を減少させているとみられる。

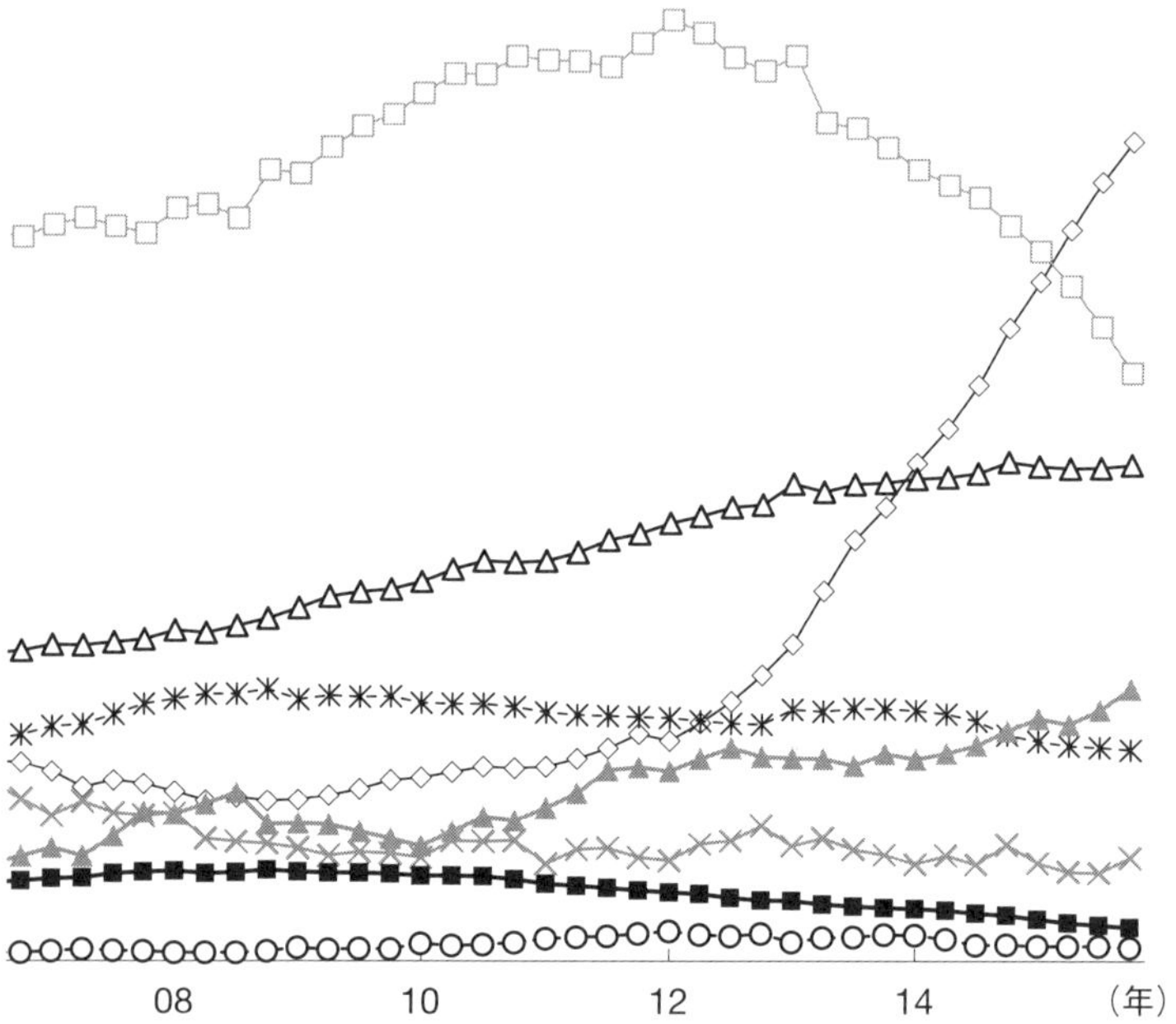

家計は国債全体からみるとまだ保有額は小さいが、銀行などよりも信用力が格段に高く、安定的なインカムゲインが得られる金融商品の１つとして国債を保有しているのだろう。ただ、最近は家計による国債保有はきわめて低調である。家計はわずかな金利低下にも敏感に反応して金融商品を選択しているためで、個人向け国債の利回りの低さから、償還後の再投資が進んでいない。

海外投資家は、外国政府などの公的機関が外貨準備運用の対象として、流動性の高い

図表20－1　主体別国債保有残高（四半期ベース）

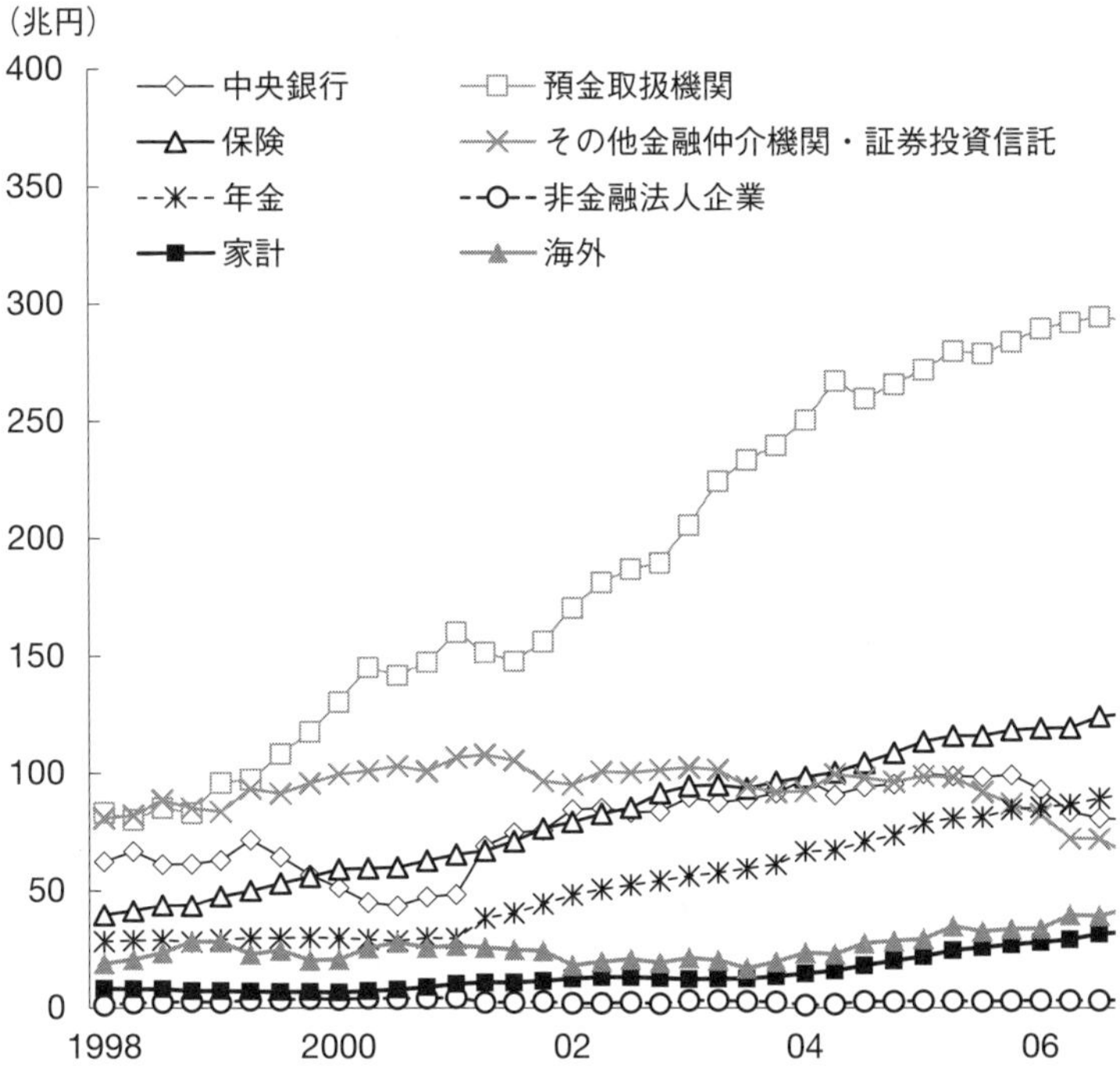

（出所）　日本銀行「資金循環統計」より大和総研作成

日本国債へ投資を行うケースがある。もちろん、一般の海外機関投資家が、日本国債の価格上昇によるキャピタルゲインをねらって投資を行うということもみられている。海外投資家は、日本の金融政策とは関係なく継続的に日本国債の保有を増やしており、保有残高は２０１３年３月の82兆円から２０１５年末に１１０兆円まで増加させた。

海外の機関投資家は、２０１４年よりドル－円ベーシススワップという円の調達コストが低下していることで、利回りの低い短・中期の日本国債であっても、収益的に魅力があるようである。

そして、中央銀行である日銀が、デフレからの脱却を目指し、貨幣供給量を増やす手段として、大量の国債購入を行っている。現在では、国債の最大の保有者は日銀である。

保有構造から考える日本国債のリスク

日本国債の保有構造やその変化からみて、悪化した財政状況のリスクをどのように認識すべきだろうか。

これまでに国家的な債務危機を経験した中南米や欧州の国々では、自国通貨の大幅な減価やそれに伴うインフレが生じ、対外債務が膨張した。債務危機が発生した国の多くは、危機前から経済全体の国際収支が赤字で、自国の資金不足を海外からの資金流入でまかなっていた。債務危機が生じた条件の1つとして、海外からの資金への依存度が高い傾向があった。

この点、現在の日本の国債保有構造をみると、海外の投資家による国債保有は徐々に増加しているものの、依然として低い。他の主要先進国と比べると、国債の海外部門による保有シェアは、日本が11%（2015年12月時点）であるのに対し、米国は43%（2015年6月時点）、英国は27%（2015年6月時点）、ドイツは60%（2015年3月時点）、フランスは40%（2015年3月時点）、イタリアは39%（2015年6月時点）である。仮に海外投資家が日本国債を売却してお金を引き上げてしまったとしても、日本の国際収支は黒字であり、国内にある資金で吸収することができるため、日本国債は安全であるという見方がある。たしかに、日本はむしろ海外に資金を貸し出している世界最大の対外純債権国である。

しかし、国債の残高ベースではなく、売買ベースでみると様相は違ってみえてくる。すなわち、図表20－2に示したように、国債の流通市場における海外部門の売買シェアは徐々に高まっており、近年は20～30％程度で推移している。また、日本国債の先物市場における海外部門の売買シェアは、最近は5割を超えている。国債の金利は、現物市場と活発な取引が行われている先物市場との間の裁定関係で形成されている。先物と現物の国債利回りの相関係数は0・8～1・0で推移している。

ストックだけをみて国内部門で国債を消化できているから、日本国債が安全だとする議論には落とし穴があるかもしれない。取引というフローをみれば、海外部門は流通市場や先物市場での取引を通じて国債の金利や価格に影響をもたらしていると考えられるからである。

加えて、これまで国債を国内で消化できていたからといって、今後もそれが続くという保証はどこにもない。これまで日本が潤沢な資金を有してきたということの意味は、家計が貯蓄を行い、その資金が銀行や保険会社を通じて国債への投資にもまわっていたということである。だが、これからの日本はいっそうの高齢化によって貯蓄残高を取り崩す経済構造になると予想されている。

また、1990年代中頃以降現在まで、企業部門が大幅な資金余剰主体になっている。企業が資金余剰であるということの意味は、利益があがっても設備投資をせずに、借金を返済したり、預金をしたりしているということである。そうした資金が銀行等を通じて国債保有に回ってきた。だが、人々が経済

図表20－2　海外部門の国債保有・売買、先物売買シェア

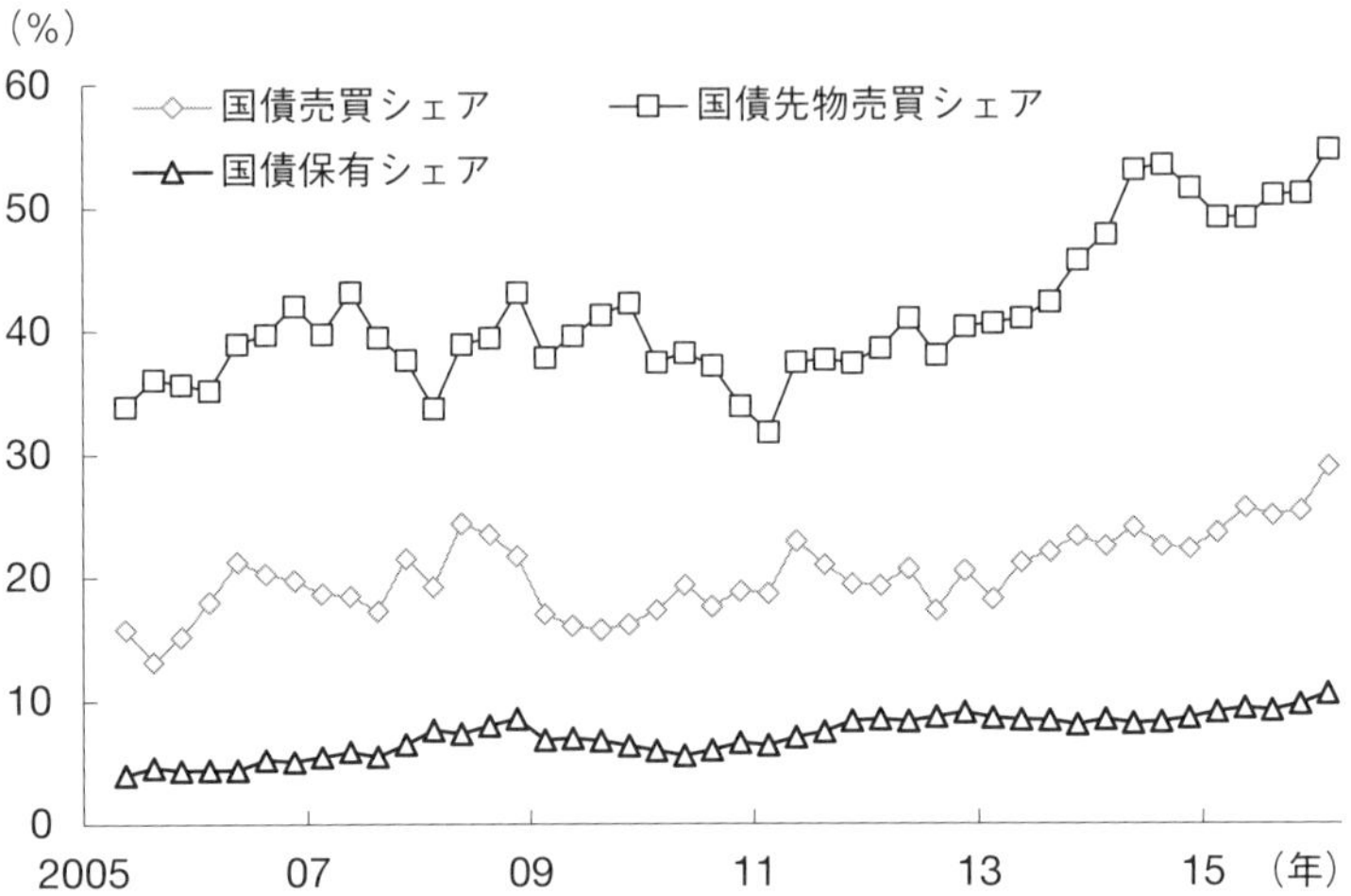

(出所)　日本銀行「資金循環統計」等より大和総研作成

成長を望み、そのための成長戦略が成功していけば、必然的に企業部門の資金余剰幅は縮小すると考えられる。言い換えれば、今後は国債の消化先として、海外への依存を高める可能性も十分に考えられるということである。

よくよく考えると、仮に日本国債が安全でないとしても、日本国内で保有されていれば安全になるという議論自体がおかしくないだろうか。国内の投資家も海外の投資家も、リターンとリスクを評価したうえで日本国債を保有しているはずであり、放漫な財政運営が続いて元利償還が怪しいと考えるようになれば、国内投資家といえども国債を手放すだろう。金融商品は世界中にあふれている。日本国債を購入する資金が十分にあるという話と、国債をどう評価するかという話はまったく別の話ではないだろうか。

望まれる海外投資家による日本国債保有

このように考えると、国債が安全であるというためには、財政規律が維持され、効率的な国債市場が整備されているという、当たり前のことが基本になる。日本の財政が適切に、そして節度をもって運営されているという情報を国内外に発信することが幅広い投資家の国債保有を促し、国債の安定消化につながる。

たとえば、銀行といった単一のセクターに国債保有が集中していると、そのセクターに何か問題が発生した場合に資産圧縮のための投げ売りが行われるなど、市場での取引が一方向に振れる危険性がある。特定の投資家の事情で市場が左右されない厚みのある市場をつくっていくためには、さまざまな商品性の国債を保有するさまざまな目的をもった多様な投資家が市場に参加する必要がある。効率的で安定的な市場においては、国債を長期に保有する投資家も、短期の売買を行う投資家も市場の流動性を高めるという点で重要である。

したがって、海外投資家による日本国債への投資は、むしろ積極的に増加させることが望ましい。世界の金融市場が単一化しているなかで、日本の国債の海外保有率が諸外国と比べて低いということは、見方を変えれば日本国債の人気がないということにほかならない。

実際、財政当局である日本の財務省は、日本国債に関する海外ＩＲ（ＩＲとはInvestor Relationsの頭文字で、投資家との関係強化の取組みのこと）を強化している。海外ＩＲでは、投資家の属性やニーズに応じて、適切な情報提供を行うとともに、大規模セミナーや個別の投資家訪問等が行われている。2014年度は、北米・欧州・アジアなど23カ国32都市で海外IRが実施された。これまで海外IRで得られた海外投資家からの声としては、決済期間の短縮化や日本国債・日本経済に関する情報提供、物価連動債の発行再開といった要望があったといい、それらは実現しているものが多い。

今後の海外IRの方向性としては、日本の経済政策に関する海外での論調をふまえた情報提供・発信の強化、潜在的な投資家がいるという意味で大きなポテンシャルを有するアジア・新興国向けIRの強化、外貨準備当局や年金基金といった安定的な長期保有者となりうる海外投資家との関係強化、各国の債務管理当局や国際機関との連携強化といった点があげられている。

Key Word

日本国債の格付

投資家が国債に投資をする際に利用する指標に格付がある。格付とは、格付会社が発行体の元利払いの能力等を評価し、信用度をランクづけしたものである。格付会社によって多少の違いはあるが、ＡＡＡ（トリプルＡ、信用度がきわめて高い）～Ｃ（元利回収の見込みがきわめて薄い）まであり、一般的にＢＢＢ（トリプルＢ、信用リスクが中程度である）以上の格付を「投資適格格付」、ＢＢ（ダブルＢ）以下を「投機的格付」という。

世界の主要な格付会社３社による日本国債の格付は、２０１６年３月末時点でＡ（シングルＡ、信用リスクは低い）となっている。近年の日本の格付を振り返ると、２０１４年末～２０１５年９月にかけて、財政健全化が遅々として進まない日本の経済・財政状況をふまえ、主要な３社いずれもが格下げを行った経緯がある。

国債の格付変更はさまざまな影響をもたらしうる。国債価格そのものへの影響だけでなく、一般に、国内に所在する民間企業が発行する社債の大半は、国債と同水準かそれより低い水準に格付される。これをカントリー・シーリングといい、国債の格付が下がると、民間企業の資金調達コストが上昇してしまう可能性がある。また、国債は担保として用いられているが、格下げは担保価値を低下させるという影響も考えられる。

21 国債はどう返済されているか

巨額の国債費

国債残高が累増すれば、元本償還や利払いのための費用が増加する。一般会計の予算・決算の総額に占める国債費（元本償還費や利払費）の割合は、1970年度は3・5％にすぎなかったが、1980年度12・7％、1990年度20・7％、2000年度24・0％と高まり、2016年度は24・4％を占めるようになっている。

このような国債費の増加は、高齢化に伴う義務的な社会保障費の増加とともに、政策実施の余地を狭める「財政の硬直化」を招いている。2016年度の国債費（23・6兆円）の内訳は、元本償還に充てるための債務償還費が13・7兆円、利払いに当たる利子および割引料が9・9兆円である。金利だけで年間9・9兆円とは、1日当り約271億円、1時間当り約11億円の支払である。11億円は、18クラスある標準的な小学校1校分の建設費（用地費用は除く）に相当する。

実は、債務残高の巨額さから考えると、これでも政府の利払費はかなり小さい。長期のデフレで金利が上昇せず、最近では未曽有の金融緩和でさらに金利が低下しているからである。デフレから脱却し、日本経済が正常化していけば、金利負担は激しく増えることになるだろう。国債費の増加は、「財政の硬直化」に加えて、財政や国債に対する人々の信頼を損ねかねない問題である。

今後、金利水準が高まった場合、国債費はどのくらい増加するのだろうか。財務省「平成28年度予算の後年度歳出・歳入への影響試算」（２０１6年2月）によると、名目経済成長率３・０％、２０２０年度の長期金利が２・２％のケースでは２０２０年の国債費は約29・8兆円（うち利払費は14・7兆円）になるという。

ただ、常識的には長期金利が名目成長率を下回る状況が長期に続くとは考えにくい。金利が２・２％より１％ポイント高いシナリオでは34・5兆円、２％ポイント高いシナリオでは39・5兆円まで増加する。

もちろん、経済成長に伴って金利が上昇するのであれば、他方で税収も増えているはずだから、国債費の増加が問題であると一概にはいえない。だが、財政の健全化が遅れたままの状態で、政策経費ではない単なる金利負担が増えれば、市場はその状況をマイナスに評価するかもしれない。その分のプレミアムが上乗せされて、経済の実態以上に金利が上昇するようなことになれば、利払いのために追加的な国債を発行するという状況に陥りかねない。

国債費を抑制する根本的な方策が財政健全化であることはいうまでもないが、政府はそれ以外にも将来にわたる利払い負担を抑え、国債の償還と借換えを平準化するよう、より満期の長い国債を発行する方針をとっている。２０００年度に5年6カ月だった国債の平均残存期間は、２０１４年度には8年まで延びた。低金利下で満期の長い債務構成にしておくことは、将来の金利上昇に備えた有効な措置である。また、長期の国債であれば、それだけ借換えの頻度を少なくできる。

減債制度の概要

国の一般会計で発行された国債の元利払いは、一般会計ではなく国債整理基金特別会計を通じて行われている。国債整理基金特別会計は、国債や借入金など政府の債務管理を一元的、かつ確実に行い、債務全体の整理状況を明らかにすることを目的としている。国債整理基金特別会計で必要となる元利償還のための資金は、一般会計が発行した建設国債や赤字国債であれば、一般会計から繰り入れられる。

ところで、毎年の利払費用がいくらであるかはすぐにわかる話だが、償還費用はどのように取り扱われているだろうか。満期10年の国債であれば、発行してから10年後が償還（借金の返済）のタイミングになる。

この点、一般会計から国債整理基金特別会計への償還財源の中核的な繰入れが、定率繰入れである。定率繰入れとは、前年度期首における国債残高の1・6％に相当する金額を、毎年、一般会計から国債整理基金特別会計へ繰り入れるものである。なぜ、1・6％なのかというと、国債発行によって整備された社会資本ストックの平均的な効用発揮年数を60年とみて、その期間内に国債を償還するという考え方に立っているからである。1・6％は60分の1にほぼ等しい。この考え方を「60年償還ルール」といい、詳細は後述する。

また、定率繰入れ以外にも、一般会計で決算上の剰余金が発生した場合に翌々年度までにその2分の1以上を繰り入れることとされている剰余金繰入れや、国債の償還に支障のないように必要に応じて繰り入れる予算繰入れがある。さらに、一般会計からの繰入れ以外の償還財源として、国債整理基金特別会計に帰属する株式の売却収入（過去の事例として、NTTやJT、日本郵政等の株式がある）や、国債整理基金の運用収入もある。

2016年度当初予算で国債整理基金特別会計の歳入をみると、一般会計からの繰入れは約24兆円である。また、東日本大震災からの復旧・復興のために必要な財源を調達した復興債が2011年度に発行されたが、その償還財源として復興特別税収等が3兆円程度繰り入れられている。国債整理基金特別会計は、そのほかにも他の特別会計と多額の資金のやりとりをしている。

ただ、実は、国債整理基金特別会計の歳入で最も目立つのは、公債金（国債の発行）であり、2016年予算では約109兆円に達する。これは一般会計が発行している新規財源債とはまったく異なり、借換債と呼ばれる。

借換債とは、既発の国債の償還財源を調達するために発行される国債であり、国債整理基金特別会計において発行される。建設国債や赤字国債とは異なり、借換債の発行は政府に授権されているため、国会の承認は不要である。政府は「60年償還ルール」に基づいて規則的に満期到来額から算出された額の借換債を発行している。

なぜ借換債の発行が行われているかというと、論点18で述べたように、国債にはさまざまな年限のものがあるからである。60年で償還するのであれば、60年債を発行すればよさそうなものだが、そうした国債はニーズがなく発行できない。10年債で60年の借入れを行うとすれば、10年ごとに5回の借換えを行うことになるのである。

なお、借換債については、年度間の国債発行の平準化や円滑な既発債の償還が行えるよう、あるいは、急な財政需要の発生で国債の追加発行が必要となった場合の市場への影響を緩和するために、国会の承認を得た範囲内で翌年度分の借換債を前倒しして発行することが認められている。

60年償還ルールとその問題

すでに述べたように、発行された国債は社会資本の耐用年数を60年と想定した「60年償還ルール」で減債が進められている。さまざまな国債がさまざまなタイミングで償還を迎えるが、その際にどれだけを完全に返済し、どれだけを借換債の発行で償還するかは60年償還ルールに基づいて決められる。借換債発行によるのではない、一般財源による完全な返済は「現金償還」と呼ばれる。

たとえば、図表21－1に示したように、ある年度に６００億円の公債を10年債で発行したとする。この場合、定率繰入れによる10年分の償還財源を基金として貯めておき、10年後の満期到来時にはその基金を取り崩して60分の10に当たる１００億円を現金償還する。残り５００億円については、借換債発行による収入金で国債保有者に返済する。この５００億円の借換債も10年債で発行したとすれば、次の10年後には、再び当初発行額６００億円の60分の10である１００億円を現金償還する。この時点で公債残

図表21－1　60年償還ルールの仕組み

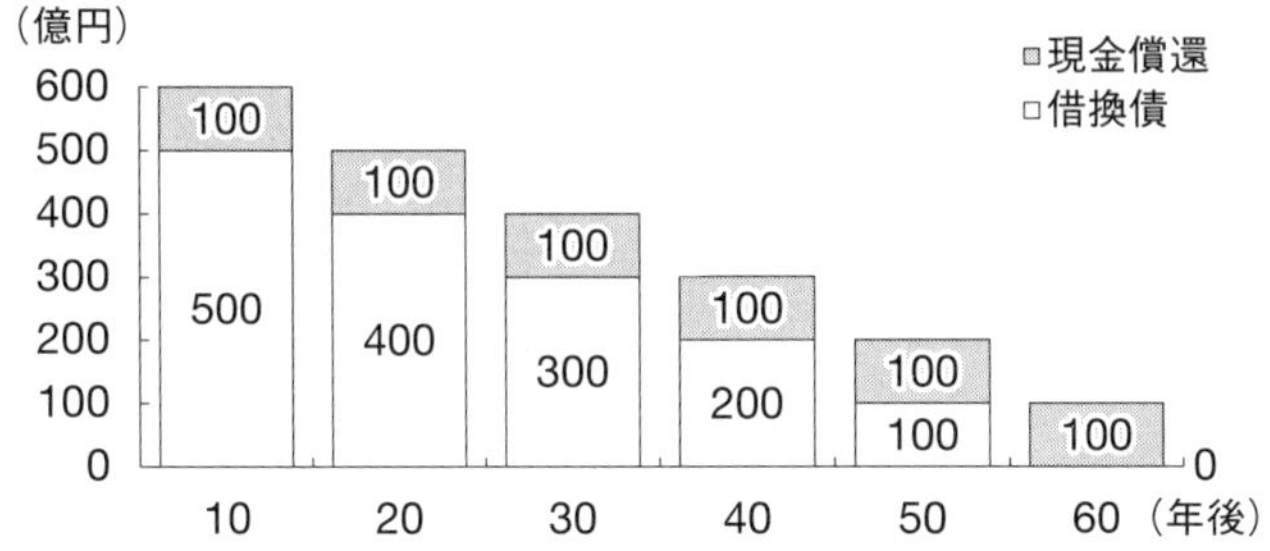

	2～11年	12～21年	22～31年	32～41年	42～51年	52～61年	
定率繰入額	96	80	64	48	32	16	計336
不足額	4	20	36	52	68	84	計264

（出所）　財務省より大和総研作成

高は400億円である。これを繰り返していくと、当初発行から60年後にはすべて償還されることになる。

60年償還ルールや定率繰入制度は、諸外国にはみられないシステマチックな減債制度であり、日本の財政はそれだけ償還確実性がしっかりしていると評価することができる。だが、現実には国債が累増し、日本の財政は著しい悪化を続けている。現在の減債制度に関する問題点を2つ指摘したい。

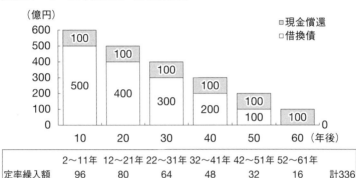

第一に、赤字国債の減債をどう考えるかである。既出図表18－2でみたように、最近の財政赤字は建設国債ではなく、赤字国債が圧倒的に大きい。60年という期間が妥当かという問題はあるにせよ、建設国債であれば見合いの資産があり、その資産の使用による減価にあわせて債務を償却していくのは合理的な考え方である。

しかし赤字国債については、その収入金はその場限りの経常的な支出に充てられてしまっている。見合う資産が残っていないのだから、60年償還ルールを適用すべきでない。

赤字国債の発行が始まったのは１９７５年度のことだが、実際、１９８３年度までは赤字国債に関する借換債の発行は法律で禁止されていた。ところが１９８５年度から赤字国債の本格的な償還を迎えた際に、借換債の発行を行わざるをえなくなった経緯がある。赤字国債に関する借換債の発行禁止規定はもはや存在せず、結局は赤字国債にも60年償還ルールが適用されているのが実情である。

第二に、仮に60年償還が妥当だとしても、徐々に残高を減らした各時点の残高に対する１・６％の繰入れだけでは、償還財源をまかないきれない点も注意したい。60分の１を１・６％として償還できるというのであれば、当初の発行額を基準にしないと償還財源は積立不足になる。先に示した図表21－１の例でいえば、最初の10年間は合計96億円（600億円の1.6％×10年）が繰り入れられるが、次の10年間は80億円（500億円の1.6％×10年）となり、残高が減るにつれて当初の６００億円に対する償還財源が不足する。図表21－１にはそのようすを下段に示したが、結果的に60年間で繰り入れられる金額は３３６億円（全体の56％）にとどまるため、不足する２６４億円は定率繰入れ以外の方法で調達する必要がある。一部には定率繰入れの率を１・６％より高くすべきという意見もある。

Key Word

国債整理基金の残高

国債整理基金特別会計には、一般会計や他の特別会計からの繰入れのほか、借換債の発行による収入などを原資に国債整理基金が形成されている。国債整理基金は、大規模災害やシステム障害といったリスクが顕在化して借換債が発行できなくなった場合に備え、２０１２年度までは約10兆円の残高を維持してきた。

しかし、基金を維持するために国債発行を行っている一方、基金は国債よりも金利の低い政府短期証券などで運用されているため、調達コストが運用収益を超過する逆ザヤ状態であることが２０１１年の国会で取り上げられたこともあり、２０１３年度以降の基金は3兆円程度に圧縮されている。基金によるリスクへの備えは縮小したが、万が一借換えに支障が生じたときには日銀から一時的な借入れを行うことができる制度が整備された。

22 自治体が発行する地方債

地方債の発行の仕組み

地方公共団体が行政サービスを実施するための財源は、地方税や地方交付税などが基本である。だが、公共投資などの長期にわたる事業を実施するための資金は、地方債による資金調達も行われている。公共投資は投資コストの回収が長期にわたり、世代間の負担の公平を図る必要があることなどから、債券発行によって資金を調達して実施するのが望ましい。この考え方は、国でも建設国債の発行が認められていることと同様である（論点18参照）。地方債はそうした長期資金の調達手段である。

地方公共団体が地方債を発行するに際しては、原則として、都道府県や指定都市が発行する場合は国との、市町村が発行する場合は都道府県との協議を経る必要がある。ただし、赤字団体等が発行する場合は、国または都道府県の許可がなければ発行できない。なお、２００５年度までは赤字団体かどうかに関係なく、一律に許可制がとられていたが、地方分権の流れのなかで２００６年度から協議制になった。

さらに、公的な資金ではなく、民間の資金が引き受ける場合、一定の要件を満たす地方公共団体が発行する地方債は、原則として協議を不要とし、事前届出のみで発行できる事前届出制度が２０１２年度から導入された。

一定の要件とは、①実質公債費比率（現在抱えている地方債に関する元利償還金等の大きさをその自治体の財政規模対比でみた指標）が18％未満、②実質赤字額（翌年度の歳入の先食いや翌年度への歳出繰延べを考慮した実質的な赤字）が０、③連結実質赤字比率（公立病院や下水道など公営企業を含むその自治体の赤字の大きさを財政規模対比でみた指標）が０、④将来負担比率（地方債残高のほか一般会計等が将来負担すべき実質的な負債を含めた負債の大きさをその自治体の財政規模対比でみた指標）が都道府県および政令指定都市は４００％未満、一般市町村は３５０％未満、の４つである。要するに、財政が健全である地方公共団体については協議不要で地方債を発行できる。

国債との比較

地方債による資金調達の基本的な考え方は、国が発行する国債と同様である。ただし、前述したように地方債を発行するためには、原則として国または都道府県との協議が必要である。また、協議不要の場合でも事前届出制となっており、国の一定の管理下にあるといえる。

一方、国債については、発行市場や流通市場で市場参加者から監視を受けているだけで、上位の行政機関の管理下にあるわけではない。国債も地方債もそれぞれの議会の承認のもとに発行されることは変わりないが、国債に比べると、地方債はそれを起債する地方公共団体の信用力のみで発行・流通していることは言い切れない面もある。

また、地方債の発行は、財政融資資金や地方公共団体金融機構資金という公的な資金による引受けと、市場での公募や銀行等が引き受ける民間資金等による引受けに大別される。市場公募による地方債発行は増加しつつあるものの、全体としてみれば市場公募以外の資金調達が大半であることも国債との差異といえる。

さらに、地方債の発行規模は国債と比較すれば相対的に小さい。発行規模が小さければ、一般にはそれだけ流動性が低く、地方債の流通市場が形成されにくい一因と考えられる。近年では流動性の向上などを目的に、複数の自治体が共同で発行する地方債も増えている。

地方債による資金の主な調達先

すでに述べたように、地方債による資金の調達先の主な分類としては、国内資金として財政融資資金、地方公共団体金融機構資金、民間資金等（市場公募資金、銀行等引受資金）がある。国内資金以外にも、国外資金として外貨建て資金、円建て資金がある。

市場公募資金による地方債は、広く投資家に購入を募る方法により発行される地方債である。2016年度現在、全国型市場公募地方債発行団体（発行を予定している団体を含む）は、図表22－1にある55団体である。

また、共同発行市場公募地方債を発行する地方公共団体は、表のうち下線を引いた36の地方公共団体

図表22－1　全国型市場公募地方債発行団体（2016年度現在）

北海道	宮城県	秋田県	福島県	茨城県
栃木県	群馬県	埼玉県	千葉県	東京都
神奈川県	新潟県	福井県	山梨県	長野県
岐阜県	静岡県	愛知県	三重県	滋賀県
京都府	大阪府	兵庫県	奈良県	島根県
岡山県	広島県	徳島県	高知県	福岡県
佐賀県	長崎県	熊本県	大分県	鹿児島県
札幌市	仙台市	さいたま市	千葉市	横浜市
川崎市	相模原市	新潟市	静岡市	浜松市
名古屋市	京都市	大阪市	堺市	神戸市
岡山市	広島市	北九州市	福岡市	熊本市

（出所）　総務省ウェブサイト「地方債の商品性」

である。共同発行市場公募地方債は地方公共団体が共同して発行する債券で、各団体は発行額全額について連帯債務を負う。連帯債務方式のため信用力が高く、万が一のことがあっても期日どおりに元利償還が行われるようファンドが設置されている。

銀行等引受地方債は、地方公共団体の指定金融機関等からの借入れや引受けの方法により発行される。証券発行によるものと、証書借入れによるものがある。市場公募による地方債発行が可能であるのは図表22－1に示した自治体に限られ、それ以外の自治体は銀行等引受地方債によっている。証券発行の方法による銀行等引受地方債は、その発行後、第三者が銀行等から購入できる場合がある。

地方債発行における近年の潮流

これまでの地方債発行は、財政融資資金、地方公共団体金融機構資金といった公的な資金と銀行等引受資金が

図表22－2　地方債の借入先別にみた残高

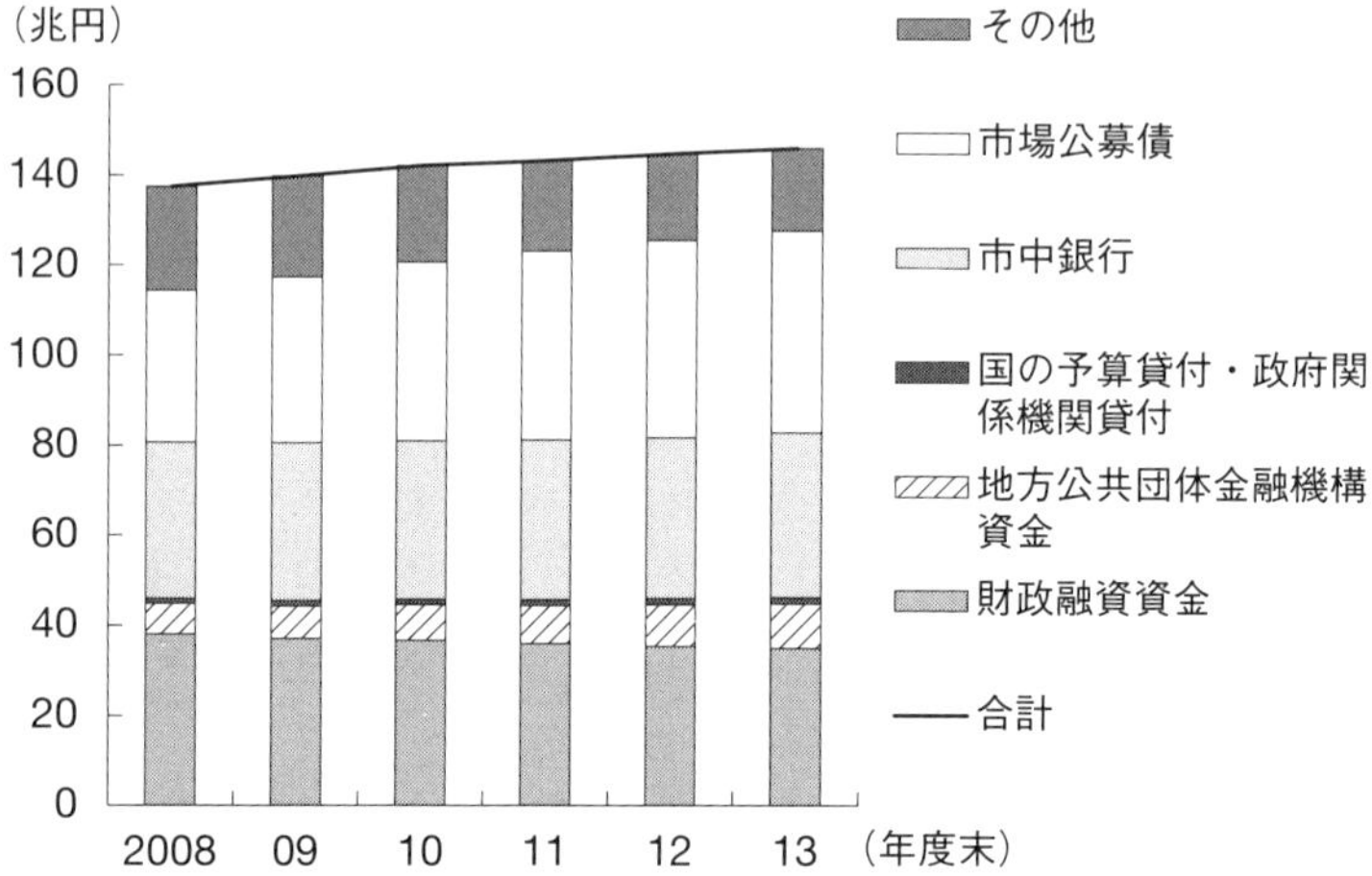

（注１）　都道府県と市町村の合計。
（注２）　2013年度末残高は、2012年度末残高＋2013年度発行額－2013年度償還元金額、により計算。
（出所）　総務省「地方財政統計年報」より大和総研作成

中心であり、市場公募資金のように市場から直接的に資金を調達する割合は２００１年の財政投融資改革以前は小さかった。だが、近年、市場によるモニタリングを通じた財政規律が重視される傾向にあり、地方債発行においても市場公募地方債を増加させる方向となっている。

地方債によって調達された資金は地方公共団体の社会資本整備などに活用され、住民の利害に直接にかかわってくる。そうした観点もふまえ、住民の参加意識を高める効果もねらった、住民参加型市場公募地方債（市場公募地方債の一種であり、ミニ公募債ともいわれる）も発行されている。特徴として、購入者を「当該債券の発行団体内に居住する個人・法人」に限定する場合が多い。

住民参加型市場公募地方債の制度の目的としては、「住民の行政参加意識高揚、住民に対する施策のPR、資金調達手法の多様化、個人金融資産の有効活用、市場公募化のためのノウハウ習得」（総務省「住民参加型市場公募地方債について」2015年8月）などがあげられている。購入者に各種イベントのチケットや施設招待券など、購入特典をつける例もみられる。

Key Word

地方公共団体の財政の健全化に関する法律

地方公共団体が十分な行政サービスを提供し続けるには、健全な財政を維持する必要がある。しかし、北海道夕張市の実質的な破綻など2000年代半ばに一部の自治体の著しい財政悪化が明らかとなった。従前の地方公共団体の財政再建制度では、事態が深刻化するまで対応できないことが課題になったことから、財政の健全化や再生に迅速に対応するための「地方公共団体の財政の健全化に関する法律」が2009年に施行された。

同法により、地方公共団体は、①実質赤字比率、②連結実質赤字比率、③実質公債費比率、④将来負担比率、の健全化判断比率を毎年度公表しなければならない。これらの指標が一定の基準に抵触する地方公共団体は、財政の健全化や再生に関する計画を定め、その実施状況の公表が義務づけられている。計画の実施状況などに対して国が勧告することもできる仕組みになっている。

Key Word

臨時財政対策債

臨時財政対策債は、地方公共団体の一般財源不足を補うため、地方財政法に基づき、特別に発行を認められた地方債である。

国の地方交付税特別会計の財源が不足し、地方交付税として交付するための財源が不足した場合、かつては国が国債を発行して不足分を補っていた。しかし、2001年度以降は、不足分について国と地方で折半し、地方分は各地方公共団体が臨時財政対策債を発行して不足分を補うことになった。臨時財政対策債の元利償還金相当額は、その全額が後年度の地方交付税の基準財政需要額に算入され、最終的には国が責任を負うかたちとなっている。

臨時財政対策債の発行の判断は各地方公共団体に任されている。最終的には国が責任を負っているとはいえ、地方債であることには変わりがない。財政健全化を積極的に図ろうとしている地方公共団体は、臨時財政対策債の発行が制度的に可能でも、発行額を減らす努力をしている。

Key Word

地方公共団体金融機構

地方公共団体金融機構（以下、機構）は、地方の一般会計を含む地方公共団体に対して長期かつ低利の資金を融通し、資本市場からの資金調達に関する支援を行う「地方共同法人」である。地方債資金の共同調達機関としてすべての地方公共団体の出資で2008年に設立された。

機構は、1957年設立の公営企業金融公庫（国が出資する特殊法人）の資産・債務を引き継いで業務を開始した。公営企業金融公庫の資金融通対象は地方公営企業に限られており、機構になって資金融通対象が拡大した。機構の貸付は、国や都道府県が同意や許可を行った地方債を引き受けることで行われているため、貸倒れはこれまで1件も発生していない。

かつて公営企業金融公庫は政府保証債で資金を調達していたが、現在の機構は、基本的に政府保証のない一般担保付公募債である地方公共団体金融機構債を発行して資本市場から資金を調達している。

第4章

財政問題
――なぜ財政再建が必要なのか

23 政府が借金することの合理性と不合理性

良い借金と悪い借金

政府がさまざまな支出を行うための財源の調達方法には、大きく分けて課税（税収）と公債発行（借金）の2種類がある。毎年の支出に対して、税収で足りない分は借金で補わざるをえないが、その借金の返済は将来の税収でまかなうことになる。長い目でみれば、政府支出の財源は、唯一税収だともとらえられる。

将来の税収をあてにした借金は、税収の先取りという見方もできるが、将来の税収が増えない、ないし増やせなかったとすれば、将来は、借金返済の分だけ支出を削るか、支出を保つのであれば新たな借金をする必要がある。

政府には「課税権」があり、公債（借金）の返済は担保されている、という考え方がある。将来の税収が不足するようであれば、増税をすれば借金は返済できる。しかし、増税に踏み切ることが容易でないことは、消費税率の引上げが何度も延期されている経験から常識といってよいだろう。やはり、自然に税収が増えて借金の返済原資ができることが望ましい。

将来の税収増加が期待されるなかで行われる借金を、「良い借金」（もしくは「良い財政赤字」）と表現することがある。経済全体で考えれば、税収は経済（付加価値）の規模に連動するから、「将来の税収増加」とは「将来の経済成長」と同じことである。経済成長が見込まれるなかで行われる、あるいは、経済成長に結びつくような借金が「良い借金」であり、経済成長が見込まれないなかで行われる借金は「悪い借金」、すなわち将来返すあてのない借金、という見方もできる。

経済成長に結びつく借金とは何か。たとえば、公共インフラ（社会資本）の整備資金をまかなう借金があげられるだろう。公共インフラは資産として残り、国民や民間企業の活力向上を通じて経済成長を促すことが期待できる。

論点18でも述べたように、財政法は、借金による資金調達を原則禁止しているが、公共事業費などの投資的経費の財源を確保する目的の国債発行は「建設国債」として例外的に認めている。一方で、人件費や社会保障費など毎年の経常的経費をまかなう目的の国債発行は、認められていないが、実際には「特例国債」（赤字国債）が毎年発行されている。これは決して「良い借金」とはいえない。

ただし、赤字国債がすべて「悪い借金」なのかといえば、そうした整理も乱暴である。経常的経費に使われる目的だとしても、将来の経済成長が見込まれる状況であれば、返すあてのある借金として肯定されうるだろう。

また、財政の基本的機能の1つとして「経済安定化機能」がある。急激な景気悪化などにより税収が大幅に落ち込んだ局面で増税をするのは非現実的であり、借金をしてでも安定的な財政支出を行うこと、あるいは積極的な財政支出により、景気変動を安定化させることは、政府の役割といえる。

なお、投資的経費と経常的経費の区別にはあいまいさがあるうえ、投資的経費であったとしても、経済成長に結びつくものなのかは一概に判断できない。建設国債と赤字国債を明確に区別して議論する意味がなくなってきているのかもしれない。

利用時払いの原則

借金が将来の経済成長に結びつくかどうか、という観点ではなく、「利用時払いの原則」を徹底して、その恩恵に与る世代が負担すべきという考え方もある。現時点で整備された公共インフラを利用するのは、現在の世代だけではない。何十年にもわたって、子や孫の世代も利用するわけであるから、現在の世代だけが費用を負担するのではなく、恩恵に与る子や孫の世代も費用を負担すべきという考え方である。

つまり、公共インフラ整備にあたっては、税金よりも、むしろ借金により資金を調達し、その元本返済や利子支払は将来にわたって行ったほうが道理にかなうというわけだ。

企業会計では、設備投資を行った際、投資を行った年に一括してその費用を計上するのではなく、耐用年数の期間中は「減価償却費」として毎年分割して費用計上することになっている。その設備は耐用年数にわたって使用されるためである。国の会計では減価償却の概念がないため、費用の分割はされないが、借金でまかなうことによって、その費用計上を実質的に分割しているととらえることもできるだろう。

税金と借金の違い

ここで、政府の資金調達における税金と借金の違いについて整理しておこう。

まずは負担の時期、そして負担者の違いである。税金はもっぱら現在の世代に対して現時点で負担を求めるものだが、借金であれば、将来に負担を分散するかたちになる。借金の償還期間が長い場合には、現在世代にはほとんど負担を求めず、将来世代に負担を先送りするかたちにもなりうる。また、税金は国民に幅広く負担を求めるのに対して、借金は、資金のある主体が任意で引き受けるという性質の違いもある。

次に、資金を調達しやすいかどうかの違いがある。税金は強制的に徴収するため、定常的に調達できる財源ではあるものの、急に多額の資金が必要な場合の対応はむずかしい。逆に、借金であれば、短期間に多額の資金を調達できるという性質がある。

また、マクロ経済から受ける影響の違いもある。税収は景気変動の影響を受けやすい。なかでも法人税は景気感応度の大きな企業収益に連動しているため、振れ幅が大きくなる傾向にある。相対的に安定している消費税も、景気がよく消費が活発であれば税収は大きくなる。一方、公債発行は金融市場の影響を受けやすく、金利が上昇している局面では、調達コスト（利率）が高くなってしまう。

なお、発行する公債を海外部門が引き受ける場合は、現在の国民は資金を負担する必要がないということになるが、利子の支払というかたちで海外に国民の所得が流出する。また、海外部門の日本国債に対する需要に応じて発行利率の変動を受け入れざるをえない場合もある。

中立命題

このように税金と借金には違いがあるが、学説の1つに、資金調達の手段としては税金と借金とで違いはないとする「中立命題」がある。

これは、政府が支出の財源を税金（増税）でまかなおうが、借金によってまかなおうが、マクロ経済に及ぼす影響は変わらないという考え方である。増税をしたときには、民間の経済主体は、その分だけ実質可処分所得が減るため、消費を減らすことになる。一方、借金（公債発行）を行ったときには、民間主体は、将来その償還のために増税が行われることを予想して、その分、いまのうちから消費を減らす（貯蓄を増やす）行動に出る。いずれも、同じ額だけ消費を減らすため、経済に及ぼす影響は同じことになる、というものである。

この中立命題は19世紀の古典派経済学者であるリカードが行った議論（リカードの中立命題、リカードの等価定理）をもとに、1970年代にバローが拡張したもの（バローの中立命題）である。リカードの議論は同じ世代のなかで借金とその返済（公債発行とその償還）が行われることを想定したものだが、バローは、遺産を通じて世代を超えても成立することを示した。

ただし、バローの中立命題が成立するには、いくつかの前提条件が必要であり、これが非現実的だという批判もある。前提条件の1つは、①個人が将来に対して合理的な予想をすることである。わかりやすくいえば、「政府は借金返済のために、将来必ず増税を行うだろう」と予想をすることが前提である。また、②個人が流動性制約に直面しないことである。効用を最大化する消費を行うためには、いくらでも借金ができることを前提としている。さらに、③利他的な遺産動機が存在することも条件の1つとなる。つまり、子の世代に行われる増税に備えて、親が必ずその分の財産を遺すことである。

乗数効果、非ケインズ効果、クラウディング・アウト効果

政府が借金（公債発行）によって財政支出を拡大させたとき、マクロ経済に対してはさまざまな影響が及ぶことが考えられる。

一般に、財政支出拡大による効果として真っ先にあげられるのは「乗数効果」である。政府が借金により支出を一定額増加させたときに、国民所得がその額以上に増加する効果のことであり、その倍率を「政府支出乗数」という。単純なケインズ型経済モデルで考えたとき、乗数は限界貯蓄性向（所得が1単位増加したとき、そのうち貯蓄に回る分の割合）の逆数で表され、理論的には1より大きくなる。経済を刺激する目的で公共事業を行った場合、この乗数が大きければ、それだけ大きな効果が得られることになり、「ケインズ効果」とも呼ばれる。ただし、近年、この乗数が低下しているとの指摘が多い。

財政支出を行うと国民所得が拡大し、逆に財政支出を削減すると国民所得が減少する、という伝統的なケインズ経済学の考え方とは正反対の効果として、「非ケインズ効果」の存在が指摘されている。こ

れは、財政赤字が拡大している局面で緊縮的な財政政策を行うと、財政再建が進むという期待が生まれ、将来における可処分所得の増加期待が強まって消費の拡大がもたらされるという効果である。逆にいえば、同様の局面における財政支出の拡大は、消費者に対して将来の増税を予期させるため、消費を減少させる効果をもつことになる。

1980年代前半のデンマークと1980年代後半のアイルランドでこうした効果が観察されたとする研究がある。両国とも1980年代初頭に大幅な財政赤字が生じ、財政改革が行われたが、その際、財政再建と景気回復が同時に達成された。日本でも非ケインズ効果の有無に関する研究が行われてきているが、結果は一様ではない。特に、小規模な財政再建では非ケインズ効果の発現は見込めないという研究もある。消費を増加させる方向の非ケインズ効果が発生するのは、財政状況がかなり深刻ななかで、大規模かつ継続的な財政再建が行われた場合、という条件がそろった場合と整理されるようだ。

政府債務残高がきわめて大きい現在の日本は、非ケインズ効果が発生しやすい環境にあるともいえ、景気刺激策として公共投資を行っても、逆に消費を抑制させる可能性が考えられることになる。

さらに、政府が公債発行を行って財政支出の拡大を行うと、金利が上昇して民間の資金調達が阻害され、民間投資を減退させてしまうという考え方もある。これは「クラウディング・アウト効果」と呼ばれる。世界で古くから議論されてきた問題であり、特に議論が活発化したのは1970年代である。日本でも1980年代の国債大量発行を受けて問題とされたが、1990年代以降は、バブル崩壊とともに緩和的な金融政策がとられ、長期金利が趨勢的に低下していくなかで、民間投資を押しのけているという議論は聞かれなくなった。

ただし、現時点でその効果の発現が予想されないとしても、将来的には十分考えうるかもしれない。1つあげれば、特に国債の大量発行が継続すれば、いずれ海外投資家の保有が増えていくだろう。そうなると、たとえば、海外でなんらかのショックが起きた場合などに、日本国債も売却対象となって金利が急騰するリスクも拡大することになる。

24 なぜ政府の財政は悪化したのか

いつから悪化が始まった？

日本の財政が危機的状況にあり、財政再建が喫緊の課題であるということは、過去20年近くいわれ続けてきたフレーズである。財政の悪化とは、税収に比べて歳出が増え、その差額を補う借金（国債発行）が増えて国債発行残高の累増がもたらされることを意味する。それは一体いつから始まったのか。

日本は第二次世界大戦後に均衡財政を志向し、1965年度までは国債発行を行わなかった。その後も、いわゆる赤字国債は原則として発行していなかったが、オイルショックの影響を受けた1975年度に特例国債（赤字国債）の発行を開始し、国債発行が急増していった。その後、1980年代後半にはバブル景気を背景に税収が増加したこともあり、1990年度には赤字国債発行への依存からいったんは脱却した。

しかし、バブル崩壊とともに税収が急減するだけでなく、景気刺激のため公共投資が拡大され、財政状況は急激に再び悪化することとなった。図表24－1にみるように、歳出が増加トレンドを続ける一方で、税収が減少トレンドをたどるというかたちでギャップが拡大し、いわゆる「ワニの口」と表現され

図表24－１　一般会計税収と歳出

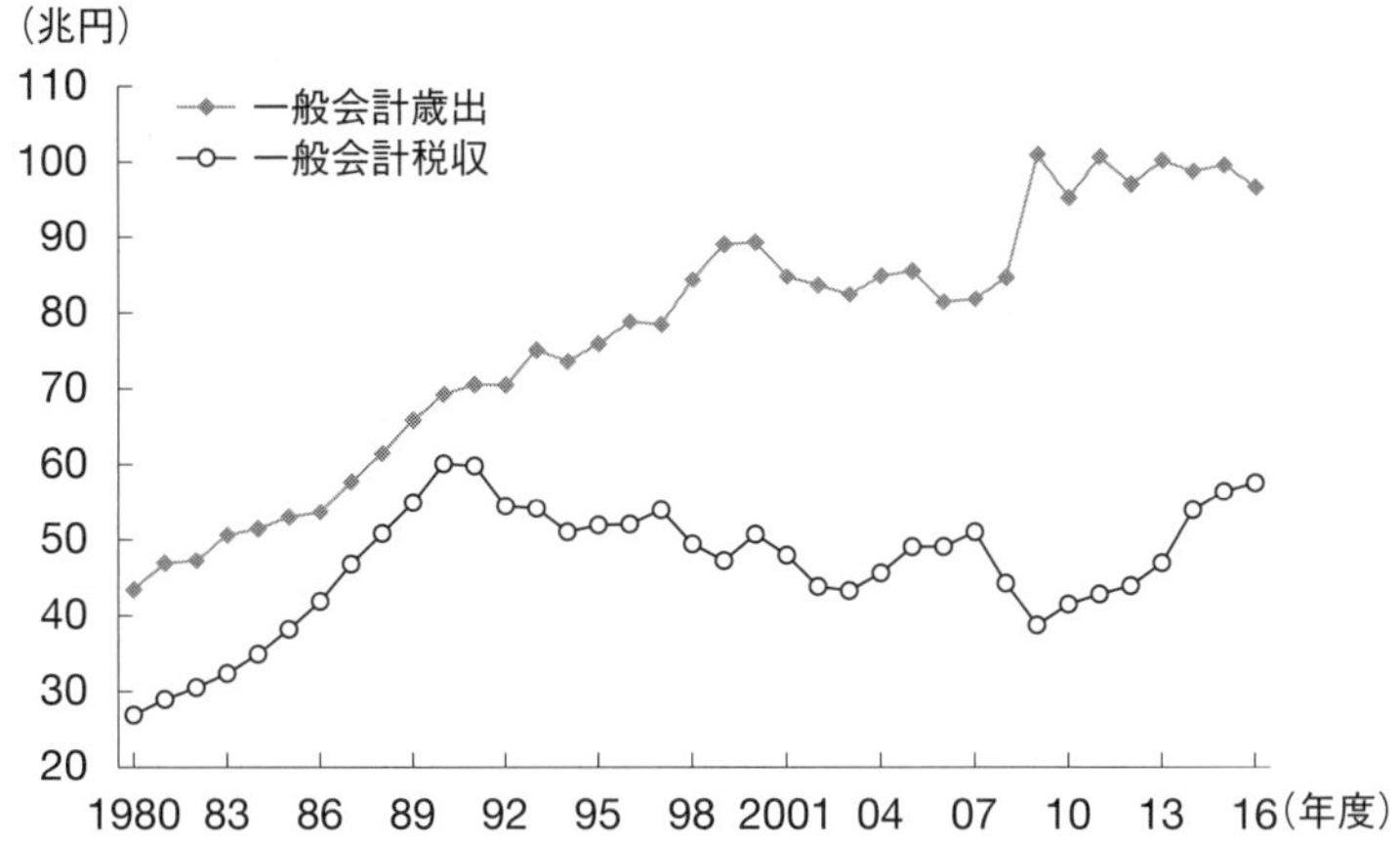

（注）　2014年度以前は決算、2015年度は補正後予算、2016年度は当初予算。
（出所）　財務省「財政統計」より大和総研作成

る状態が20年以上続いた。特に１９９０年代後半以降は、高水準の赤字国債発行が常態化し、国債発行残高の累増に歯止めがきかない状態となった。

ただし、２００９年度を底に税収が回復傾向に転ずる一方、歳出は高水準ながら横ばいで推移し、「ワニの口」は若干ながら狭まる方向で進んでいる。

税収の減少

財政収支悪化の第一の要因は、税収の減少である。一般会計の税収は１９９０年度の60・１兆円をピークに、２００９年度の38・７兆円まで約21兆円、率にして約36％減少した。

その間、最大の税目である所得税は26・０兆円から12・９兆円へと約13兆円（約50％）の減少となり、法人税も18・４兆円から６・４兆円へと

12兆円（約65％）の減少となった。特に法人税収は景気変動に大きく影響を受けてきただけでなく、企業活動の活性化を目的とした法人税率の引下げも税収を減らす方向に働いたとみられる。ただし、所得税、法人税ともに２００９年度をボトムに回復傾向に転じ、２０１６年度当初予算では２００９年度に比べ所得税が約39％、法人税は約92％の増加となっている。

一方、１９８９年度に導入された消費税は毎年度安定的な税収を計上しており、２度の税率引上げを経て１９９０年度の４・６兆円から２０１６年度当初予算の17・２兆円まで4倍近くにふくらんでいる。

これらをあわせた一般会計税収全体は２０１６年度当初予算で57・６兆円と、１９９０年度の60・１兆円に対してあと2・５兆円という水準にまで回復している。だが、大幅にふくらんだ歳出とのかい離はあまり縮小していない。

拡大が止まらない歳出

財政悪化のもう1つの側面は歳出の拡大である。税収が減少に転じた１９９１年度以降も歳出の増加が続いたからこそ、国債発行が拡大した。税収のピークである１９９０年度に69・３兆円だった一般会計歳出は、２００９年度には１０１・０兆円にまでふくらみ、その後も１００兆円前後の高水準で推移している。２０１６年度当初予算の歳出は96・７兆円で、１９９０年度に比べ、約27兆円（約40％）の増加である。

経費項目のなかで最もふくらんだのは社会保障関係費であり、この間、11・5兆円から32・0兆円まで20・5兆円（2・8倍）の増加となった。すなわち、歳出全体の増加分の4分の3は社会保障関係費の増加で説明できる。1990年度に約17％だった歳出全体に占める社会保障関係費の割合は、2016年度当初予算では約33％、全体の3分の1になっている。

次に増加した経費は国債費である。これは国債の償還費用と利払費で構成され、国債発行残高の膨張とともに増加してきた。1990年度の14・3兆円に対して、2016年度当初予算では23・6兆円と、9・3兆円（65％）の増加である。ただし、内訳をみると債務償還費用が約10兆円増えた一方で、利払費は約1兆円減少しており、この間の金利低下が国債費の膨張をかなりの程度抑制している。国債費全体の一般会計歳出全体に占める割合は20・7％から24・4％への上昇となった。

一方、歳出を減らした代表格は公共事業関係費である。1960年代の高度成長期には歳出全体の20％を超える年もあったが、1990年度におけるウェイトは10％で、2016年度には約6％まで低下している。金額でみても2016年度は6・0兆円であり、1990年度の7・0兆円よりも低い水準となっている。

ただし、1990年度と2016年度の2時点の比較では減っているものの、1990年代には数々の景気対策が打たれ、1993〜2001年度までの間は、毎年10兆円を超す公共事業費が当初予算と補正予算でつぎ込まれた経緯がある。この間の財政赤字の急増は、国債発行残高の増加を加速させた。

バブル崩壊とデフレ経済への突入

１９９０年代以降の財政悪化の背景に、「失われた20年」と形容される景気の長期停滞があることは論を俟たない。バブル崩壊後の家計所得の減少と企業利益の減少が所得税や法人税の税収を大きく減らしたうえに、景気刺激を目的とする減税政策もとられた。税収は自然減と減税策の両面から減少に拍車がかかった。

また、経済のサプライサイドの刺激策として法人税減税が進められ、法人税率は、１９８６年以前のピークである43・３％から８度の引下げを経て２０１６年度には23・４％となった。

所得課税についても税率構造の見直しが何度か行われ、減税策がとられてきた。さらに、所得税は名目所得に対する累進税率構造であるため、デフレで名目所得が減少し、平均的な適用税率が低下したことも、所得税収を押し下げた可能性がある。これは、いわゆるビルト・イン・スタビライザーの効果の１つということもできるが、デフレの長期化は財政再建を阻害することは確かだろう。

一方、歳出面では、バブル崩壊による景気の悪化に歯止めをかけるために行われた財政出動が、歳出規模拡大の一因である。１９９０年代には「経済の安定化」を目的に、公共投資を中心とした歳出拡大策が繰り返し打たれた。

減税策や公共投資の拡大といった裁量的な財政政策が呼び水となって民間需要を喚起し、経済の好循環を引き出すことが期待されてきた。目論見どおりに経済成長率が高まり、税収が拡大すれば、それまでの借金の返済が可能となる。しかし実際のところ、長期的な成長率の底上げには至らず、税収は減少を続け、歳出も減らすことができない状況が続いた。

2000年代になってからは、リーマン・ショックに端を発する世界同時不況や東日本大震災といった危機が繰り返し発生したことも、財政支出拡大の要因といえる。一般会計において10兆円を超す補正予算が編成された年度は過去4回（1998年度、2009年度、2011年度、2012年度）にのぼった。

人口減少・少子高齢化

公共投資の拡大以上に歳出増の要因となったのが、社会保障費である。超高齢化に伴って、年金や医療、介護に関する歳出の増加は今後も続くとみられる。

日本の社会保障給付費は増加の一途をたどっており、1990年度の47・4兆円から2013年度には110・7兆円と2・3倍となっている。このうち約半分を占める年金の給付額が同期間に2・3倍の54・6兆円に、医療関連の給付額は1・9倍の35・4兆円に、2000年度に導入された介護保険の給付額は2013年度現在で8・7兆円となった。基礎年金や医療保険、介護保険の財源として国庫（税財源）は小さくない負担をしており、全体の費用増加とともに、一般会計における支出も増加が続いている。前述のとおり、一般会計における社会保障関係費は1990〜2016年度の間に2・8倍の32・0兆円となり、一般会計歳出の3分の1に達している。

貯蓄投資バランスからみた財政赤字

だれかの借金は必ずだれかの貯金になっているという考え方からすると、政府財政の赤字は、それ自体が独立的に拡大したというよりも、他部門の貯蓄投資行動の変化を伴って、それと整合的に政府の赤字が拡大したものととらえることができる。

このことを日本経済全体の貯蓄投資バランスから考えてみよう。貯蓄投資バランスとは、部門別の貯蓄投資差額（＝資金過不足）を足し合わせればゼロになる、という関係のことで、次の式で表される。

民間の貯蓄超過（資金余剰）＝一般政府の財政赤字（資金不足）＋経常収支黒字（海外の資金不足）

図表24－2にみるように、1980年代は家計部門が大幅な貯蓄超過（資金余剰）であったのに対して、非金融法人部門が投資超過（資金不足）にあり、政府部門は大まかにとらえればバランスしていた。しかし1990年代後半以降、非金融法人部門が一転して資金余剰に転じたのに対し、政府部門が恒常的な赤字（資金不足）になることによってバランスするという構図になった。1990年代後半にクローズアップされた設備・債務・雇用の「3つの過剰」を解消しようと非金融法人企業（事業会社）は設備投資を絞り、借金返済を続けた。そうした状況のなかで、需要不足を政府が補ったということになる。

ただし、この関係はあくまで事後的な関係式であり、「どちらが先か」を特定できるものではない。財政赤字の拡大が民間の貯蓄超過を助長した面も指摘できるかもしれない。すなわち、論点23で述べた

図表24－2　部門別の資金過不足（＝貯蓄投資差額）

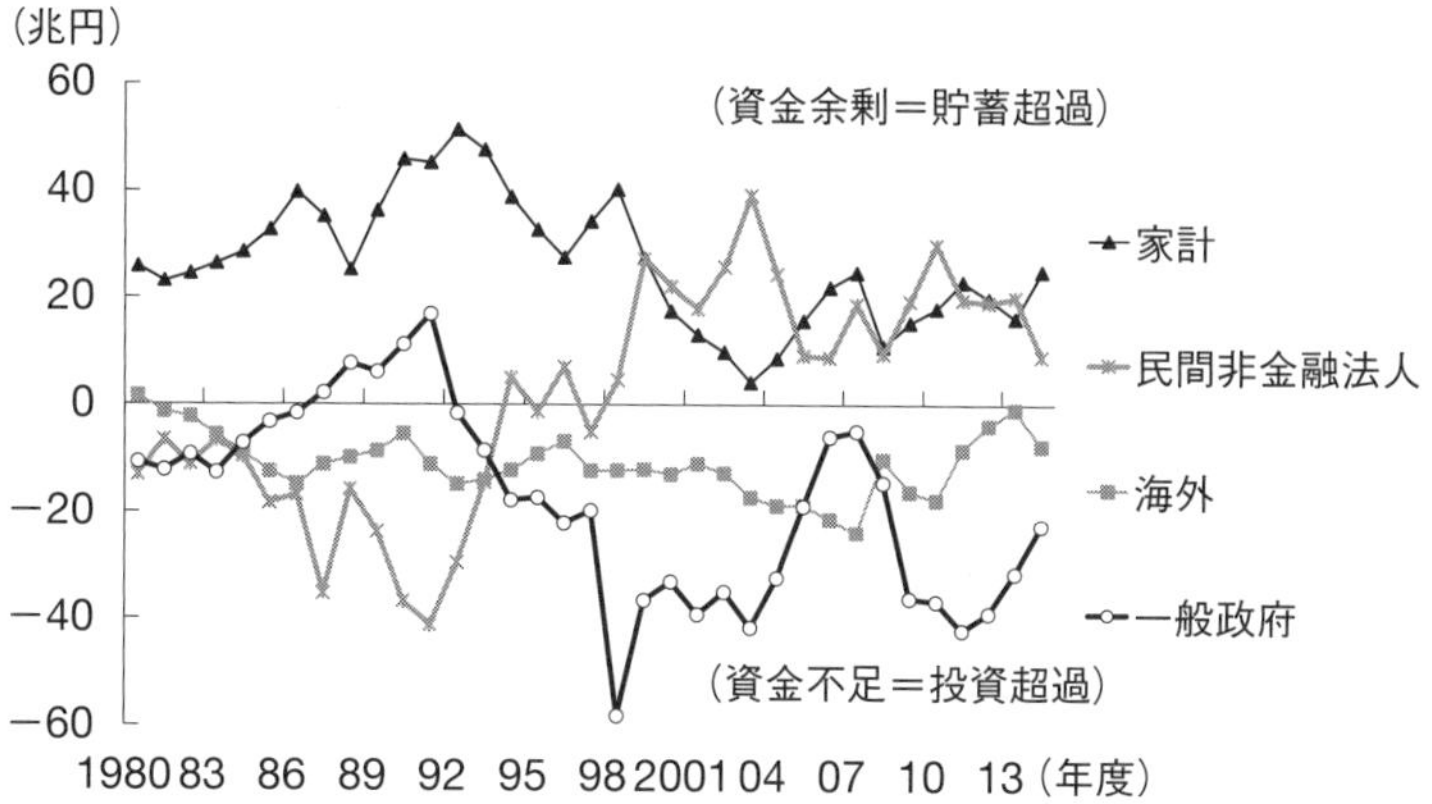

（出所）　日本銀行「資金循環統計」より大和総研作成

中立命題の考え方をとれば、将来の増税不安などの高まりから家計が消費を抑制した可能性もあろう。

行政の無駄遣いの問題

財政赤字の主因ではないとしても、財政再建の必要性とあわせて語られるのが行政改革の必要性である。行政経費を節減するために行政組織の見直しを積み重ねたり、一歩踏み込んで政府の役割を大胆に縮小したりすることは経費削減につながる可能性がある。

財政再建に際して増税など国民に負担を求める際、行政も身を削る必要を問われることが多い。それは、必ずしも節減の効果が大きいからではなく、国民の反発を和らげ、納得を得るために必要という意味合いもある。

象徴的なのは、民間の給与水準が低下するなか、公務員給与が高止まりしているという批判である。公務員給与は類似する民間給与に準拠することになっている。公務員給与の決定が適正になされているかのチェックは必要だが、単純な給与引下げは、むしろ個人消費の押下げ要因となり、経済に負の影響を及ぼしかねない。特に国家公務員の人件費は、自衛官を含めても5・2兆円（2016年度当初予算）にとどまり、その削減効果は大きいものではない。

行政改革は、政権が常に掲げる政策であるが、歳出削減にどの程度寄与するものかをふまえた議論が求められるだろう。

25 財政収支と債務残高の関係

フローとストックの財政健全化目標

日本の財政を健全化させる必要があることについて、多くの読者は異論ないだろう。財政状況の推移は図表25－1に示したとおりであり、政府は以下の財政健全化目標を掲げている。

① ２０２０年度までに国と地方をあわせた基礎的財政収支（プライマリー・バランス：Primary Balance（以下、ＰＢ））を黒字化させる

② その後、政府債務残高（国・地方の公債等残高）の名目ＧＤＰ比を安定的に引き下げる

政府は毎年のフローの指標である収支と、ストックの指標である債務残高の両方について目標を設定している。フローとストックは同じものを別の角度からみているにすぎないが、財政状況を把握するためには両方の指標をみる必要がある。

また、財政収支も債務残高も金額だけではなく名目ＧＤＰ比でとらえるのが一般的である。それは、ＧＤＰが一国の経済規模を示しており、経済規模の大きさによって絶対的な金額の意味が違ってくるからである。また、ＧＤＰは一国全体の課税ベースともとらえることができるため、ＧＤＰを債務返済の

図表25－1　PB名目GDP比（上図）、公債等残高名目GDP比（下図）

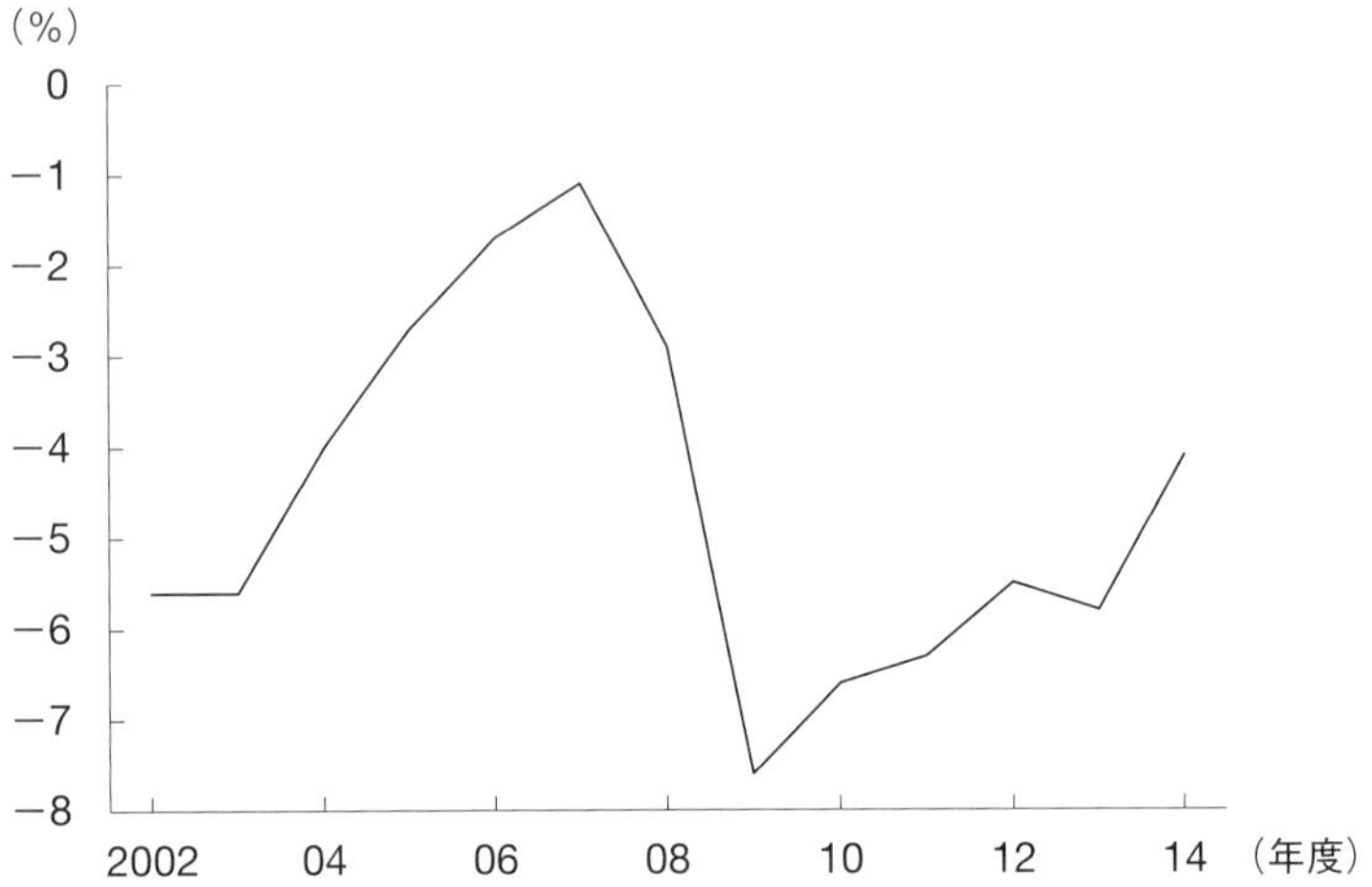

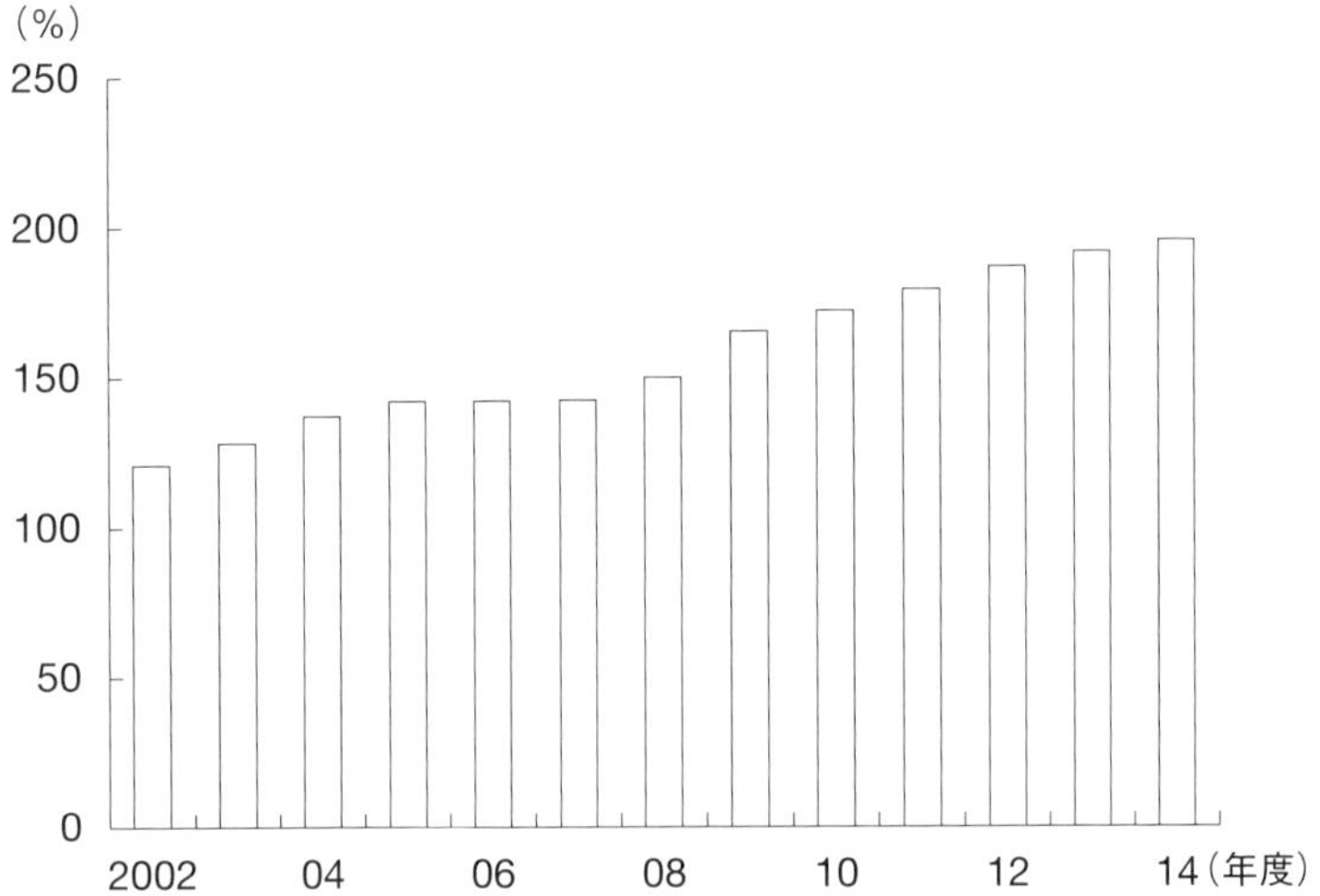

（出所）　内閣府「中長期の経済財政に関する試算」（2016年１月21日）より大和総研作成

ための担保と考えているという意味合いもあるだろう。

財政関連の主な指標にはフローの指標として財政収支とＰＢがあり、ストックの指標には総債務残高、純債務残高がある。次にそれぞれの指標の意味とその関係性を整理しよう。

まず、フローの指標の1つである財政収支は公債の発行と償還を除外した収支のことである。つまり、公債金収入を除いた歳入から債務償還費以外の歳出を差し引いたものである。財政収支の均衡とは歳入と歳出が一致することだが、それを言い換えれば新たに借金する額と過去の借金を返す額（債務償還費）が同額の状態ということである（公債発行を行っていても財政収支が赤字であるとは限らない）。

これに対して、ＰＢは財政収支から利払費を控除した収支を指す。つまり、公債金収入を除いた歳入から債務償還費と利払費等を除いた歳出を差し引いた収支である。利払費は過去の赤字に起因する二次的（セカンダリー）な財政赤字であり、文字どおり、本源的（プライマリー）な収支がＰＢである。ＰＢは税収などで社会保障や公共事業など、本来の政策的経費をどの程度まかなえているかを示す指標である。

次に、ストックの指標だが、一般的に政府債務残高といったときの債務は総債務残高である。あえて純債務残高といった場合は、総債務残高から政府保有の金融資産を控除したものを指す。政府保有の金融資産とは、論点9や論点16で言及したように有価証券や貸付金などである。グロスの債務が大きくても資産があればネットの債務はそれだけ小さくなるが、計算上で相殺したとしてもグロスの債務が存在しているという事実は変わらない。

さまざまな数値がある政府債務残高

少し細かい話だが、政府の債務残高については、債務の範囲のとらえ方によってさまざまな数値が存在する。政府が財政健全化目標で指標としているのは、「国と地方の公債等残高」である。「国と地方の公債等残高」は、普通国債、地方債、交付税特会借入金（交付税および譲与税配布金特別会計での借入金）などの合計で998兆円である（2015年度末見込み）。一般的な政策経費から発生した長期債務を集計したものであり、財政健全化の目標とするのにふさわしいと考えられる。

このほか、普通国債、国の一般会計や特別会計の借入金等に地方の長期債務を加えたものは「国と地方の長期債務残高」と呼ばれ、1035兆円である。これが、将来の利払いと償還財源について税で負っていく必要のある残高といえる。

また、国に限って、普通国債、借入金等、財投債、政府短期証券というふうに特別会計の債務や短期的な債務も積み上げると1167兆円の残高がある。

フローとストックの指標の関係

財政収支、PB、総債務残高、純債務残高という4つの指標の関係はどのようになっているのだろうか。それを示すために、2014年度のフローと2013年度末から2014年度末にかけてのストックの変化を図表25－2に示した。

図表25－2　財政収支と政府債務残高の関係（中央・地方政府）

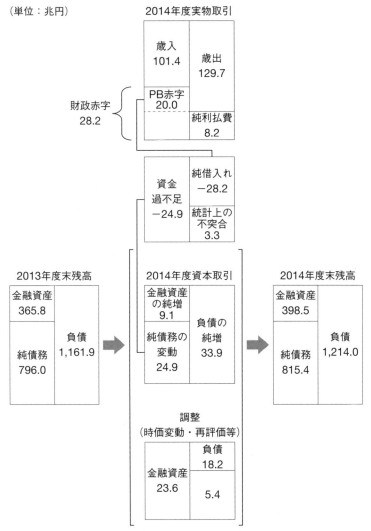

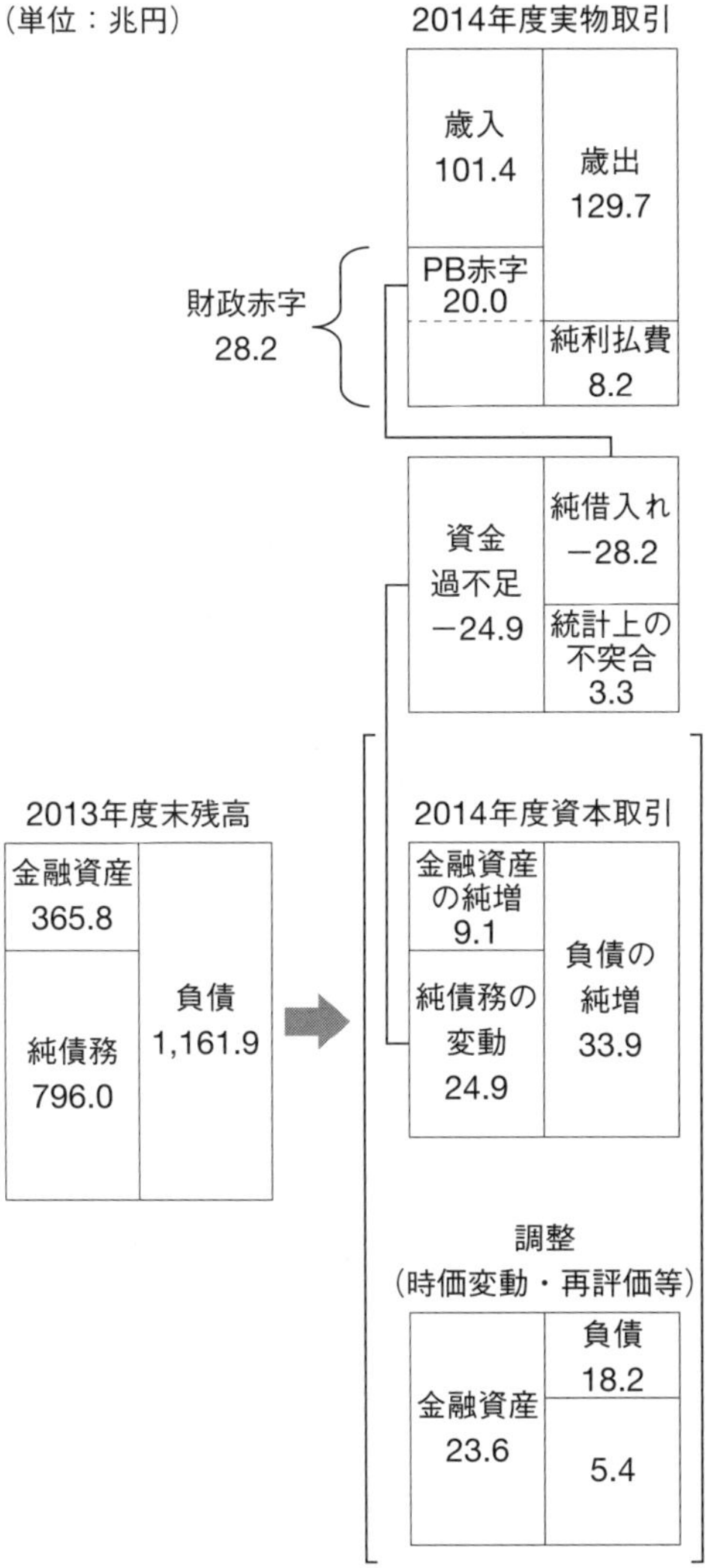

（出所）　内閣府「国民経済計算」より大和総研作成

まず、フローからみると、2014年度の国と地方をあわせた財政赤字は28・2兆円であり、これは20・0兆円のPB赤字と8・2兆円の純金利支払の合計である。

次に、財政赤字は政府の資金過不足と概念上一致する（ただし、記録方法の違いなどから若干の統計上の差異がある）。資金過不足とは、1年間の金融資産の純増減と債務の純増減の差額である。すなわち、資金過不足はストックから計算した純債務残高の変動分と一致する。

図表25－2をみると、2013～14年度末にかけて総債務残高は、公債の発行と償還の結果33・9兆円純増した。他方で、金融資産を9・1兆円純増させているので、両者をネットアウトした24・9兆円が純債務残高の変動になる。負債が増えていたとしても金融資産の増分は財政赤字ではないから、財政赤字とはまさに純債務残高の変動分を意味する。

なお、図表25－2にある年度末残高は時価評価された資産と負債である。2014度には円安と株高で政府保有の金融資産の評価額が上がった。そのため、それを含めた純債務残高の変化は20兆円を下回り（＝815.4－796.0）、財政赤字の金額（28・2兆円）よりだいぶ小さい。

債務残高の名目GDP比を安定的に引き下げる条件

2008年に発生したリーマン・ショック後の財政悪化を受けて、先進諸国は財政健全化に取り組んでいる。その際、諸外国は財政収支を重視しているが、日本はPBを重視しているという違いがみられる。日本は利払費をさしあたり脇に置いて考えているが、諸外国は利払費を含めて収支を改善させようとしていることである。

現在の日本は歴史的な低金利の状態であり、これまでのところは利払費を考慮しなくても大きな問題はなかった。だが、利払費も立派な財政赤字であり、債務残高を増加させる要因である。デフレ脱却を実現しようというからには、今後は利払費にも注目し、利払いを含めた収支を管理する必要がある。

ところで、財政健全化の最終目標として掲げられた債務残高の名目ＧＤＰ比を安定的に引き下げるためには、どのような条件を満たす必要があるのだろうか。債務残高ＧＤＰ比の上昇を食い止め、さらに引き下げることができれば、財政運営の節度を取り戻したと評価してよい。

以下の式は、債務残高名目ＧＤＰ比がどのように決まるかを示した式である。左辺の「今期末の債務残高名目ＧＤＰ比」は、右辺第１項のＰＢと右辺第２項の既存債務に関する金利負担の和で決まることが示されている。

（今期末の債務残高名目GDP比）

＝－（PB名目GDP比）＋｛（１＋金利）÷（１＋名目GDP成長率）｝×（前期末の債務残高名目GDP比）

この式を使えば、債務残高ＧＤＰ比が上昇しない条件を考えることができる。すなわち、今期末の債務残高ＧＤＰ比が前期末と同じであるという条件でこの式を整理すると、次の式になる。これが債務残高ＧＤＰ比を一定にする条件である。この式は、債務残高ＧＤＰ比に金利と成長率の格差を乗じた値が、債務残高ＧＤＰ比を一定にするために必要なＰＢであることを示している。

｛（金利－名目GDP成長率）÷（１＋名目GDP成長率）｝×債務残高GDP比＝PB名目GDP比

現在のようにＰＢが赤字の状態で債務残高ＧＤＰ比を一定に維持するには、金利が成長率よりもかなり低い（ＧＤＰ成長率が金利よりもかなり高い）状態でなければならない。たとえば、債務残高ＧＤＰ比を２００％、ＰＢ名目ＧＤＰ比を▲４％とすると、成長率が金利を２％ポイント高い状態を維持できれば、債務残高ＧＤＰ比を２００％で安定化できる。

だが、一時的にはともかく、金利が成長率を上回るのが先進国経済の通常の姿であり、特にデフレ脱却を目指すのであれば金利が成長率を２％ポイントも下回り続けることは考えられない。仮に、金利と成長率が同じであると考えるとしても、債務残高ＧＤＰ比を上昇させないためには、ＰＢを均衡化させる必要があることを上の式は示している。

Key Word

総債務残高と純債務残高

政府の債務残高を総債務と純債務のいずれでみるのが正しいのかという論争がある。債務は純債務ベースでみるのが適切という意見は、いざとなれば政府が保有する金融資産を売却し、債務の返済に充てることができるという考え方に立っているのだろう。たしかに、総債務の大きさだけを強調し過ぎると、増税や政府サービスのカットを拙速にしてしまうリスクがある。

しかし、政府が保有する金融資産にはそれぞれに保有目的があり、簡単に売却できないものが多い。実務として総債務残高全体を管理しなければならないことは確かであり、借換えなどを通じて総債務全体が市場の評価にさらされているのが現実である。

26

政府債務が増え続けるとどうなるのか

政府債務の増加が引き起こす問題

政府は目標を掲げて財政再建を目指しているが、現実には債務残高が年々増え続けている。政府の債務が増え続けると、最終的には一体どうなるのだろうか。

第一に考えられることは、利払費の増加による財政の硬直化である。歳出に占める利払費の割合が上昇すれば、本来の政策的経費として使える金額の割合が減少してしまう。また、仮に利払費の財源をさらなる国債で調達することを始めれば、利払いが利払いを呼んで債務が雪だるま式にふくれあがる公算が大きい。国民の支払った税が利払いに消えてしまい、政策の自由度が低下してしまうとしたら大問題だろう。医療保険・年金の支払や社会インフラの維持など国民の生活に必要不可欠な公的サービスが提供されなくなったり、経済危機や大災害の際に機動的な財政運営ができなくなったりするということである。それは政府が機能不全に陥るということだ。

現状は、政府の債務残高がこれほど増加したもとでも、利払費は低位で安定して推移している（図表26－1）。この背景には、長期に続いたデフレ下での金利低下や、低コストで資金調達するために国債管理政策の高度化が進められたという要因がある。また、最近は日本銀行が金融緩和政策の手段として国債を大量に買い入れ続けており、国債金利が歴史的な低さにある。

だが、長期に定位安定を続けてきた利払費も、債務残高累増の圧力には耐えきれなくなりつつあり、図表26－1をよくみると、2005年度を底に利払費は緩やかな上昇トレンド入りした可能性が高い。

さて、第二に、現在を生きる人々が債務残高を積み上げることは、将来世代への負担の転嫁だということである。赤字国債の発行によって調達した資金を現在の年金、医療、介護などに使用し、その債務の支払を先送りして将来世代に支払わせることは公正なことだろうか。

もちろん、建設国債の発行によって将来世代にも利益が及ぶ社会資本を整備することには合理性があるし、現在の経済社会をうまく運営しなければ将来が暗くなってしまうということを考えれば、赤字国債のすべてが悪いわけではない。ただ、いずれにしても、現時点での政府予算や公債発行を決定する政治プロセスに将来世代は参加できないということを十分にふまえる必要があると思われる。

第三に、政府が国債を大量に発行し続けるということは、国民がもつ貴重なお金が民間部門ではなく政府部門に回り続けるということである。民間部門とは異なり、政府部門とは生産性を向上させ、利益や所得の拡大を追求する主体ではない。民間部門の資金需要が弱く、国債の安定消化ができているからといって、経済の構造を変えて民間を活性化する工夫をしなければ、待っているのは活気のない経済社会である。

言い換えると、一部が国債に向かってもかまわないとしても、われわれの営む経済のもとでは、国民

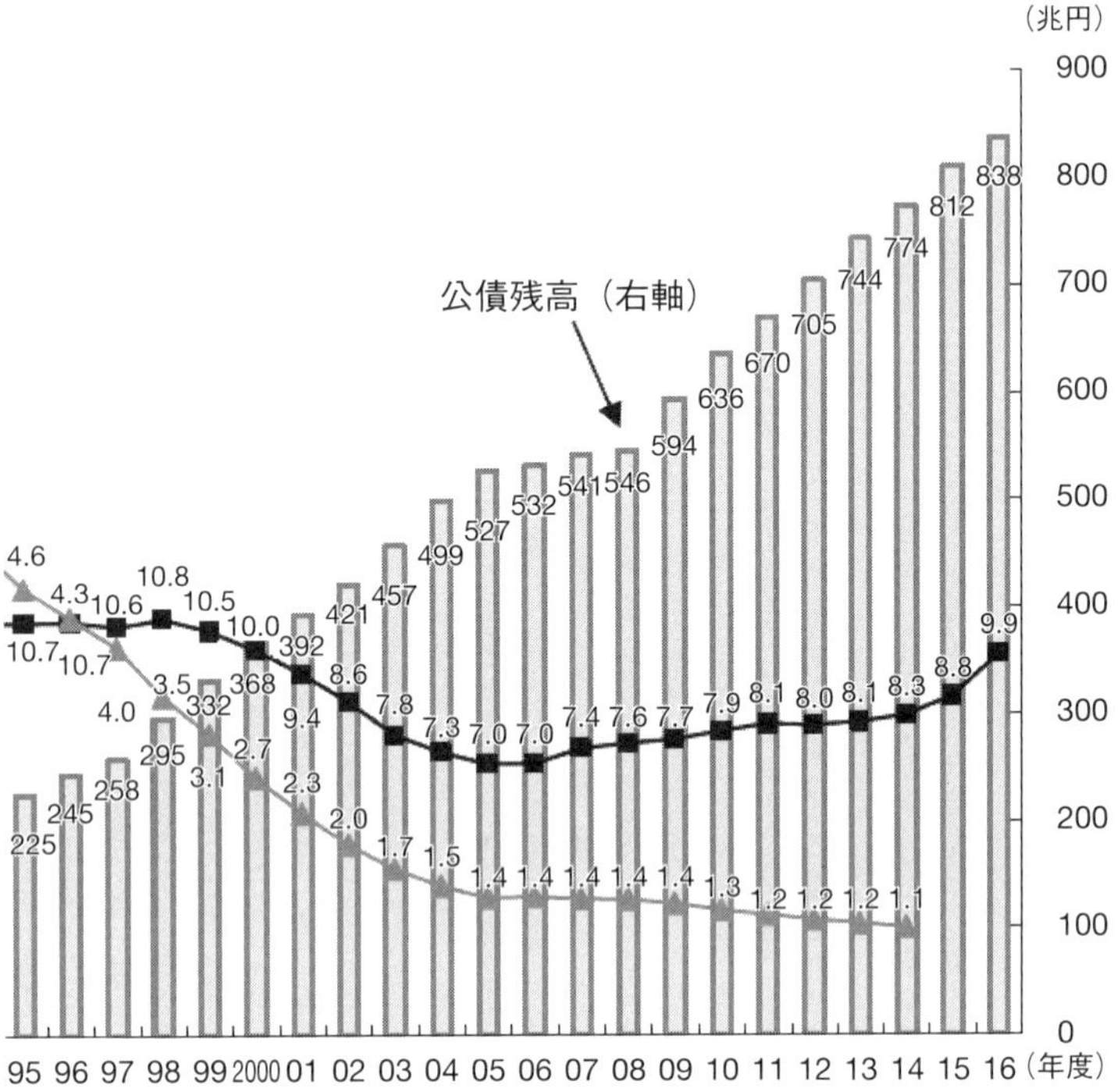

（出所）　財務省（http://www.mof.go.jp/tax_policy/summary/condition/005.htm）。元の図表・注は和暦表示。大和総研にて西暦表示に変更

図表26－１　利払費と金利の推移

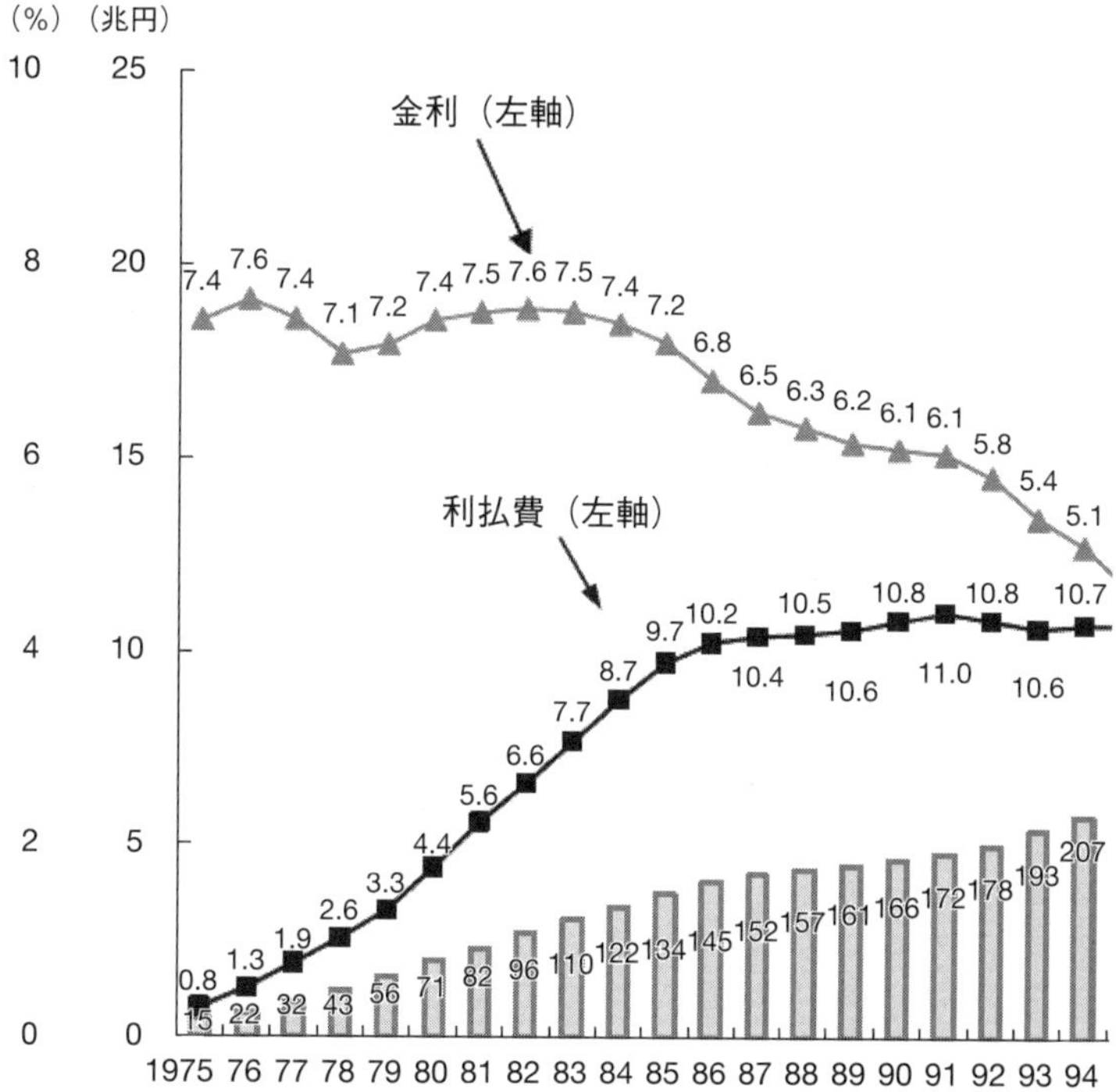

（注１）　利払費は、2014年度までは決算、2015年度は補正後予算、2016年度は予算による。

（注２）　公債残高は各年度３月末現在高。ただし、2015年度末は実績見込み、2016年度末は予算に基づく見込み。また、公債残高は、東日本大震災からの復興のために実施する施策に必要な財源として発行される復興債（2011年度末：10.7兆円、2012年度末：10.3兆円、2013年度末：9.0兆円、2014年度末：8.3兆円、2015年度末：7.8兆円、2016年度末：7.6兆円）および、基礎年金国庫負担２分の１を実現する財源を調達するための年金特例公債（2012年度末：2.6兆円、2013年度末：5.2兆円、2014年度末：4.9兆円、2015年度末：4.6兆円、2016年度末：4.4兆円）を含む。

のお金のかなりの程度を民間部門に振り向けることが、活力を維持していくうえで不可欠である。政府以外に資金の借り手がいないという状況そのものが、日本経済に構造的な問題があることを端的に示している。財政健全化は経済の成長戦略と一体的に進める必要がある。

第四に、あまりに債務が累積すれば財政に対する信認が低下すると考えられる。債務残高が増大し続けることで、政府は債務の返済を本当に行うことができるのかという疑義が市場でひとたび生じてしまえば、国債価格が下落して国債金利が上昇し、望ましくない円安に直面することが考えられる。

金利が上昇すれば、国民はそれだけ高いコストを負担しなければ政府サービスを受けることができなくなる。また、多額の国債を保有する銀行が国債価格の下落で損失を被れば、金融システムにも影響が及ぶ。さらに、論点20で述べたように、日本国債の格付が引き下げられると、日本企業の社債の格下げも考えられる。

また望ましくない円安が起きれば、インフレが発生し、国民の生活水準の低下を余儀なくさせるだろう。その程度があまりにひどければ、その段階になってようやく厳しい国民負担増や歳出削減を受け入れることになるのかもしれない。

財政危機が国民生活へ悪影響を及ぼしたギリシャ

実際、ギリシャでは財政危機が国民生活に著しい悪影響を及ぼした。

ギリシャが財政危機に陥ったきっかけは、２００９年の政権交代後に前政権が財政収支などを虚偽報告していたことが明るみに出たことだった。ギリシャの2008年の財政赤字の名目GDP比は5・0％と報告されていたが、実際には赤字が7・7％、同様に2009年の見通しは3・7％から12・7％と大幅に下方修正された。

企業が不正な会計処理によって財務諸表の数字を操作し、財政状態や経営成績、資金繰りが健全であるかのようにみせかけていたことが発覚すれば、その企業への信頼は完全に失われる。ギリシャはそれを一国の財政で行っていたということであり、財政に対する市場の信認が失われたのだった。

その結果、ギリシャ国債の金利は大きく上昇し、格付会社はギリシャ国債を格下げした。金融機関から企業や家計への貸出金利も大きく上昇したことで企業は設備投資を控え、家計は住宅の購入や消費を減少させた。当然に景気は低迷し、労働者の給料は減少し、失業率が30％近くまで上昇した。本来ならば、政府は低迷した景気を調整するために財政支出を拡大したいところだったが、もちろん財政には余裕がない。それどころか、年金給付額や公務員給与の削減、増税といった緊縮財政を強いられることになり、それがさらなる景気下押しに拍車をかけた。

財政危機に陥ると、金融システムに対する不安も高まる。ギリシャでも銀行からの預金の流出が生じた。ギリシャの人々は国内の銀行に預金を置いたままにすると、預金の引出しが制限（預金封鎖）されるのではないかと心配するようになった。実際に多額の預金が引き出されたことから、ついにギリシャ政府は銀行の休業、ATMでの預金引出制限、海外送金の禁止などの措置をとった。そうした措置は一定期間だけにとどまったが、金融の機能不全は企業活動へ大きな支障をきたし、海外に拠点を移す企業もみられた。そうなれば雇用はさらに失われ、国民の生活はますます苦しくなる。

ギリシャは独自の通貨をもたず、ユーロを通貨として使っているため、自国通貨の減価はみられなかったが、ユーロ圏にとどまることができるのか世界から注目された。一般に財政危機に至った国では、政府に対する信認の低下に伴ってその国の通貨の信認も低下するため、通貨の減価もみられる。自国通貨安は輸出競争力を高める面があるが、通貨安が行き過ぎれば資源や資材などの輸入ができなくなって生産活動自体が低迷する。また、食料品等の輸入価格を高騰させ、物価を押し上げるため、国民生活は困窮することになる。

日本でも財政危機は起こりうる

日本がギリシャのような財政危機に陥っていない理由は、政府や政府財政に対する信認があるからにほかならない。いまのところ、内外の投資家は世界の金融商品のなかから円建ての日本国債を選択し、選択する際に、特別に高いプレミアム（高い金利）を求めることはしていない。

では、なぜ日本国債は信認を維持できているのだろうか。その理由の1つとして、常に財政健全化の必要性がいろいろな方面から唱えられ、十分ではないものの一定の取組みを進める努力が払われてきたということがあるだろう。

また、もう1つ、政府がもつ徴税権の評価がありうる。日本は世界的にみて租税負担率が低く、いざとなれば増税によって財政を健全化する余地が大きい。つまり、いずれかの時点で財政規律が働くと想定しており、国債を償還するための潜在的な資金が存在するという見立てである。逆にいえば、日本がいざとなっても増税できない国であると市場が評価すれば、増税の余地があってもそれは信認の源にはならないことになる。

いずれにせよ、日本国債が安定的な評価を獲得し続けられるという保証があるわけではない。超高齢化を突き進む日本が、それにふさわしい財政構造をつくる努力を怠るようなことがあれば、日本でも財政危機や財政破綻を迎えてしまう危険性はある。危機が近いと煽り立てたり過度に悲観的になったりすることは慎むべきだが、健全な危機感をもって財政健全化の取組みを着実に進めることが重要だろう。

Key Word

租税負担率

所得税や法人税、消費税など、国民の税負担合計のGDPや国民所得に対する割合を租税負担率という。日頃、税は重いという実感があるが、日本の租税負担率は諸外国に比べてかなり低い。国民所得比でみた日本の租税負担率は24・1%であるのに対して、英国35・9%、ドイツ30・4%、フランス40・7%、スウェーデン49・9%などとなっている（2013年度の値）。現在の国民所得は約360兆円だから、租税負担率を英国並みにあと10%ポイント引き上げるとすると、それは36兆円と巨額である。

27 国の財政と地方の財政

役割の違いに応じた財政構造

行政サービスにはさまざまな段階があり、住民に身近なサービスを提供するのが市町村、市町村よりは広域的な行政サービスを提供するのが都道府県、全国的な行政サービスを提供するのが国である。

総務省は、ウェブサイトにある「地方財政関係資料」で「我が国の内政を担っているのは地方公共団体であり、国民生活に密接に関連する行政は、そのほとんどが地方団体の手で実施されている」と述べている（傍線は原文そのまま）。

国、都道府県、市町村のそれぞれが分担する行政サービスの内容により、歳出の構造は異なる。都道府県と市町村の歳出の内訳を比較すると、いくつか特徴的な相違がみられる。

経済的な性質別に分類された性質別歳出をみると（図表27－1）、人件費、補助費等は都道府県で多く、物件費、扶助費は市町村で多い。特に都道府県の補助費等と市町村の扶助費は増加基調にあり、市町村の扶助費は2010年度以降、人件費を上回る水準となっている。都道府県の補助費とは地方公営企業への補助もあるが、老人福祉や社会福祉に関する都道府県の負担金が含まれる。市町村の扶助費とは、生活保護、児童福祉、老人福祉、災害救助などに関する支出であり、乳幼児・子ども医療の無料化や老人無料パス、保育所本人負担の軽減など地方が独自に行う扶助の経費が含まれる。

一方、普通建設事業費は減少基調となっていたが、都道府県は近年横ばい、市町村は近年増加に転じている。都道府県、市町村とも人件費は減少基調であり、行政改革の進展がうかがわれる。

次に、行政目的に着目して分類された目的別歳出をみると（図表27－2）、教育費は都道府県のほうが多い。これは、公立の教職員の給与支払は都道府県が担当しているからである。衛生費は市町村が多く、住民にとって身近な市町村が担当していることが表れている。衛生費とは、住民の健康や生活環境に関する行政サービスの費用であり、医療、公衆衛生、精神衛生に関する各種の対策や、し尿・ゴミなど一般廃棄物の収集・処理の費用が該当する。

民生費は社会福祉費、老人福祉費、児童福祉費、生活保護費、災害救助費などであり、やはり市町村が主に担当している。性質別歳出の扶助費と同様に、民生費は近年増加基調にあり、市町村の歳出を圧迫する要因の1つになりつつある。警察は都道府県、消防は市町村という点も目的別歳出額の相違となっている。

国から地方への財政移転

国と地方の財政規模を比較すると、税収は国：地方＝6：4だが、歳出は国：地方＝4：6となっている。この差分は、地方交付税交付金や国庫支出金などのかたちで、国から地方へ財政移転が行われて

［市町村計］

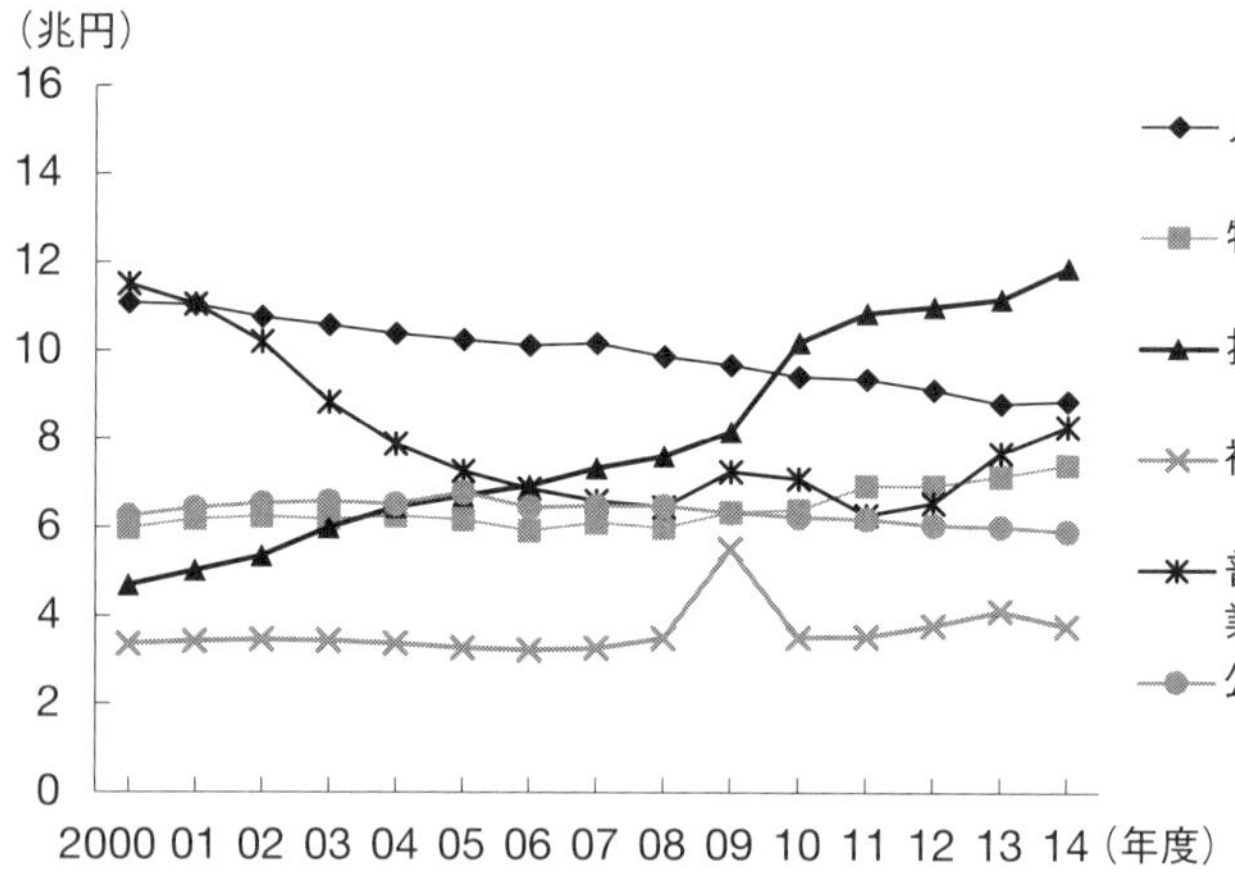

いることになる。

地方交付税制度は、地方公共団体の財源の偏在の調整を目的とする地方財政に関する調整制度である。所得税、酒税、法人税、消費税の法律で定められた一定割合と地方法人税の全額を財源として、標準的な行政サービスを行う財源が不足している地方公共団体に交付されている。地方交付税交付金の財源は国税として徴収されたものだが、一定の基準によって再配分するものであり、地方の立場からは地方の固有財源と主張されることもある。

地方交付税総額の94％は普通交付税、残りは特別交付税として政策目的に沿って再配分する。特別交付税とは、普通交付税で対応できない特別の財政需要に対して充当されるものである。

図表27－1　地方公共団体の性質別歳出決算（主な費目）

［都道府県計］

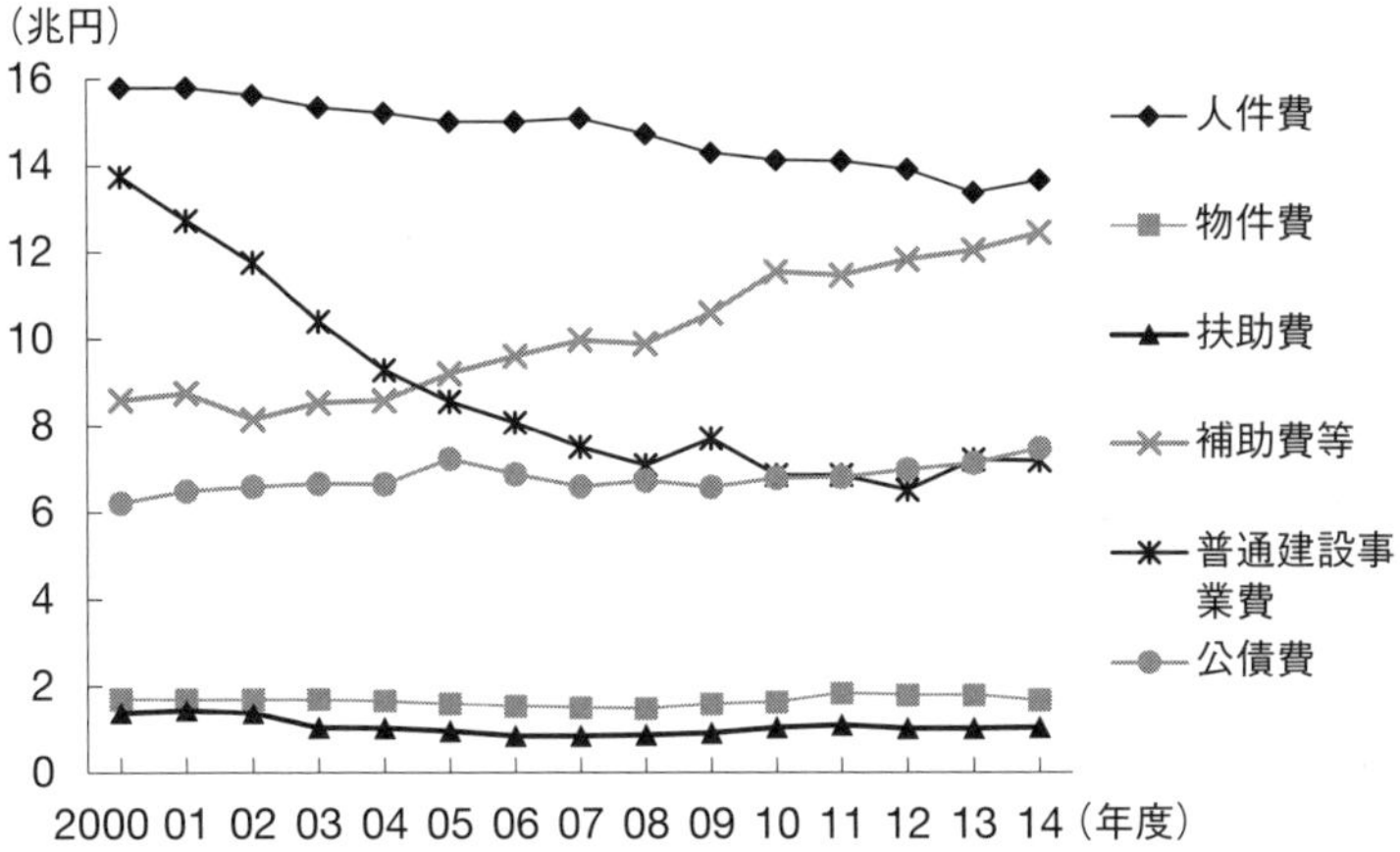

（注）　市町村と一部事務組合との間の重複額を控除したもの。
（出所）　総務省「地方財政統計年報」、「普通会計決算の概要」より大和総研作成

普通交付税の配分基準は、自治体ごとに計算された財源不足額である。ここで財源不足額とは、基準財政需要額から基準財政収入額を差し引いて計算される。

基準財政需要額とは、実際の歳出予算という意味ではなく、地方公共団体が一定の基準で全国標準的な水準の行政サービスを実施するために必要と見込まれる財源である。また、基準財政収入額とは、標準的な地方税収入75%と地方譲与税などを足し合わせたものとされている（地方税については論点4を参照）。

したがって、基準財政収入額が基準財政需要額を上回る団体には地方交付税は配分されない。また、地方交付税は、基本的な行政サービスを提供するための財源という考え方ではあるが、使途が特定されているわけでは

［市町村計］

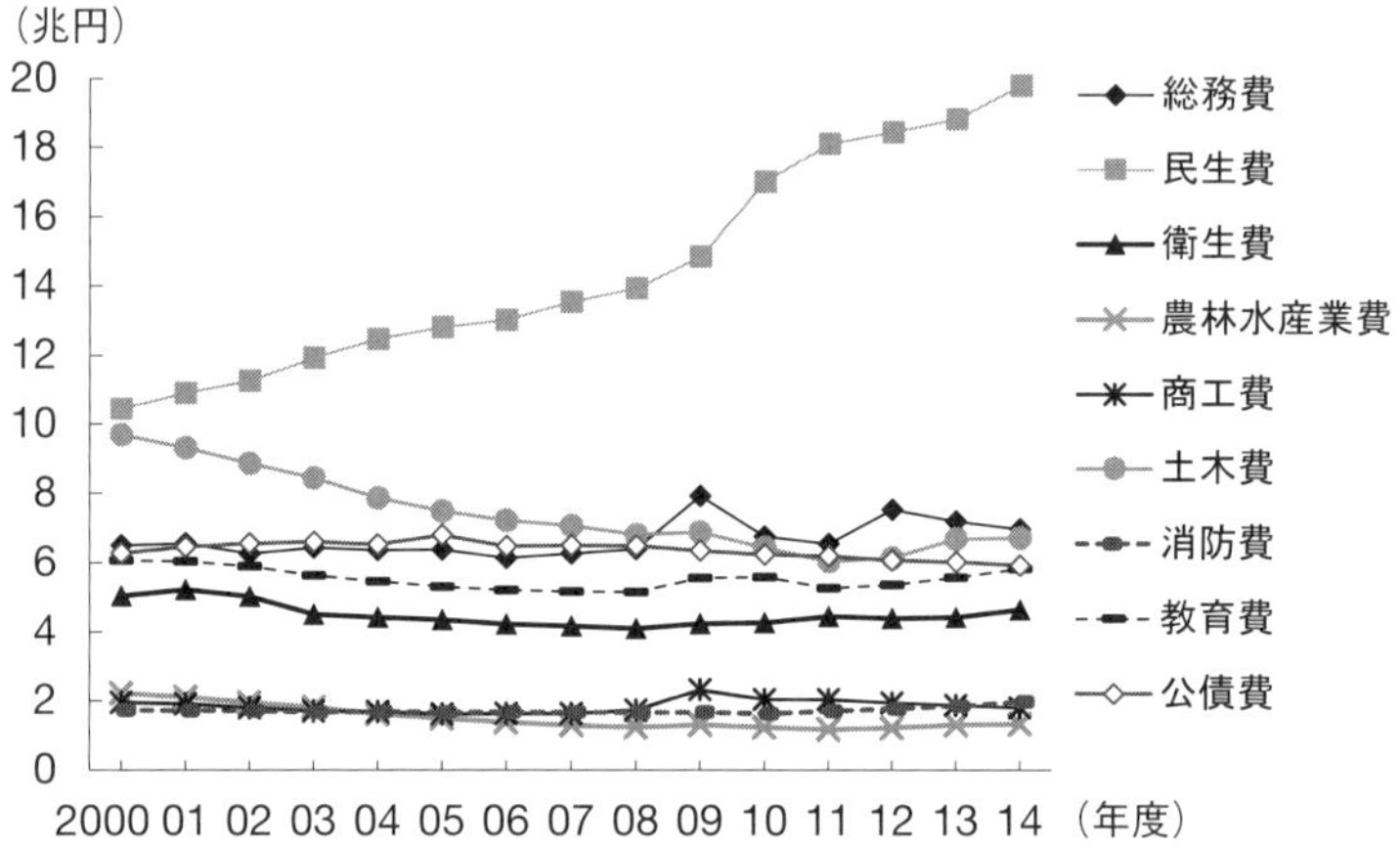

なく、実際には各自治体が自由に使うことができる。

　これに対して、都道府県や市町村が受け取る国庫支出金や市町村が受け取る都道府県支出金は、使途が特定されている。国の事務的性格を有するものや、国の施策あるいは地方公共団体の財政上特別な必要があるものなどについて、その費用の一部あるいは全部を国が支出するものである。

地方公共団体は基礎的財政収支が黒字

　財政状態が健全であるかどうかをみる重要な指標の1つが、基礎的財政収支（プライマリー・バランス）である。基礎的財政収支は、国債や地方債などの借金を除いた歳入と、借金返済のための元利払いを除いた歳出

図表27－２　地方公共団体の目的別歳出決算（主な費目）

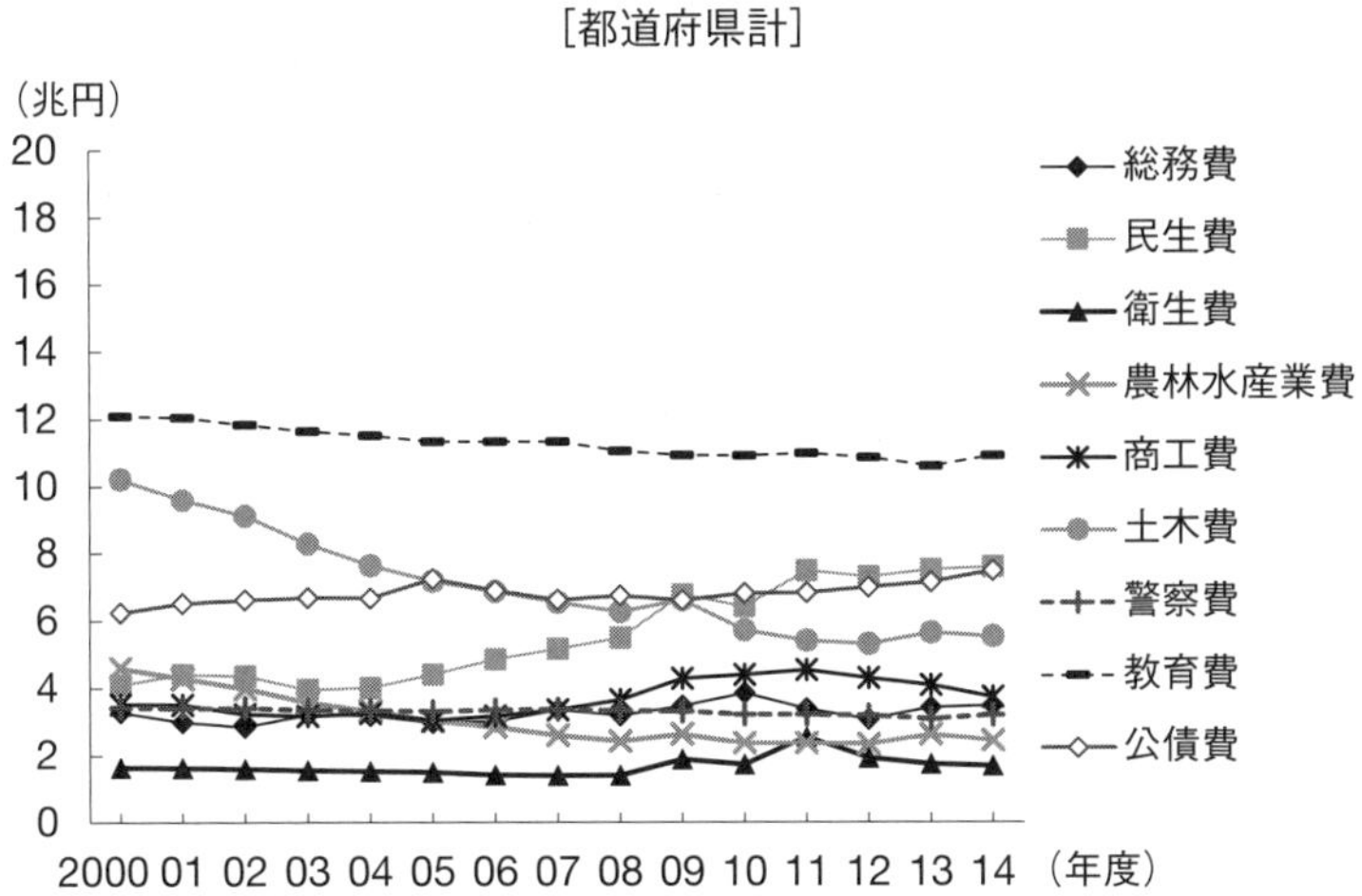

(注)　市町村と一部事務組合との間の重複額を控除したもの。
(出所)　総務省「地方財政統計年報」、「普通会計決算の概要」より大和総研作成

の収支であり、収支が均衡していれば、借金に依存せずに政策的な経費をまかなえていることを示す（論点25参照）。

図表27－３に示したように、国の基礎的財政収支は１９９４年度以降、赤字体質から抜け出せないでいる。一方、地方公共団体全体としてみた基礎的財政収支は、経済対策が相次いだ１９９０年代半ばの時期は赤字だったが、１９９９年度以降は黒字体質になっている。また、図表27－３に示した１９８５年度以降の全期間で、２０１４年度を除いて市町村のほうが都道府県よりも基礎的財政収支が良好であり、市町村が赤字であったのは１９９０年代半ばの数年だけである。

国と比べれば地方の財政は健全であり、地方のなかでも都道府県と比べれば市町村は健全である。ただし、これは約１７００ある自

図表27－３　地方公共団体と国の基礎的財政収支

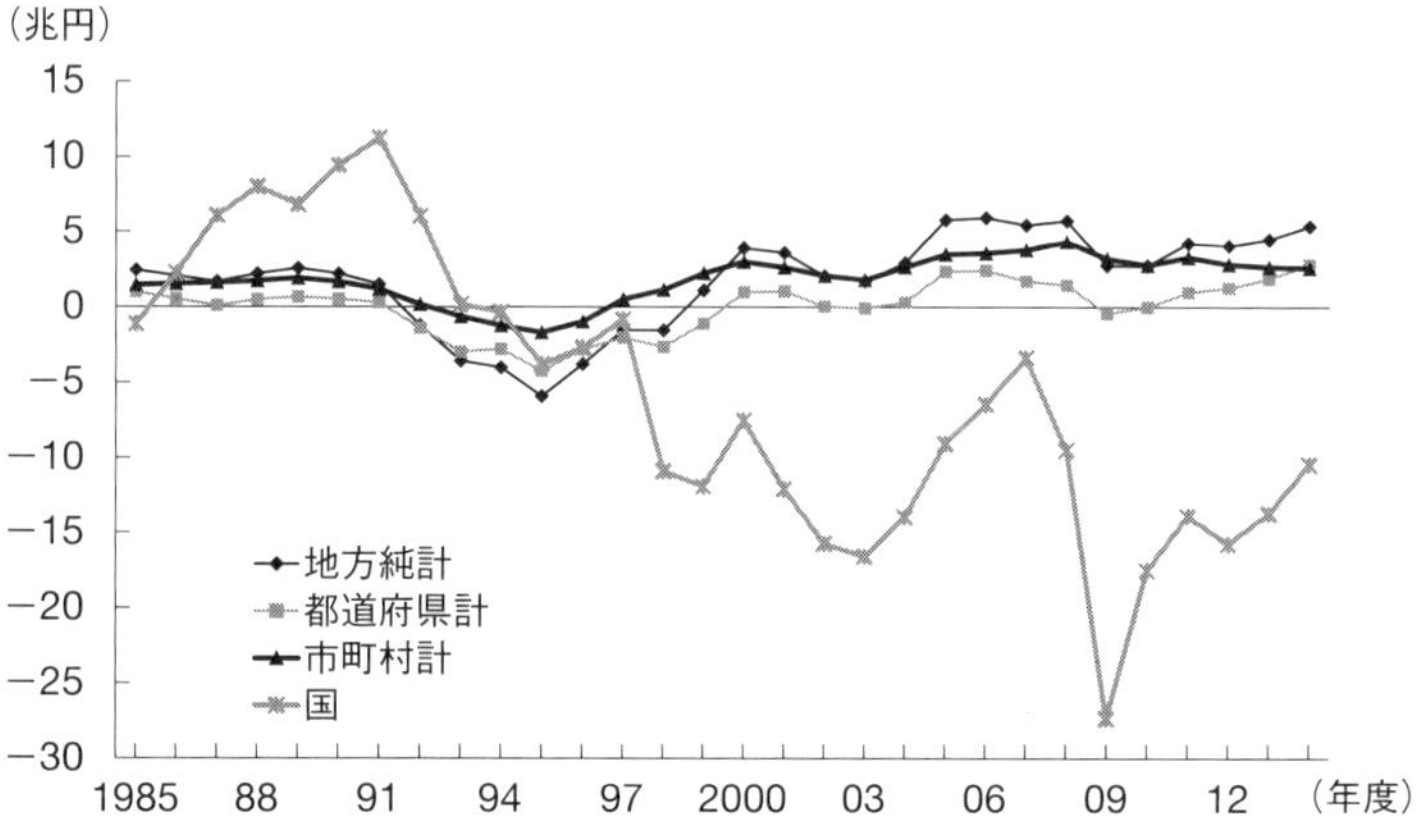

（出所）　総務省「地方財政統計年報」、「普通会計決算の概要」、「日本の長期統計系列」、財務省「財政統計（予算決算等データ）」、「平成26年度歳入・歳出の概要」（平成28年１月４日国会提出）より大和総研作成

治体を全体としてみたときの話であり、個々にみて健全性に問題のある自治体がどれだけあるかは別問題である。

地方公共団体のさらなる見直し

人口減少が継続すると見込まれるわが国では、限られた財源を有効活用するためにも、行財政システムの不断の見直しが必要である。地方公共団体でも継続して行財政改革が実施されてきている。

また、各地方公共団体内での行財政改革の推進とは別に、地方公共団体の枠組みを変える市町村合併も適時実施され、合併特例債の創設などの優遇措置などによりいわゆる「平成の大合併」が推進された。その結果、市町村数は１９９８年度末の約３２００から２００９年度末の約１７００へと統合が進んだ。

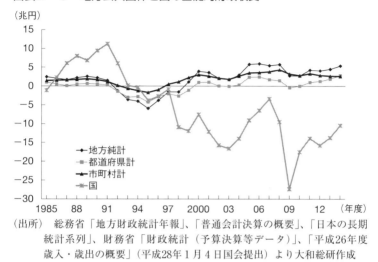

基礎自治体といわれる市町村はある程度の基盤強化が進んだといえ、広域自治体である都道府県については道州制の導入などの見直し議論がある。いずれにしても、さまざまな課題に対処するため、地方公共団体のさらなる見直しが今後も進められていくだろう。

Key Word

道州制

道州制は、現在の都道府県という枠組みよりも広域の地方行政体を道州として設置し、国、道州、市町村の間での役割や税源の分担などを見直そうという構想である。

近年の導入議論の背景としては、①交通機関等の発達により、都道府県という枠組みと現実の生活圏や経済活動の要請とのズレが大きくなっている、②厳しい財政事情を背景に、地域行政の効率化と規模の経済性の追求が要請されている、③中央集権的体制の弊害の解消と、地方分権の推進が求められている、④少子高齢化、人口減少の進展により広域的な視点から対応する必要がある、⑤いくつかの地方公共団体が地域全体での活性化を目指し、道州制導入や広域連合強化の必要性を訴えている、などがあげられる。

28

政府と中央銀行

量的・質的金融緩和と日銀による国債保有

２０１３年4月に導入された量的・質的金融緩和政策のもとで、日本銀行（以下、日銀）は大規模な国債の買入れを実施している。日銀は、マネタリーベースを増やすために長期国債の買入れを保有残高が年間約80兆円増加する政策を続けた結果、国債残高に占める保有シェアを急速に高めている。現在、国債の最大の保有者が日銀となっていることは、論点20で述べたとおりである。

日銀による大規模な国債買入れは、リーマン・ショック後に大規模な資産買入れを実施した主要な中央銀行と比較しても、際立っている。２００８年と２０１５年の主要な中央銀行の資産残高を対ＧＤＰ比で比較すると、米国のＦＲＢ（連邦準備銀行）は15・2％から24・9％へ、ＥＣＢ（欧州中央銀行）は21・6％から26・7％へ、ＢｏＥ（イングランド銀行）は10・8％から22・6％へそれぞれ拡大したが、日銀は24・5％から76・7％へと、ほかを著しく上回る拡大ペースである。

後述するように、中央銀行の資産規模があまりに拡大すると、金融政策を平時の運営に戻す際の出口政策がより困難になることが考えられる。日銀は、他の主要中央銀行に比べて、より大きなリスクを抱えているといえよう。

量的・質的金融緩和による財政運営への影響

日銀の大規模な国債買入れにより、国債金利は過去最低水準まで低下した。日銀は２０１６年１月にはマイナス金利政策にも踏み込み、市場にある多くの国債の金利がマイナスになった。

国債金利が低下すれば、政府が負担する国債の発行コストが軽減される。長期金利の代表的な指標である新発10年物国債金利の推移をみると、長年続いたデフレや２０００年代以降の量的金融緩和により、長期的な低下傾向が鮮明である。量的・質的金融緩和導入後も、多少の変動はあるが、現在まで低下基調が続いている。

国債金利の低下は、国債の発行者である政府からすると、利払費の減少にほかならず、さらにマイナス金利となれば、利息を支払う立場から受け取る立場になることを意味する。利払いが減ることは歳出が減ることだから、この限りにおいては日銀の量的・質的金融緩和政策によって財政収支が改善するということになる。

ただし、低金利やマイナス金利で国債が発行できるとなれば、財政健全化を行う動機は低下し、むしろ景気対策などの名目で予算を拡大させようという誘惑や期待が高まる効果も考えられる。量的・質的金融緩和は、中央銀行が金融政策の手段として国債を購入するものであるから、政府側での財政規律の維持や財政健全化の努力とセットで実施されなければならない政策である。金融政策が放漫財政を招くとしたら、大問題である。

また、量的・質的金融緩和政策の効果として政府の利払いが減るとしても、政府の歳入である日銀からの国庫納付金が減るという影響が出てくる。なぜならば、日銀はマネタリーベースの目標を達成するために、ある意味では価格に関係なく国債を買い続けているからである。日銀は、国債の買入れオペレーションにおいて、銀行などの国債保有者から高めの価格で国債を買い入れており（そうでなければ銀行は日銀に国債を売らない）、それは日銀にとっての将来の損失となりうる。日銀はその業務を通じて得られた利益を国庫納付金として政府に納めてきたが、損失がふくらむと見通されるのであれば納付せずに引き当てておく必要がある。このように政府と日銀を統合して考えると、最終的には、マイナス金利による損失は政府にも及ぶ可能性がある。

日銀による国債買入れは財政ファイナンスなのか

量的・質的金融緩和は、従来にも増して多額の国債買入れを進めるものであることから、その導入の際には、日銀の内部規定である「銀行券ルール」を一時停止する措置がとられた。銀行券ルールとは、金融政策上の必要性から行う国債買入れについて、結果として日銀が保有する長期国債の残高を、日本銀行券の発行残高以内に抑えるという考え方を規定したものである。

銀行券ルールは、日銀による国債買入れは経済活動の規模に見合ったものであり、「財政ファイナンス」ではないということを担保するものと考えられてきた。そのため、銀行券ルールの停止は、日銀が財政ファイナンスに実質的に踏み込んだことを意味するととらえる向きもあった。財政ファイナンスとは、政府の財政赤字を、徴税のかわりとして、中央銀行による国債の引受けを通じた資金供給で補てんすることである。

日銀による国債の引受けは、財政法で原則として禁止されていることは論点18で述べた。他の主要国においても、中央銀行による国債の引受けは、米国のＦＲＢは連邦準備法、欧州のＥＣＢは欧州中央銀行法で原則禁止とされている。禁止されている理由は歴史の教訓に基づくものであり、中央銀行の国債引受けを許してしまうと、その国の通貨や経済運営に対する信認が失われ、悪性のインフレを引き起こすおそれがあるからである。

現在、日銀が買い入れている国債は、当初は金融機関などが引き受けたものであり、市場で流通している国債であるから、日銀が政府から直接引き受けたものではない。当然、日銀は、「長期国債の買入れは、金融政策目的で行うものであり、財政ファイナンスではない」と説明している。日銀による国債買入れは、少なくとも形式的には財政ファイナンスと位置づけることはできない。

ただし、日銀による国債買入れがさらに増加する一方で、政府が財政健全化に向けた道筋を明確にせず、財政構造の改革を怠るようなことがあれば、どこかの段階で日銀の国債買入れが財政ファイナンスとみなされるおそれはある。もし日銀の国債買入れが放漫財政を支えているという認識が市場で芽生えれば、財政規律や金融政策に対する信認が失われ、国債価格の暴落（金利の急騰）や断続的な円安、激しいインフレが発生し、金融システムや経済全体に深刻な影響が及ぶということも考えられないわけではない。

政府は、日銀とともに2013年1月に発表した「デフレ脱却と持続的な経済成長の実現のための政府・日本銀行の政策連携について（共同声明）」において、「日本銀行との連携強化にあたり、財政運営に対する信認を確保する観点から、持続可能な財政構造を確立するための取組を着実に推進する」としている。これが金融政策の大前提となっていることをあらためて認識する必要があるだろう。

日銀の量的・質的金融緩和に対する懸念と今後の課題

日銀の量的・質的金融緩和は、インフレ率2％の目標達成を2年程度の期間で目指すという短期決戦型の政策のはずだった。デフレマインドの転換を図るために「異次元金融緩和」と呼ばれる方策を展開してきたが、2016年度で4年目となる現在も2％目標の達成時期は見通せていないといわざるをえない。

日銀の長期国債買入れは、保有残高が年間約80兆円のペースで増加するよう行われている。一方、政府による国債の新規財源債（建設国債や赤字国債）の発行額は、年間30～40兆円であり、日銀の国債買入れ額を大きく下回っている。つまり、日銀が買い入れなければならない国債の量よりも新規に市場に供給される国債の量のほうが小さいため、日銀は市中にある既存の残高を含めて国債を買い入れている。これを続けていれば、いつかは日銀が買うことのできる国債はなくなるはずであり、現在の政策には持続性がないとの声も聞かれるようになっている。

たとえば、2015年8月に公表されたIMF（国際通貨基金）のワーキングペーパーでは、現行ペースでの日銀の国債買入れは、銀行の担保需要、年金の資産構成目標、保険会社のALM（資産負債管理）方針にかんがみると、2017年から2018年にかけて限界を迎えると試算されている。マイナス金利政策の導入により、金融緩和手段は広がったものの、長期戦となれば、国債買入れの規模やペースを含めた政策枠組みそのものが見直されることになるかもしれない。

また、現在の金融政策については、出口政策といわれるその終了時の政策についてもさまざまな議論がある。仮に物価安定目標が達成された場合には、金融緩和の解除を進めなければならないが、それはそう簡単なことではない。なぜなら、量的・質的金融緩和の縮小・終了にあたっては、資産購入を縮小・停止した後、大きく拡大した日銀のバランスシートの圧縮をうまく進めながら、状況に応じて金融引締め（政策金利の引上げ等）を行っていく必要があるからである。

バランスシートの圧縮は、大きく分ければ、保有国債の売却オペレーションを行うか、償還を待って緩やかに進めるかの2つの選択肢が考えられるが、前者の場合、国債市場への影響が大きく、金利の急騰を招くおそれがあるだろう。そうなると、後者の選択が有力だが、日銀の保有国債の満期構成は長期化が進んでいることから、バランスシートの圧縮に長い時間を要することになり、それはそれで問題になる可能性がある。

また、いずれの場合も、出口政策の実施段階においては、物価は上昇局面にあると考えられる。現実のインフレ率が高まったりインフレ予想が強まったりすれば国債金利は当然に上昇するから、国債の発行コストが増加する。それは財政収支の悪化要因である。

さらに、出口政策の過程で金融引締めを行う必要が生じた場合、国債売却が困難であるとすれば、残されている手段は金利の操作である。量的・質的金融緩和の結果、日銀の当座預金には市中銀行の巨額の預金が積み上がっており、それへの金利支払は日銀にとって大きな費用となる。その結果、日銀の利益の減少やそれによる国庫納付金の減少、さらには日銀の資本の毀損につながるおそれがある。

現在のところ、出口政策の方向性はなんら示されていないため、その道筋や影響について一概に論じることはできない。だが、やり方によっては金融市場に混乱を招いたり、日銀や政府に損失が発生して国民負担となったりすることも考えられる。また、金融緩和政策を手仕舞う際には、日銀の政策のみならず、政府の財政再建に向けた取組み次第で、国債市場や経済に及ぶ影響が異なってくると考えられる。政府と日銀が緊密に連携することが求められるだろう。

Key Word

量的・質的金融緩和

「量的・質的金融緩和」は、消費者物価の前年比上昇率を2％とする物価安定の目標を、2年程度の期間を念頭にできるだけ早期に実現することを目標として2013年4月に導入された。「異次元金融緩和」とも呼ばれ、長期国債の多額の買入れを中心とする広範な資産の買入れを通じて、マネタリーベースの残高を大きく増大させる金融市場調節が実施されてきた。

量的・質的金融緩和は、2014年10月の追加緩和、2015年12月の補完措置導入、2016年1月のマイナス金利政策（マイナス金利付量的・質的金融緩和）導入と、順次拡大されてきた。日銀は、物価安定目標の実現を目指し、現在の政策を必要な時点まで継続するとし、必要な場合には躊躇なく追加的な金融緩和措置を講じるとしている。

29 財政健全化に失敗し続けている理由

1990年代以降、4回の財政健全化政策

バブル経済の追い風もあって、1990年前後に、財政は1度健全化した。公債残高が減ったわけではないが、図表29－1に示したように、1986～91年度は基礎的財政収支（プライマリー・バランス、PB）が黒字となり、1990年度は利払費を含む財政収支がほぼ均衡した。

2度のオイルショックに見舞われた1970年代に日本の財政は著しく悪化したが、1980年代の安定成長期に改善傾向をみせ、1990年代以降の長期停滞期に入ってから再び悪化した。2008年秋に発生したリーマン・ショックの前の数年を除けば、1990年代以降、財政収支は構造的に悪化した状態が続いている。

「失われた20年」などといわれる経済停滞のなかでは、税収は増えない。一方で高齢化が激しく進んだため、社会保障費が構造的に増えている。また、財政支出を伴う景気対策で経済の停滞を取り繕うことを続けていれば、家計も地域経済も財政への依存を強めることになり、歳出を減らしにくくなる。

もちろん、財政構造を改革する必要性はいわれ続けてきた。1990年代以降、重要政策課題として

図表29－1　財政収支の推移（国と地方の合計）

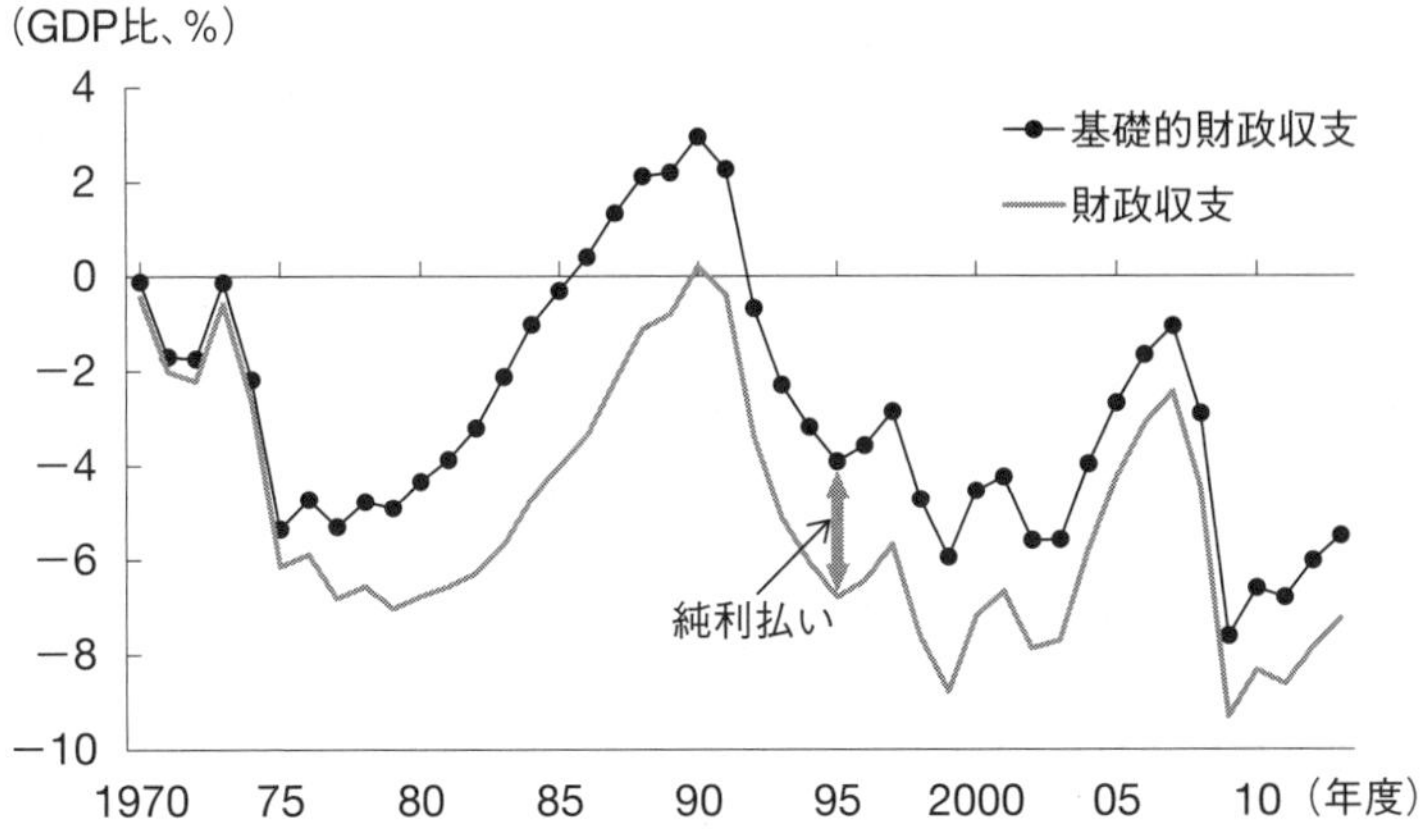

（注）　いくつかの年度について、単年度限りの特殊要因の調整を行っている。
（出所）　内閣府「国民経済計算」より大和総研作成

明確に位置づけられた財政健全化の計画は、直近を含めて4回ある。

1回目は橋本龍太郎内閣のときで、1997年に制定された財政構造改革法（以下、財革法）による取組みである。財政再建に特化した法律を制定して財政を健全化させようという取組みは、日本としては画期的な試みだった。財革法は、特例国債体質からの脱却と国・地方の財政収支赤字をGDP比で3%以下にすることを目標とした。

2回目は、小泉純一郎内閣が2006年に閣議決定した骨太の方針「経済財政運営と構造改革に関する基本方針2006」（以下、骨太06）による歳出抑制策である。このときには、2011年度までに国・地方のPBを黒字化することを目標にした。ただ、橋本内閣のときには1997年4月に消費税率を3%から5%へ引き上げたのに対し、当時の小泉首相は在任中の消費税増税を封印していた。

3回目は、鳩山由紀夫内閣からかわった直後、菅直人内閣が2010年6月に閣議決定した「財政運営戦略」である。もっとも、そこで掲げられた目標は、民主党（当時）への政権交代直前の麻生太郎内閣でのそれを踏襲したものだった。

そもそも、当時の民主党は、特別会計を抜本的に見直したり、国から地方への補助金を一括化して地方に使い方を委ねたりすれば、財政を立て直せるという主張を掲げて政権を獲得した。しかし、結果をみれば、そうした当初の発想にはかなりの無理があったというのが大方の見方である。

もっとも、その後、2011年秋に発足した野田佳彦内閣が、社会保障制度の充実と持続性の向上、そのための消費税増税を内容とする「社会保障と税の一体改革」を2012年にまとめあげたことは現在にもつながる大きな前進だった。

そして4回目が、安倍晋三内閣が進めている「経済・財政一体改革」である。現在の財政健全化目標とその改革手法については論点30で詳しく述べることにし、ここではこれまでの取組みから得られる教訓を整理しよう。

財政健全化を進めるのはむずかしい

財政健全化を進めようとするときの政権は、財政健全化にもちろん前向きである。財革法のときは、検討にかなりの時間がかけられ、目標達成を2005年度とすることを1996年12月に閣議決定した。ところが、さらに1997年前半に歴代首相や歴代蔵相、政党トップや関係閣僚で構成された財政構造改革会議で精力的な議論を行った結果、目標時期を2003年度に2年前倒しすることになった。ただ、その後1997年11月に財革法が成立したが、北海道拓殖銀行や山一證券の破綻・廃業に象徴される金融システム危機がほぼ同時期に発生し、景気が悪化した。1998年5月には結局2005年度へ目標時期を2年先送りする法案が成立し、最終的には1998年12月に財革法を無期限凍結する法律が成立したのだった。

骨太06を決定する過程では、経済と財政に関する内閣府の試算でPB黒字化の時期が示唆されていた。各年1月の試算をみると、2004年試算では2013年度に黒字化するとされていたが、2005年試算では2012年度となり、2006年試算では2011年度と徐々に前倒しされている。そして、2006年7月に閣議決定された骨太06で2011年度が目標年次とされたのだった。

このときもそれだけ財政健全化に熱心だったわけだが、いまとなって振り返れば、当時は好調な税収実績が明らかになるにつれて、目標達成への楽観論が広がったことは否めない。2007年試算まではは2011年度のPB黒字化について政府は強気だったが、景気や税収に勢いがなくなってきたことがわかると、2008年1月試算で2011年度のPBは赤字になると試算された。結局、2008年9月に発生したリーマン・ショックに端を発する深刻な世界同時不況を受け、麻生内閣が2009年の骨太方針で目標年次を緊急避難的に10年先へ先送りした。

景気との関係をどう考えるか

財革法のときも、骨太06のときも、経済環境の激変が目標達成に至らなかった最大の理由だが、よほど前向きでもうまくいかないむずかしい課題が財政健全化である。財政を健全化させるには数年単位の長い時間が必要であり、改革を進める戦略と粘り強さが求められる。

数年を要する改革であれば、その間に景気の浮き沈みがあることを前提にしなければならない。景気が拡大して税収が増えているからといって楽観的になり過ぎれば失敗するし、景気が後退したからといって財政再建を棚上げすれば、これまた目標は実現しない。税収が増えるとそれを財源に歳出を増やしてしまい、税収が減るとその分の国債を発行するということを続けていては、債務残高は増える一方である。景気循環とは距離を置いた着実さが財政健全化には不可欠だろう。

もちろん景気は無視できない。そこで役に立つのが、景気弾力条項を設定しておくやり方である。景気が相当悪いときに歳出削減や増税を行えば、経済はさらに悪化し、むしろ状況を悪化させてしまうかもしれない。景気が悪いときには予定された財政の緊縮を一時的にストップすることを事前に決めておけば、それを回避できる。

ただ、ストップする条件とはどんな状況を指すのか、人によって考えはさまざまである。景気が十分によい状態でなければ、財政健全化の取組みは棚上げすべきという意見もあれば、そんなことでは財政健全化が進まないとして、大不況にでもならない限りは改革を断行すべきという意見もある。

財革法には、景気弾力条項が当初存在しなかった。そのため、金融システム危機が発生しているにもかかわらず、法律に縛られて予算編成が窮屈になったという反省がある。当時の橋本首相は１９９７年12月に２兆円、１９９８年４月にはさらに２兆円の合計４兆円の特別減税を表明する事態に追い込まれ、１９９８年５月の財革法改正時に赤字国債増発のための景気弾力条項を、後知恵で法律に書き込むという経緯をたどった。

骨太06のときは、毎年の骨太方針に「経済情勢によっては、大胆かつ柔軟な政策運営を行う」という趣旨の一文があるだけだった。この一文は、柔軟性はあるものの基準がないため、ひとたび景気が悪くなると、その程度にかかわらず財政改革が骨抜きにされやすい。実際、２００８～09年には合計７回の経済対策が打たれた。

消費税率を２０１４年４月に５％から８％へ、さらに２０１５年10月に８％から10％へ引き上げることを内容とする法律改正は２０１２年８月に国会で成立した。改正法には景気弾力条項が含まれており、立法府は内閣に対して税率引上げ前に経済状況を点検するよう求めたわけである。

その後どうなったかは周知のとおりで、２０１４年11月、安倍首相は景気弾力条項に基づいて２０１５年10月の税率引上げを２０１７年４月まで延期すると判断した。同時に法律から景気弾力条項を削除することも決め、安倍首相は「再び延期することはない。ここで皆さんにはっきりとそう断言いたします」とも述べた。さらに、安倍首相は２０１６年６月、10％への消費税率引上げを２０１９年10月まで再び延期する方針を発表した。今度は弾力条項がなく、政府は判断を求められていないのだから、政府独自のまったく新しい方針である。

景気弾力条項は削除しないほうがよかったのではないだろうか。それには、経済と財政の両方に目配りしていることを国民や市場に示すという重要な機能があるからである。また、大規模な天災や世界同時の深刻な不況があった場合に増税を棚上げできる条項を、客観的な数字で示しておけば、人々は将来の予測を立てやすくなる。2回の増税延期という現実をみれば、景気弾力条項はあってもなくても同じという話になるが、問題は、具体的な基準を含む弾力条項でなければ機能しないということである。いずれにせよ財政健全化を進める際は、景気との関係についてうまく工夫する必要がある。

社会保障改革の重要性

財政健全化では、社会保障費が決定的に重要という点も指摘できる。財革法のときには、国の一般会計の社会保障関係費について、1998年度当初予算では前年度当初予算プラス3000億円を下回ることが、1999~2000年度予算では当初比で2%の伸びを上回らないことが法律で明文化された。歳出にいわゆるキャップをはめたのである。

ところが、1998年5月の財革法改正で1999年度予算の2%以下というキャップが取り除かれ、「できる限り抑制」とされてしまった。当時の小泉純一郎厚生大臣は国会審議において、「それは政治判断」「社会保障だけは例外扱いする」などと国会で答弁している。

また、骨太06のときには、国と地方の社会保障費について、国費ベースで毎年2200億円抑制するとされたが、早くも2年目の2008年度予算で数字上のつじつまあわせが行われた。政府管掌健康保険（現在の協会けんぽ）への支援のために必要な公費負担1000億円を、組合健保や共済組合に付け替え、組合健保加入者などの負担増でしのいだのである。早い段階から、社会保障費について「2200億円削減は限界」との政治的発言が広がっていた。

社会保障費は聖域化しやすく、その政治的な取扱いのむずかしさにどう対処するかが、財政健全化を進める際のポイントである。

増税に対するスタンス

これまでの財政再建で、国民負担増はどのように扱われたのだろうか。人々の実質的な可処分所得を減らす増税はできるだけ避けたいが、日本は主要先進国と比べて租税負担率がかなり低く、反対に高齢化率は最も高い。低い負担で諸外国並みの政府サービスを維持する魔法がない以上、国民負担増をうまく組み合わせないことには財政問題は解決しない。

財革法の制定に至る過程では、1997年の消費税率引上げに先行させて、1994～96年に毎年5・5兆円規模の所得税減税が行われた（うち3・5兆円は1995年以降恒久化）。1997年に特別減税2兆円はいったん廃止されたが、先述したとおりその直後に総額4兆円の減税を実施せざるをえなくなった。さらに、1998年夏の参院選での与党敗退を受けて橋本内閣が退陣し、政権を引き継いだ小渕恵三内閣はきわめて大規模な歳出拡大と減税を打ち出した。

一方、いまから考えれば骨太06の時期は戦後最長の景気回復期であり、国民負担増を行う好機だった。しかし、小泉首相は、小渕内閣が導入した3兆円超規模の所得税の恒久的定率減税を2年かけて廃止することは決めたが、在任中の消費税増税を封印してしまっていた。２００８年にはリーマン・ショックを受けて、麻生内閣が2兆円の定額減税を決めた（実際には定額給付金として実施）。

これまでの経緯を振り返ると、増税のむずかしさと減税への傾倒は明らかである。それは民主主義の必然なのかもしれないが、減税を優先し、増税の必要性に関する議論を忌避することを続けていては、財政健全化は遠のくばかりである。

Key Word

経済財政諮問会議

経済財政政策に関して、内閣総理大臣のリーダーシップを十分に発揮させるとともに、関係大臣や有識者議員等の意見を十分に政策形成に反映させることを目的とする、内閣府に設置された合議制の機関。経済や財政の運営や改革に関する基本方針を定めた毎年の「骨太の方針」や、各年の予算編成の基本方針などがこの会議で決められる。

30 現在の財政健全化目標と取組み

開始された財政改革

２０１２年12月に発足した第二次安倍内閣は、金融緩和・財政出動・成長戦略からなる〝アベノミクスの３本の矢〟を打ち出した。アベノミクスは、円安・株高をもたらすなど一定の効果をもたらした。これに対して財政再建への取組みは遅れが目立っていた。２０１３年８月に閣議了解された中期財政計画では、国・地方の基礎的財政収支（ＰＢ）を２０２０年度までに黒字化し、その後は債務残高ＧＤＰ比を安定的に引き下げるという民主党政権当時からの財政健全化目標が踏襲されたものの、目標達成に向けた具体的な財政再建策は示されなかった。

内閣府「中長期の経済財政に関する試算」（２０１６年７月26日）によると、２０１５年度のＰＢはＧＤＰ比▲３・２％（▲16兆円）程度と見込まれている。２０２０年度までにＰＢを黒字化させるには、２０１６年度からの５年間で収支を20兆円近く改善させる必要がある。

安倍内閣が財政再建策に本格的に取り組むきっかけとなったのは、２０１５年10月に予定されていた消費税率引上げの延期である。安倍首相は２０１４年11月に増税延期を表明した際、「２０２０年度の財政健全化目標についてもしっかりと堅持してまいります。来年の夏までにその達成に向けた具体的な計画を策定いたします」と述べた。そして策定された計画が「経済財政運営と改革の基本方針2015」(2015年6月30日閣議決定)に盛り込まれた「経済・財政再生計画」である。

経済・財政再生計画は、「経済再生なくして財政健全化なし」という基本哲学のもと、「デフレ脱却・経済再生」「歳出改革」「歳入改革」の3本柱を一体的に進めるという「経済・財政一体改革」により、2020年度のPB黒字化を目指すものである。改革全体が経済成長志向で構築されている点が特徴である。

歳出改革は「公的サービスの産業化」「インセンティブ改革」「公共サービスのイノベーション」がキーワードである。また、社会保障や地方行財政改革などを改革の重点分野として取り組むとされている。

具体的には、PPP/PFI手法の導入や行政業務の外部委託拡大など、民間の資金やノウハウを公的なサービス分野に活かすことにより、公共サービスの効率化や選択肢の多様化を図り、民間企業の事業活動の範囲を広げるという。住民や保険者、企業、国、地方自治体にインセンティブを与えることで意識や行動を変化させ、健康維持・増進を通じた医療・介護費の抑制、公共サービスの効率化、質の向上への自発的な取組みを促す。地域別の1人当り医療・介護費や国・地方の行政経費、公共ストック情報などをだれもが利活用できるように整理し、業務の簡素化・標準化や先進的な取組みを全国に展開させることで、公共サービスのイノベーションを促すことなどが盛り込まれている。

歳入改革では、消費税率10％への引上げ以外の国民負担増は極力抑制するとされている。企業の新陳代謝や所得水準の向上、経済活動に占める民間のシェアの上昇などを通じた歳入増が期待されている。税制については計画期間中のできるだけ早期に経済社会の構造変化をふまえた全般的な見直しを行うとされており、財政再建のためではない制度改革についての問題意識が示されている。

経済・財政再生計画の実現に向けた推進体制

経済・財政一体改革は、個々の改革をボトムアップで積み上げることにより、財政再建と経済成長を両立させようという思想に立っている。あらかじめ設定された歳出削減額にあわせて施策を実施するといったトップダウン型のアプローチではない。ただ、それだけに改革のメニューが不足したり、取組みが不十分であったりした場合には、財政健全化目標を達成できないおそれがある。この点、経済・財政再生計画では改革を着実に進めるため、図表30－1のような体制と体系が構築されている。

たとえば、歳出の増加ペースと2018年度のPBについて具体的な目安が示されている。すなわち、国の一般会計における歳出のうち国債費や地方交付税交付金等を除いた「一般歳出」について、集中改革期間である2016～18年度の3年間の増加額は1・6兆円程度にとどめることになっている。また、改革努力のメルクマールとして、改革期間の中間である2018年度のPBはGDP比で▲1％程度が目安とされ、それに照らして改革の進捗状況を評価し、必要な場合は追加措置等を検討するとされている。「目標」よりは拘束力が弱い「目安」が設定され、各年度の歳出は「一律でなく柔軟

図表30－1　経済・財政再生計画の実現に向けた推進体制

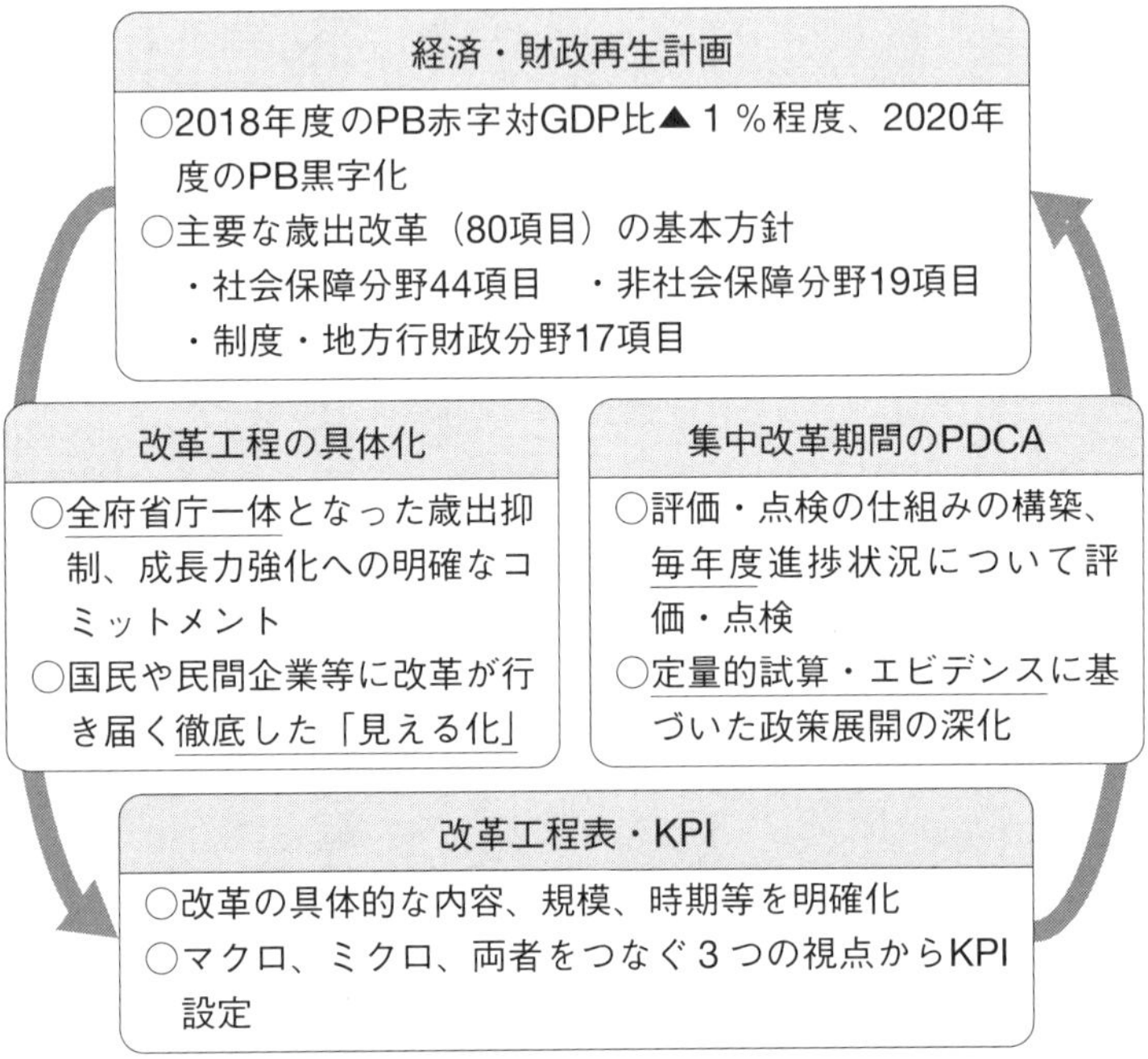
経済・財政再生計画
○2018年度のPB赤字対GDP比▲１％程度、2020年度のPB黒字化
○主要な歳出改革（80項目）の基本方針
・社会保障分野44項目　・非社会保障分野19項目
・制度・地方行財政分野17項目
改革工程の具体化
○全府省庁一体となった歳出抑制、成長力強化への明確なコミットメント
○国民や民間企業等に改革が行き届く徹底した「見える化」
集中改革期間のPDCA
○評価・点検の仕組みの構築、毎年度進捗状況について評価・点検
○定量的試算・エビデンスに基づいた政策展開の深化
改革工程表・KPI
○改革の具体的な内容、規模、時期等を明確化
○マクロ、ミクロ、両者をつなぐ３つの視点からKPI設定

（出所）　経済・財政一体改革推進委員会「経済・財政一体改革の具体化・加速に向けて―経済・財政一体改革推進委員会の検討状況（中間整理）―」（2015年10月16日、http://www5.cao.go.jp/keizai-shimon/kaigi/special/reform/report_271016.pdf）より一部抜粋

に対応」するとされるなど、改革の進め方としては柔軟さを備えた体制となっている。

もっとも、進め方の柔軟性が高いということは、ともすれば歳出抑制への取組みがあいまいになりやすいという面も出てきてしまう。この点では、改革の進捗管理や点検、評価を十分に行うことが重要になるが、それを担うのが経済財政諮問会議のもとに設置された「経済・財政一体改革推進委員会」（以下、推進委

員会）である。推進委員会では全府省庁と議論をしながら、主要な歳出改革80項目（社会保障分野44項目、非社会保障分野19項目、制度・地方行財政分野17項目）について、改革の具体的な内容や規模、時期等を明確にするための改革工程表や、改革の進捗状況を把握するための体系化された成果指標（ＫＰＩ）が検討された。

推進委員会での検討を経て、経済財政諮問会議が取りまとめたのが「経済・財政再生アクション・プログラム」（２０１５年12月24日）である。このプログラムでは、改革を推進する仕組みとして「見える化」が重視されている。「見える化」は、行政サービスや社会保障などのデータを、自治体単位、保険者単位の１人当り金額などの身近な数字で示し、専門家でなくとも簡単にデータを比較して課題の所在を理解できるようにする取組みである。

すべての歳出について適正化・効率化する余地がどの程度あるのかを実際に特定することはむずかしい。すべての歳出項目には程度の差こそあれ、なんらかの意義や目的、効果があり、絶対的に削減すべきと判断できる歳出はほとんどないからである。だが「見える化」が進めば不合理な地域差などが明確になり、国や地方自治体の行政運営、医療保険者の取組みなどにおいて改善余地の有無や程度がわかりやすくなる。

課題の所在を特定できれば改革への理解や納得感が高まり、改革を推進する原動力となるだろう。日本には地方自治体の財政関連情報や医療のレセプトなど、「見える化」が十分に行われていない有用なデータが多数存在する。それだけに、歳出を抑制できる可能性は小さくないと思われる。

財政再建の実現に向けた課題

今後の財政健全化目標の達成の可否をマクロの視点から考えると、主に2つの課題があげられる。

第一に、これまで以上に厳しい歳出抑制が必要ということである。既述のとおり、目安とされている国の一般歳出の増加ペースは2016〜18年度の3年間で1・6兆円程度である。これは過去3年間（2013〜15年度）の増加額に相当し、これまでの取組みを維持さえすればよいだけのようにみえる。しかし、過去3年間の予算はデフレから脱却していないなかで編成されたものである。デフレから脱却すると、政府が購入する財やサービスの価格も上昇する。一般に、名目賃金は生産性と物価を反映して変化するため、生産性が向上する経済では名目賃金の伸びは物価の伸びを上回る。名目賃金が上昇すれば、公務員人件費はもちろん、医療・介護業界の従事者の給与にも波及する。そうした経済環境下の歳出は物価上昇率を上回って増加すると考えるのが自然だが、これをデフレ下と同じ増加ペースにとどめるというのは、それ自体がかなりの歳出抑制を想定していることになる。

2016年度の当初予算は、一応は計画に即した内容となっているが、2017年度以降も計画どおりに歳出を抑制できるか、物価や賃金の動きとともに注目する必要がある。また、当初予算で計画どおりに抑制されても補正予算で歳出がふくらむことはないかなどにも注視する必要がある。

第二に、内閣府の「中長期の経済財政に関する試算」などから、経済・財政再生計画では歳出以上に歳入が増加する姿が暗黙に期待されている公算が大きい。だが、その実現には長い目でみた経済の成長力である潜在成長率の上昇が欠かせない。本書を執筆した2016年9月時点で、第二次安倍内閣の発足から4年弱が経過したが、この間の成長率は安倍内閣の目指す2％を大幅に下回っている。潜在成長率が高まってきている兆しは確認できていない。

潜在成長率が高まらないなかで実質GDP成長率が加速し、税収が増加したとしても、それは一時的な現象である。不況になれば税収は再び減少してしまうという意味で、景気循環による収支改善は構造的な財政健全化にはならないのである。潜在成長率を引き上げていくためには成長戦略の着実な実行が重要である。

Key Word

中長期の経済財政に関する試算

内閣府は、先行き10年程度の経済と財政について、計量経済モデルを用いた試算をおおむね半年ごとに公表している。その試算は、経済財政諮問会議の審議の参考資料としても提出されており、財政健全化目標を達成するために必要な政策を議論する材料の1つとして注目されている。

通常、中長期試算にはマクロ経済の前提が異なる2つのシナリオが示される。直近では成長戦略の効果が着実に発現し、経済成長率が中長期的に実質2％以上へ高まる「経済再生ケース」と、現状の経済が続いて経済成長率は実質1％弱で推移する「ベースラインケース」である。一定の歳出抑制と理想に近いマクロ環境を実現する経済再生ケースであっても2020年度のＰＢ黒字化は見込まれておらず、試算は財政健全化目標の達成がいかにむずかしいかを示している。

第5章

新時代を迎えた財政投融資

31 財政投融資とは何か

身の回りにある財政投融資

第5章では財政投融資（以下、財投）について述べる。財投のことをよく知っているという人は、相当財政に詳しい人に限られるだろう。財政といって頭に浮かぶのは、道路工事だったり、年金・医療などの社会保障であったり、防衛費などだろう。これらは基本的に、税金や公債発行を原資とした予算で行われている。

税金や公債を原資とする国の一般会計と地方の普通会計をあわせると160兆円前後（重複を除く）になるのに対し、財投は15兆円程度である。財投は財政全体からみるとさほど大きくないが、次の例のように、意外に身近なところで役立っているのを見つけることができる。

① Aさんは、勉強の甲斐あって、志望どおりの大学に入学した。でも、今後下宿代などを負担してもらうことを思うと、あまり親に負担をかけたくない。そこで、奨学金を受けることにした。

② Bさんは、雑居ビルの一角を借りて、小さな衣料品店を経営している。従業員は、ほかに1人だけだ。お店も20年たってだいぶ古びてきたので、内装を改修してきれいにしたい。でも、担保もないの

でなかなか銀行から借りにくい。そこで、日本政策金融公庫から無利子無担保の融資を受けることにした。

③ Cさんは、最近の日本食ブームの一環として、日本茶を海外に売り出すことを考え、地元の有志と共同で、日本茶カフェを海外で展開する事業を始めることとした。その際、クールジャパン機構から出資を受けることとした。

これらには、いずれも財投が中心的な役割を果たしている。以下でその仕組みを簡略化して説明しよう。

まず①だが、Aさんは、大学を通じて奨学金を申し込むが、実際に奨学金を支給するのは日本学生支援機構である。その奨学金は、貸与型といわれ、卒業後20年の間に返済することになっている。貰いっぱなしではなくいずれ返済していくことになるため、奨学金を支給する日本学生支援機構としても、奨学金事業を行うにあたって、必ずしも補助金のかたちで国から財源を確保する必要はない。国から借り入れたうえで、Aさんから返済を受けたときに、国に返済すればよいことになる。

次に②だ。Bさんは、日本政策金融公庫に行って、マル経融資という制度によって融資を受けることになる。無利子とはいえ、貰いっぱなしではなく、Bさんはいずれ返済する。したがって、日本政策金融公庫は、そのための財源を国から補助金として受け取る必要はなく、借り入れたうえで、Bさんから返済を受けたときに、国に返済すればよい。

この2つのケースにおいて、国が供与する資金を財政融資という。国としては、補助金のような渡し切りのお金として予算計上することも考えられるが、奨学金は毎年1兆円前後、公庫の融資は他の制度もあわせて5兆円前後支出されている。全部税金でまかなうとすると、あわせて消費税で3%近い負担が必要である。しかし、いずれ返済されるお金なのだから、国としても融資するだけで政策を実施することが可能であり、税金に頼らず世の中に貢献することができる。

次に③はどうか。Cさんは、クールジャパン機構から出資を受ける。出資だから、融資と異なり返済は行われない。しかし、事業が軌道に乗ってくれれば、利益のなかから株主であるクールジャパン機構に配当金が支払われることになる。①、②と比べると気の長い話にはなるが、機構としては、いずれ出資が回収できると期待するからこそ出資ができる。

また、事業がうまく行けば、出資して受け取った株式を、投資家に売却して資金を回収することもできる。ただ、機構としては、出資のリスクは高い。国から融資を受けて事業を始めるのは慎重になるし、事業が失敗すればひどく財務内容の悪い機構になってしまう。そこで、国としても、クールジャパン機構に出資を行っている。国も、いずれ機構から配当金を貰う算段である。これを、産業投資（産投）出資という。

これらが財投の代表例であり、財投とは融資や出資など金融的な手法を使った財政政策である。

財投の仕組み

まず、資金の流れを補助金との比較でみてみよう。図表31－1にあるとおり、補助金の場合は、税と

図表31－1　一般会計補助金等と財政投融資の資金の流れの違い

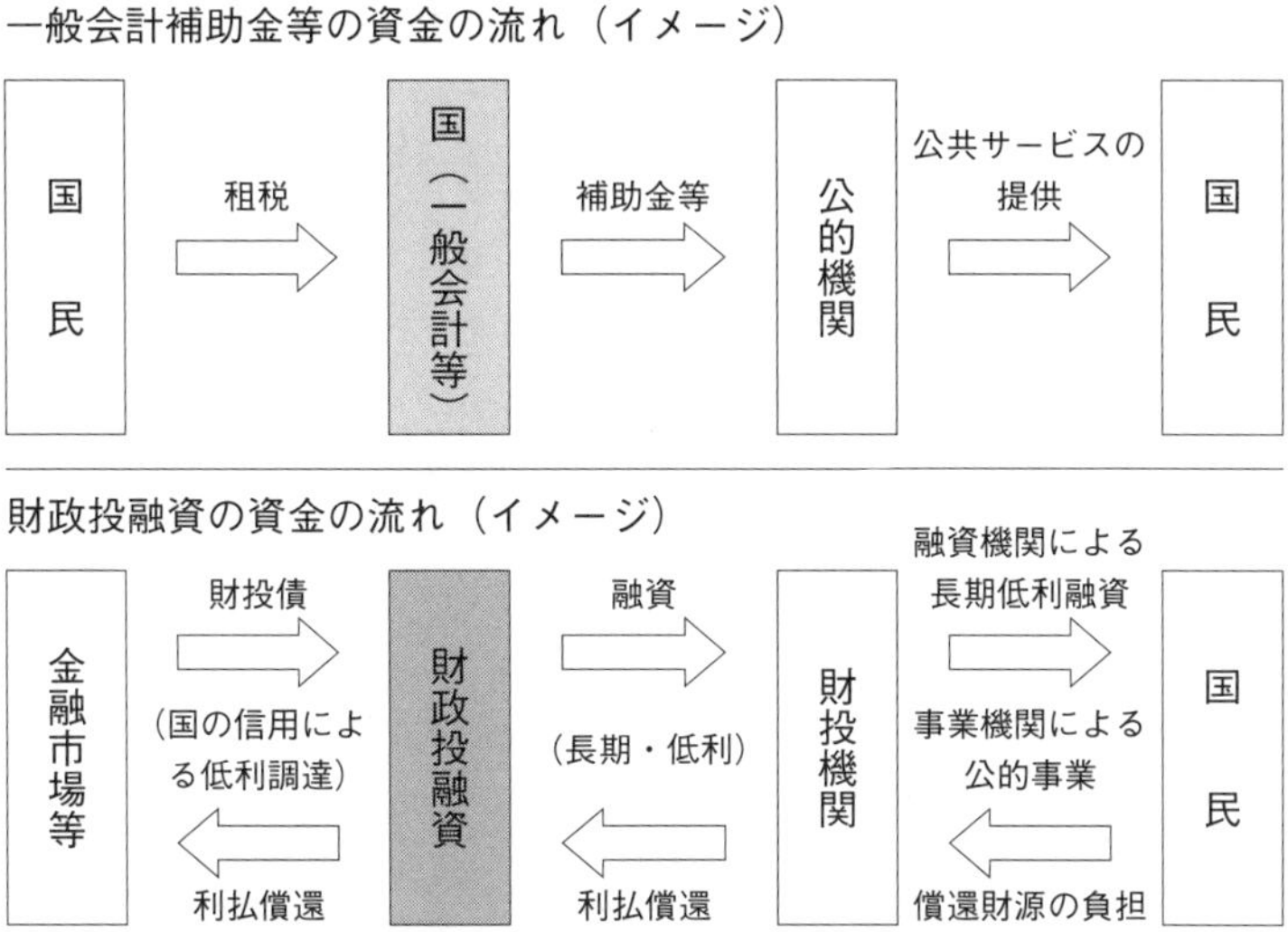

（出所）　財務省「財政投融資リポート2015」

して集められた資金が、国を経由して、渡し切りの資金として公的機関に補助金のかたちで渡される。一方、財投の場合は、金融市場から集められた資金が、財投（これも国の一部）を経由して、投融資のかたちで財投機関に供与される。将来、利子や配当のかたちで回収されることが前提である。そうでないと、財投に資金を提供した人たちに返済できなくなってしまう。なお、財投を受ける機関のことを、財投機関と呼ぶ。

財投には、3つのタイプがある。図表31－2のいちばん上に財投機関債という資金の流れがあるが、これは政府に頼らず自力で調達するという位置づけのため、財投に含まれないもので、論点33で述べる。

その次にあるのが最も標準的な仕組みである財政融資で、前述の①、②のケースが該当

図表31－2　財政投融資の仕組み

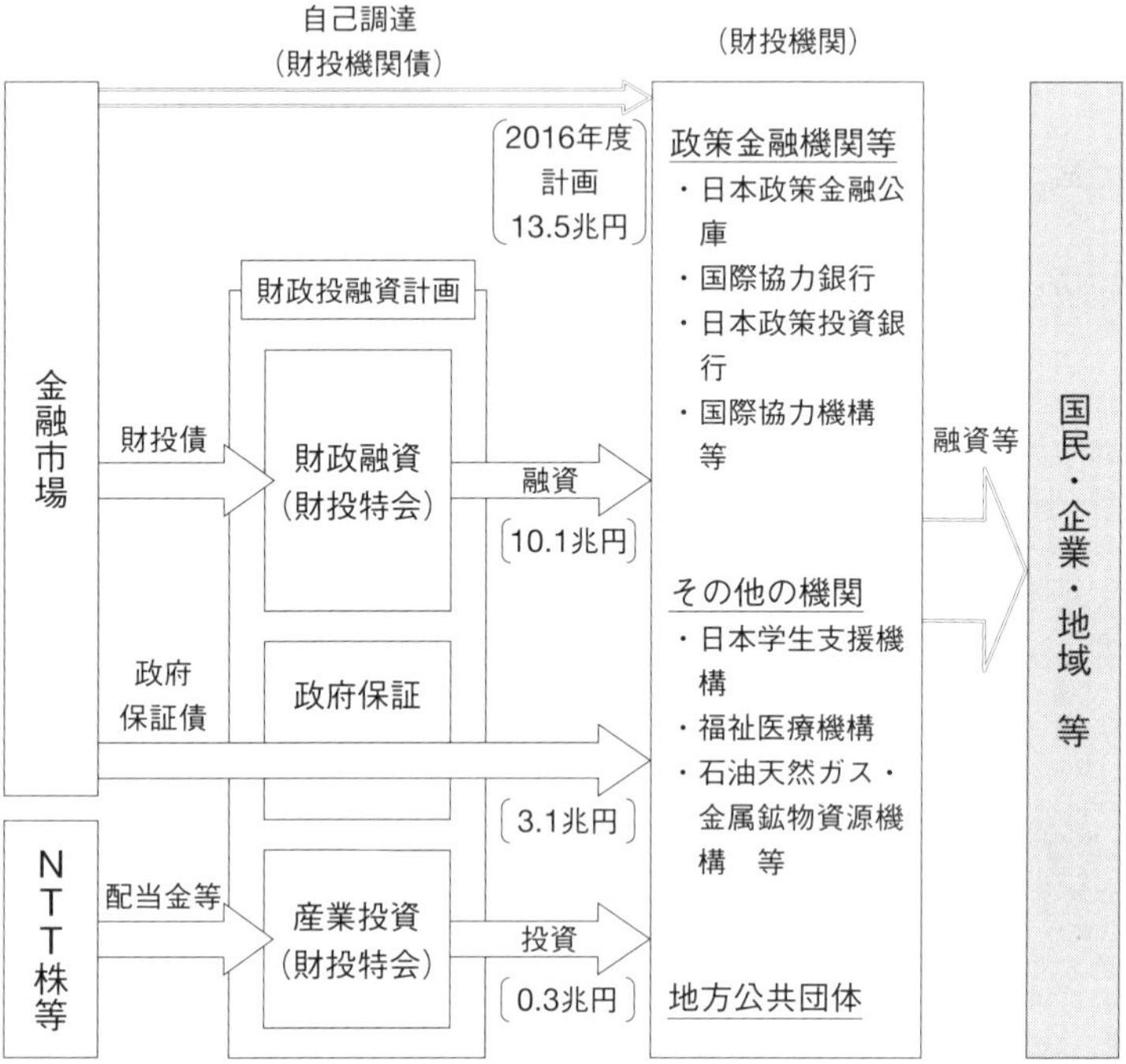

（注）　計数は、それぞれ四捨五入によっているので、端数において合計とは合致しないものがある。

（出所）　財務省「財政投融資リポート2015」、「平成28年度財政投融資計画」より大和総研作成

する。国は、財投債という名前の国債を発行して資金を調達する。財投債は、金利など普通の国債となんら違いはない。返済の財源が税金ではなく、財政融資の回収金であることだけが違う。調達された資金は日本学生支援機構のような財投機関に貸し出される。災害復旧事業などを行う地方公共団体も、融資先に含まれる。

財政融資資金は、財政投融資特別会計（以

下、財投特会）の財政融資資金勘定で経理されている。この勘定には、一般会計からの繰入れは行わないこととされている。すなわち税金に頼ることなく、独立採算で運営するのがルールだ。したがって、損を出したりしないよう、確実かつ有利に運用されなければならない。

その下に政府保証がある。財投機関が金融市場で発行する債券や借入金を対象に、国が元利払いを保証する。財投機関にとっては、財政融資は間接金融で、国が銀行に相当する。政府保証は直接金融で、財投機関が発行した債券に国の保証を付すものである。

最後は産業投資である。先述の③のケースが該当する。原資は、国が保有する株式から得た配当金や、財投機関が利益をあげた場合に法律上国に納めることとされている納付金である。NTTやJTは民営化されたが、すべての株式が売却されたのではなく、一定程度は国に残されており、必要があれば国が議決権を行使し、影響力を行使できるようになっている。国保有分の株式は、財投特会の投資勘定によって管理され、配当金が入ってくる。これ以外にも、日本政策投資銀行の配当金や、国際協力銀行の納付金も財源となっている。いわば、これまでに行った国の投資の果実が毎年入ってきており、それを原資にして、これから必要となる投資を行っていくのが産業投資の仕組みである。財政融資が安全な融資先に融通するものであるのに対して、政策的必要性が高くてリターンが期待できるものの、リスクが高くて民間だけでは十分な資金が確保できないような場合に、主として出資により資金を供給しようとするものである。最近は出資と融資を組み合わせたハイブリッドな資金提供も検討されている。

財投の特徴と果たすべき役割

財投の特徴は、補助金と違って、将来リターンが得られることを前提に提供される有償資金であることである。国が行う政策で、なんらかのリターンが見込まれるときに、この仕組みを活用することで、租税負担を抑制しながら進めることが可能になる。十分なリターンが見込まれるのであれば税金を充てる必要はないし、政策的な要請から特に低利で融資したい場合などは、有利にする部分だけに補助金を充てれば、より低い国民負担で同じ政策効果を得ることが可能になる。先述した②の事例はこれに該当する。

また、補助金であれば渡し切りだが、融資であれば利子を払ったり元本を返済したりしなければならないため、借り手のコスト意識が高まり、事業の効率性向上に資することも期待できる。また、融資であれば継続的な関係となるため、貸主は借主がきちんと事業を進めているか、チェック機能を果たすことも可能となる。

ある程度の採算性が見込まれる場合は、税金で手当てするよりも、財投による金融的手法で支援したほうが適切な場合がある、ということだ。

ただし、採算性があるのであれば、民間部門がかなりの程度対応することが可能なはずである。そのような場合に、国の制度がしゃしゃり出ていけば民業圧迫になる。「民間にできることは民間に委ねる」という民業補完性を確保していくことも必要である。

そうした意味で、財投が果たすべき役割の第一は、リーマン・ショックのような深刻な金融・経済危機が発生したり、東日本大震災のような緊急の復旧・復興が求められたりする場合であろう。有事の際には、民間金融機関だけでは十分なリスクテイクができなくなるおそれが強いため、公的金融こそが万全の対応をしなければならない。

一方で、平時の際の役割は必然的に小さくなる。決して、民業補完の役割を逸脱してはならない。だが、そうだとしても、財投にはいろいろな役割が考えられる。

伝統的に期待されてきたのは、信用力・担保力の弱い、中小零細企業や農林漁業者、学生などへの対応である。これらの場合は、民間金融機関はなかなかリスクを背負いきれないため、公的金融の役割が出てくる。

また、大規模・超長期のプロジェクトについても、民間では担いきれないリスクが生ずることが考えられる。そのような場合は、公的金融であれば持続的・安定的な資金供給が可能になる。

さらに、ベンチャー企業の創業など、リスク性の高い資金について、まだまだ民間の対応が十分でないのが実情である。そこで最近は、そうした成長資金の供給においても財投の期待が高まっている。

32

20世紀の財投の功罪

戦後の資金不足時代に大きな役割を果たした財投

財投の原型ができたのは、明治時代の初期である。1871年に「日本近代郵便の父」といわれる前島密によって郵便事業が開始されたが、その4年後の1875年に郵便貯金が導入された。わが国の郵便制度は英国をモデルとしてつくられたが、英国では、郵便局で貯金も扱っていた。

1878年には、当時の大蔵省が、集められた郵便貯金の受入れと運用を始める。当初、預けられた資金の運用先は主として国債だったが、明治・大正時代を通じて徐々に拡大し、公共事業や産業振興のための貸付などにも充てられるようになった。地方公共団体にも貸し付けられた。

1885年に大蔵省預金局と名づけられた後の預金部は、戦後の1951年に資金運用部と改められ、原資も郵便貯金だけでなく、厚生年金の積立金や、国の特別会計の余裕金も受け入れるようになった。国に集められた資金を一元的に管理し、ニーズに応じて資金を金融的手法で配分するシステムができあがったわけである。

戦後の混乱期を脱し、国民生活が落ち着きを取り戻してくると、郵便貯金は大幅に増加した。厚生年金の加入者も増加し、1961年には国民年金も創設された。こうした資金が資金運用部に集まり、資金は増加の一途をたどった。

一方、産業面においては、1950年からの朝鮮特需を含め、経済はどんどん活気を帯び、企業の設備投資意欲が高まったが、当時、民間金融機関等における長期資金の供給は著しく不足していた。ここに、資金運用部に集められた資金を充てるべきではないか、ということになったのである。

1953年には、出資を担う産業投資特別会計も誕生した。終戦後、わが国は米国から食料、医薬品などの援助を受けたが、これを国内に転売することによって得られた売却益を管理する見返資金特別会計が設けられ、その売却益を原資に、電力など基幹産業への貸付が行われていた。これを廃止し、そこにあった資産を中心に、産業投資特別会計が設置されたのだった。

この2つのツールを用いて、財投は戦後の経済発展に大きな役割を果たすようになる。資金運用部からは、有料道路や空港、ダムなどの社会資本の整備のための融資が行われ、また日本開発銀行や中小企業金融公庫などを通じて、産業基盤の整備にも資金が貸し付けられた。これらの政策金融機関には、産業投資特別会計から出資も行われ、それら機関の活動基盤となった。経営が安定した政策金融機関からは、同特別会計に納付金が納められ、そうして戻ってきた資金は再び新たな投資に向かっていった。

このようにして、わが国の高い家計貯蓄率のもとで、中短期の貯蓄を中心とした原資を長期資金に変換し、また再投資を進めていくことによって、生産基盤や社会資本の整備などを、税金や公債だけに頼らずに、効率的に推進する仕組みが機能してきた。

1956年に3000億円強にすぎなかった財政投融資計画は、1963年には1兆円を超え、1966年には2兆円を超え、一般会計予算（4・4兆円）の半分近い規模となった。財投が「第二の予算」などとも呼ばれるようになったゆえんである。

他方、この頃から、民間金融機関も次第に実力を増し、株式や社債などの直接金融市場も発達してくる。産業基盤整備のための資金をかなり民間でまかなえるようになると、財投の重点も、まだ民間の対応が十分でなかった住宅金融や奨学金など、より生活に密着した分野に移っていく。1970年代には、住宅や生活環境整備、教育の分野が大きくシェアを伸ばした。時代の変化とともに、財投は役割を変えてきたのである。

民間部門の発展とともに転機が訪れる

財投が時代とともに役割を変えてきた一方で、原資である郵便貯金や国民年金・厚生年金は資金規模を増大させ続けた。これらの資金は自動的に預託されるため、資金運用部には資金がどんどん集まってくる。1995年度の財投は、一般会計予算（75・1兆円）の6割近い規模（40・5兆円）にまでふくらんだ。

一方では、民間金融機関も、さらにいろいろな分野に活動を広げるようになった。住宅ローンなども民間金融機関が進出してきた。そうなると、財投の資金で事業を行う住宅金融公庫と民間金融機関との間に競合が生じる。財投が民業圧迫をしているという批判が徐々に出てくるようになった。

また、財投の仕組み自体にも、批判の目が向けられた。財投の原資は自動的に集まってくるため、財投の対象事業について、その必要性や規模、効率性を十分に吟味することなく政策決定がされているのではないかという問題である。財投の「入口」には、財投の「出口」での資金の必要量と関係なく資金が集まってくるため、結果として財投全体が肥大化しているのではないか、という批判が展開された。

こうした批判をまさに裏打ちするような事例も出た。たとえば、年金福祉事業団である。仕組み上、年金保険料として集められた資金の一部は年金積立金となり、資金運用部に預託される。だが、年金側から考えると、年金のために集められた資金が、年金加入者には還元されず、社会資本や生産基盤の整備に充てられてしまうことになる。それでは年金加入者に不満が生ずるのではないかということで、資金運用部から融資により年金福祉事業団に逆流させた資金で、事業団はグリーンピアという名の大規模保養基地などをつくって、年金加入者への還元を図った。しかし、これが赤字を招くことになったのである。

また、売れずじまいの住宅用地をたくさん抱え込んだ住宅・都市整備公団、巨大コンビナート開発に失敗した北海道東北開発金融公庫（北東公庫）など、財投の資金による事業で多額の累積債務を抱えることになった例がある。こうした事例への批判が、論点33で述べる財政投融資改革（以下、財投改革）につながっていく。

33 実施された財投の大改革

改革の目的

資金運用部を中核に置いた財政投融資制度は、2001年に抜本的な改革が行われた。論点32で述べたように、それまで50年間続いた仕組みに非効率が生じていることが問題視されたためである。

問題意識の1つは、郵便貯金や公的年金積立金には資金運用部への全額預託義務があり、財投の資金が受動的に集まっていたという点にある。財投で実施すべき事業の資金需要の大きさとは関係なく資金が集まり、財投の規模が肥大化しているのではないか、ということである。また、資金運用部への預託金利が預託者側へ配慮した金利設定となっていたことなどから、調達金利が割高になっているのではないかという問題も指摘されていた。

こうした問題を是正するためには、制度の部分的見直しでは実現できないという考えから、それまでの財投の「入口」すなわち郵便貯金や公的年金積立金といった財投としての資金調達面、および「出口」すなわち財投としての運用面である財投機関の事業面の改革を同時に行ったのが2001年の財投改革である。

図表33－1　2001年改革による財投の構造変化（イメージ）

改革前の財投のイメージ

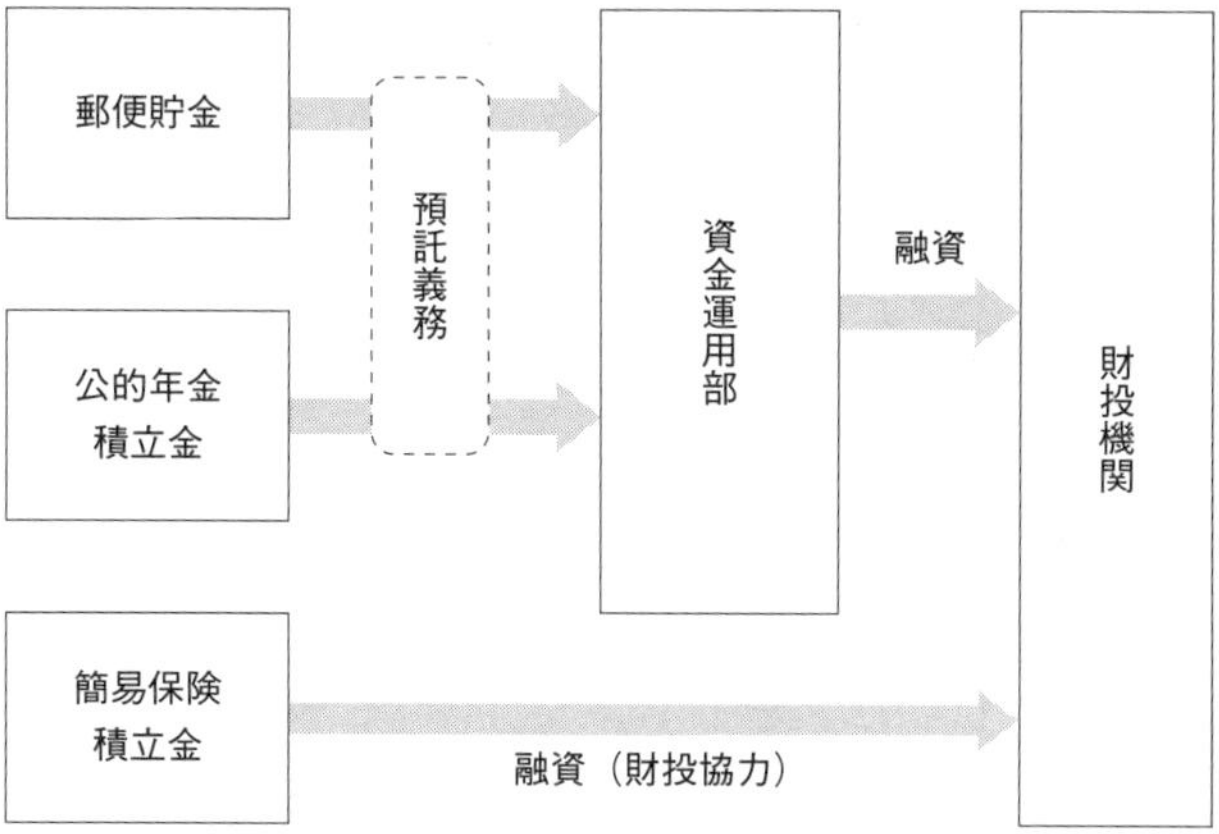

2001年改革後の財投のイメージ

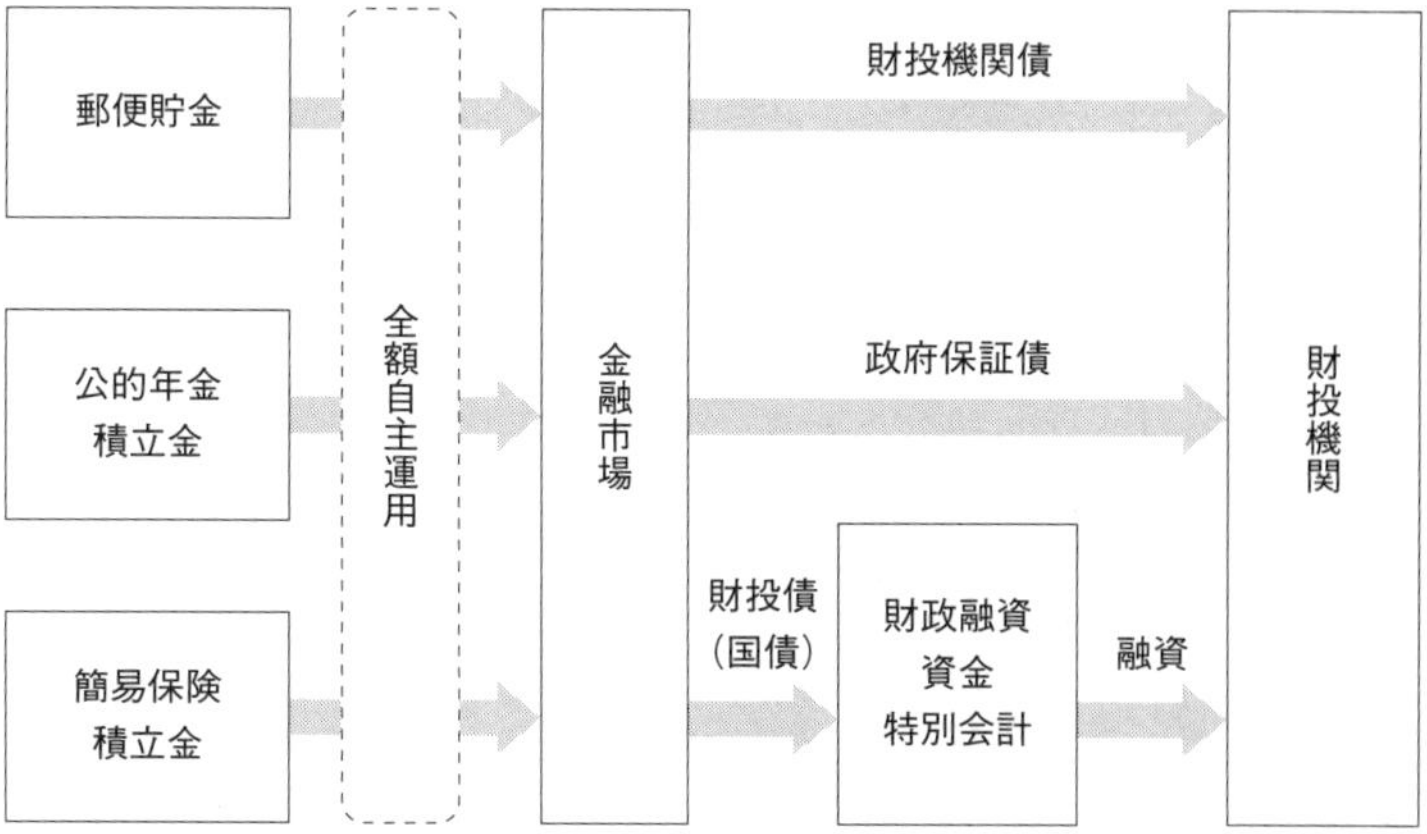

（出所）　大和総研作成

１９９７年の資金運用審議会懇談会、行政改革会議の検討などを経て、１９９９年11月に大蔵省から「財政投融資制度の抜本的改革案（骨子）」が公表され、２０００年5月に資金運用部資金法等の改正が行われた。

具体的には、「入口」と「出口」を基本的に切り離すために、郵便貯金などの全額預託義務を廃止し、財投に必要な資金は、需要に応じて市場から調達することになった。また、調達金利が市場に連動することにあわせて、財投機関への貸付金利も国債利回りを基準に期間に応じた金利設定が行われることとなった。さらに、政策コスト分析を導入し財投の対象分野・事業の見直しを行っていくこととした。財投の仕組みの「中間」に位置していた資金運用部は廃止された。

資金運用部預託義務の廃止と新しい資金調達手段

郵便貯金と公的年金積立金については、それまでの資金運用部への全額預託義務が廃止され、２００１年度以降は金融市場を通じて自主運用を行うものとされた。郵便貯金、公的年金積立金の自主運用に際しては、公的資金という性格と膨大な資金量にかんがみ、安全確実かつ効率的な仕組みを検討することとなった。また、簡易生命保険積立金については財投改革以前も預託義務はなかったが、一部が財投協力分として財政投融資計画に組み込まれ財投機関等に対して融資が行われていた。それを廃止し、郵便貯金と同じく金融市場を通じて自主運用を行うこととなった。

資金運用部への全額預託義務の廃止に際しては、大蔵省・郵政省・厚生省の3省間の合意により、当初の7年間について、①郵便貯金および年金は資金運用部の既往の貸付を継続するために必要な財投債を引き受ける、②それ以外の新規財投債についても、当初は2分の1程度を郵便貯金および年金で引き受け、漸次割合を低下させる、③簡易生命保険積立金も相応の財投債を引き受ける、という経過措置が設けられた。

一方、郵便貯金などから自動的に資金が流入する仕組みが廃止されたかわりに、資金調達手段として用意されたのが、「財投機関債」「政府保証債」「財投債」の3種類である。いずれも、債券発行のかたちで必要な資金を金融市場から調達することになったわけである。

まず、財投機関債とは、財投機関が金融市場において個別に発行する債券のうち、政府が元本や利子の支払の保証をしていない公募債券、すなわち各財投機関が自力で発行する債券である。財投改革によって初めて導入されたものであり、政府の信用に依存しない財投機関にとっての自己資金である。財投機関は財投を通じて調達した資金と自己資金などをあわせて事業を行っており、財投機関債による調達は財政投融資制度の枠外である。財投機関は、自らの必要資金を市場からの評価を受けながら可能な限り自力で調達する努力が求められるようになった。

財投機関債による資金調達のメリットとしては、財投機関が多様な市場参加者からの評価にさらされることにより、各機関の運営効率化に向けたインセンティブが働くことがあげられる。つまり、発行に際しては、財務状況や経営成績について投資家に開示（ディスクロージャー）したり、格付を取得したりすることが求められ、事業運営の効率性が市場から評価されれば、発行条件が有利になることが期待される。

一方で、財投機関債の発行金利は、国債や政府保証債の金利よりは高いため、調達コストが高くなることが避けられない。特に、調達金額が少ない財投機関では、なおさらコストが高くなるというデメリットも勘案する必要がある。２０１６年度における財投機関債の発行予定額は16機関で３兆９８１１億円（うち資産担保証券が1兆８８７６億円）となっている。

２つ目の政府保証債とは、財投機関が民間金融市場において個別に発行する債券のうち、政府保証が付された公募債券のことである。直ちに政府保証のない財投機関債を発行することが困難な財投機関については、それが可能となるまでの過渡的な期間において補完的に発行するとの趣旨で、個別に厳格な審査を経たうえで限定的に発行を認めるものとされた。２０１６年度の財政投融資計画における政府保証債の発行予定額は12機関で、３兆９６２億円（5年債以上）となっている。

３つ目の財投債が、財投改革後の中心的かつ最大のファイナンス手段であり、財投の原資に充てるため、国の信用で市場原理に基づいて一括調達する債券である。正式には財政融資資金特別会計国債（２００８年度以降は、財政投融資特別会計国債）という。財投改革を構想した議論のなかでは、財投機関債、政府保証債いずれによっても資金調達が困難、あるいは不利な条件を強いられる機関について配慮する必要性が考慮された。また、超長期資金を必要とする事業について、それが政府の政策として真に必要なものであれば、必要な資金を低コストで安定的に供給することは政府の責務であると考えられた。

財投債は国債の一種であり、商品性は通常の国債とまったく同じである。発行・流通においても一体的に行われるため、発行の根拠法が違うだけで金融商品としてみた場合には建設国債や赤字国債との区別はない。財政規律の確保のために発行限度について国会の議決を受け、毎年度の国債発行計画のなかで国債の一種として計上される。国の信用で発行される以上、最終的に国が償還責任を負うことも他の国債と変わりはない。2016年度の当初計画では16兆5000億円の発行が予定されている。

ただし、財投債は一般会計とは区分経理された「財政融資資金特別会計」（2008年度以降、財政投融資特別会計）において発行され、財政融資資金の財源となる。償還については貸付債権からの回収金によってまかなわれるため、税金によって償還される通常の国債とは異なる。このため、国民経済計算などの経済統計においては、財政融資資金は公的企業に分類され、財投債は一般政府の債務に含まれていない。

市場原理と調和させた金利設定

2001年財投改革の前も、資金運用部の預託金利、すなわち財投の調達金利は国債金利に一応は連動していたが、法令改正を必要としていたため完全な市場連動とはいえなかった。また、公的年金を中心とした預託者への配慮から金利の上乗せが行われて、7年以上の預託金利については、10年国債発行金利に0・2％上乗せされた水準で設定されていた。一方、財投機関に対する貸付は、貸付期間にかかわらず、7年以上の預託金利と同率の金利で行われており、財投機関の資金調達コストが割高になっているとの指摘がなされた。

財投改革後は、債券市場から市場金利に基づいて資金調達が行われるようになるとともに、特別会計の積立金・余裕金などからの預託金利についても、預託者への配慮義務は撤廃された。一方、財政融資の貸付金利については、それまでの期間に関係ない一律金利から、貸付期間に応じて、国債の流通利回りを基準とした金利設定が行われることになった。

政策コスト分析の導入

財投の非効率性に関して、本来は補助金などのかたちで負担すべきところ、融資という手法によって財政負担の先送りが行われ、結果的に後年度の国民負担が増大したケースがあるという指摘も財投改革の議論のプロセスではなされた。

そこで、財投対象事業について将来にわたる補助金等や出資金の機会費用などを「政策コスト」として定量的に把握、公表されるようになった。具体的には、各事業について、将来のキャッシュフローを推計したうえで、国から支出される補助金等から、国に納められる国庫納付・法人税等を差し引いたものの現在価値を算出し、出資金等による利払い軽減効果を加えたものが「政策コスト」とされる。こうしたコスト計算は、米国でも連邦各機関に対して１９９２年から義務づけられており、日本の財投改革では、それが参考とされた。

政策コスト分析の導入より、将来の国民負担に関する情報のディスクロージャーが充実し、財投の対象分野・事業の見直しに役立てることが可能になる。また、財投機関の業務や財務の改善にも資するだろう。

34 郵貯の預託義務廃止、郵政民営化でお金の流れはどうなったのか

旧財政投融資制度における郵貯・簡保の存在感

論点32で述べたとおり、郵便貯金（以下、郵貯。現ゆうちょ銀行）や簡易保険（以下、簡保。現かんぽ生命）は、2001年に財投改革が行われるまでは、財政投融資制度を通じて、政府の投融資活動に民間資金を導入する機関として重要な役割を果たしてきた。

その仕組みが改革され、財投改革後は自主運用に移行したことを論点33で述べた。郵貯について全額預託義務が廃止され、簡保資金についても財投協力という仕組みが外れれば、日本全体のマネーフローがより効率化されるだろうと期待されたが、郵貯や簡保が公社化を経て民営化された結果、資金循環に構造的な変化は生じているだろうか。

まず、財投改革前の状況を確認しよう。家計から郵貯と簡保への資金の流入状況をみると、1980年代（1980～89年度）の年平均の伸び率はそれぞれ10・1％、13・2％と高かった。1990年代（1990～99年度）になると、増勢は弱まったが、それぞれ6・9％、9・6％という伸びが続いた。一方、家計から民間金融機関への預金の流入は、1980年代は8・2％という伸びだったが、

1990年代には金融システム不安が生じ、一部の金融機関が破綻するなどした一方、家計は郵貯に対して厚い信頼を引き続き寄せていた。

他方、財投の運用側では、1990年代に公的部門への信用供与が大幅に増加した。1980年代には、公的金融機関の家計向け貸出の年平均増加率が12・2％、民間非金融法人向け信用供与（貸出や社債）が8・6％、中央・地方政府向け信用供与（貸出、国債、地方債）が同12・9％の増加率だったが、1990年代には、家計向けの伸びが同6・4％、民間非金融法人向けが同4・4％にとどまったのに対し、中央・地方政府向けが同9・8％と後者への偏りが顕著になった。それだけ資金は政府内部で還流したということになる。

論点32～33で述べたように、改革前の財政投融資制度では、財投として必要とされる資金の規模とは関係なく、郵貯・公的年金の資金が資金運用部へ全額預託されていた。そうした制度のもとで、家計から郵貯などへの資金流入量が増加すれば、財投システムのなかで資金が余剰になる。民間部門にしろ政府部門にしろ、資金が余ればそれを必ずしも効率的ではない先で使ってしまうということが起きやすくなる。

加えて、郵貯の立場からすれば、財政投融資制度のなかで求められる位置づけとしては資金調達の役割のみであったため、運用面を考えながら調達コストや調達量を考える必要性がなかった。1980年代から預貯金金利の自由化が進められるなか、1993年には銀行預金との金利面でのイコールフッティングは一応なされたが、預入れ後半年後には自由に預替えができるという商品性をもつ定額貯金の人気は根強く、郵貯には資金が集まり続けた。

一方、民間の金融機関を取り巻く環境は激変していた。1975年から始まった国債の大量発行によって国債市場が拡大するなか、1980年代には内外資本の自由化、金利の自由化、銀行・保険・証券の業態分野規制の緩和など、金融・資本の全面的な自由化が進められた。そうした流れのなかで、財政投融資制度は同じ金融取引であるにもかかわらず市場メカニズムの適用が不徹底となり、資金を効率的に使うという発想が十分ではなかったと考えられる。その財投に資金が集中していったのである。

財投改革、郵政民営化でお金の流れはどう変わったか

財投改革や郵政民営化の前後で、資金の流れがどう変わったか具体的にみてみよう。

まず、バブル経済のピークに当たる1990年度と、財投改革が行われる直前の2000年度を比較した資金の流れを図表34－1に示した。それぞれのマネーフローの残高を示したもので、増えた場合は実線、減った場合は点線で示してある。

この期間では、バブル崩壊後の景気悪化や銀行の不良債権問題の顕在化などを受けて、民間金融機関から民間非金融法人への信用供与が大きく減少した。一方、財政出動を伴う政府の経済対策による国債の大量発行を受けて、特に民間金融機関から中央・地方政府への信用供与が大幅に拡大している。

また、先述のとおり、家計から郵貯・簡保への資金流入が増大したことにより、財投への資金流入が増加したことがみてとれる。郵貯・簡保への資金流入が拡大した要因としては、特に1990年代前半

の高金利時に定額貯金、養老保険それぞれの金利が市場金利より高く設定されていたことや、1990年代後半の金融不安の高まりを受けて国家保証されている郵貯に資金が流れたことがあげられる。そして、財投は本来の財投である政府系金融機関を通じた民間部門への貸出もある程度増やしたが、中央政府と地方政府の財政赤字を補てんする役割を果たしたことがうかがわれる。

なお、民間金融機関による民間非金融法人向け貸出が減少したものの、民間金融機関から家計へ向けたマネーフローは増加している。その要因としては、供給面では、特に中小企業向け融資に比べて住宅ローンなど家計向け融資は相対的に信用リスクが低かったこと、需要面では、金利低下の影響もあり家計の住宅需要が底堅かったことなどが考えられる。

このように、1990年代には郵貯・簡保への資金流入から財投を介して中央政府と地方政府に資金が多く流入していた。財投改革直前は、公的部門主導の資金循環構造が形成されていたといえる。

次に財投改革後について、2000~14年度にかけての資金の流れをみたのが図表34－2である。同図表に示されるとおり、家計の郵貯・簡保への資金流入額は大幅に減少している。これは主に、郵貯や簡保の公社化・民営化の過程のなかで、経営・組織態勢が官から民への移行期にあったことや、金利が低下局面に入り民間金融機関との金利差が縮小したことで、定額貯金または養老保険などの主力商品の優位性が薄れたことが主因と考えられる。一方、民間金融機関の預金や保険・年金準備金は増加している。郵貯・簡保へ資金の流れが縮小するなか、財投から民間非金融法人への貸出等残高はほぼ横ばい、それ以外の主体への信用供与は減少している。

図表34－1　資金の流れの変化（1990→2000年度）

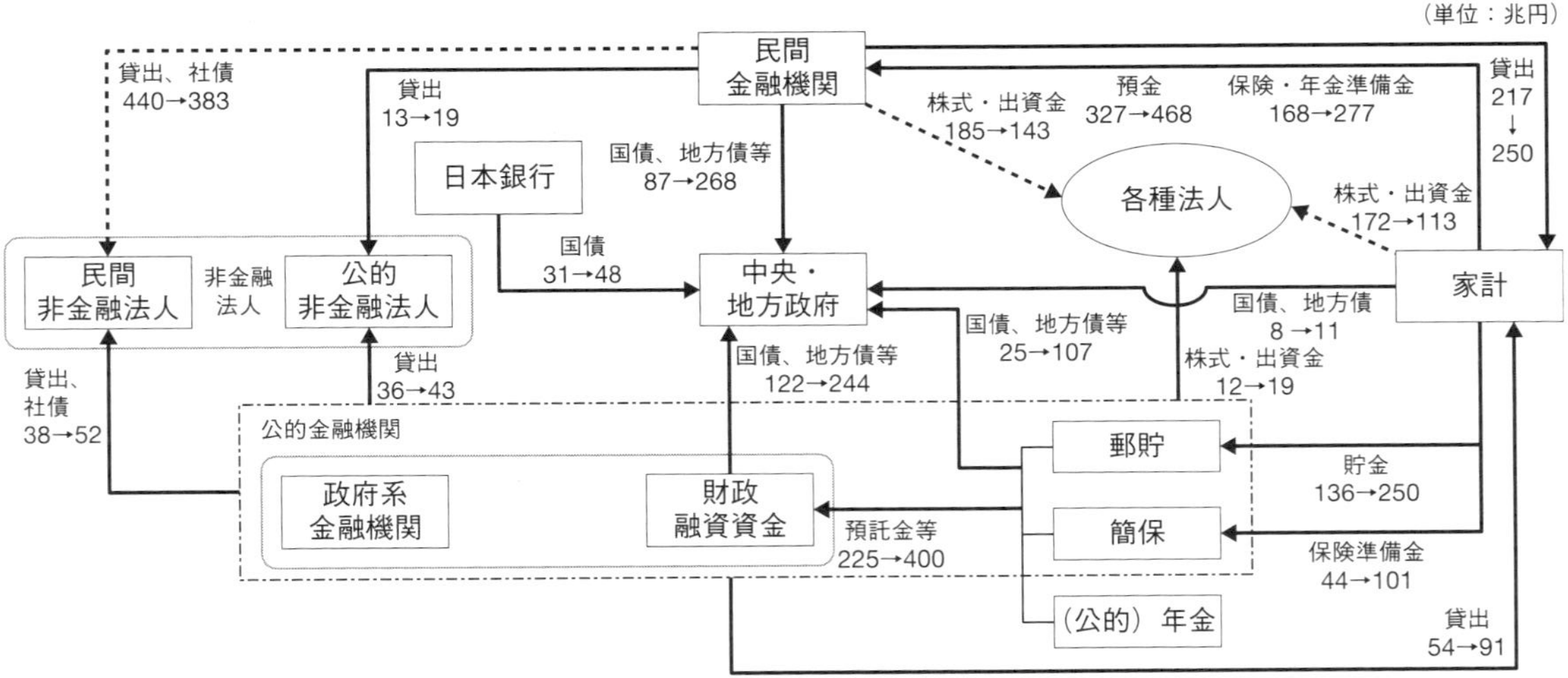

（注１）　国債には政府短期証券および財融債を含む。保険準備金には個人年金保険および団体年金保険分を含む。
（注２）　図表中の実線と点線は、それぞれ２時点間の増加と減少を示す。
（注３）　日本銀行「資金循環統計」（1993SNAベース）における部門・取引項目の定義・範囲に基づき作成しているが、一部の数値については、他の統計・財務諸表をもとに補完している。
（注４）　作成にあたり、跡田直澄・高橋洋一「郵政民営化・政策金融改革による資金の流れの変化について」を参考にした。
（出所）　日本銀行「資金循環統計」、財務総合政策研究所「財政金融統計月報」等より大和総研作成

図表34－2　資金の流れの変化（2000→2014年度）

（単位：兆円）

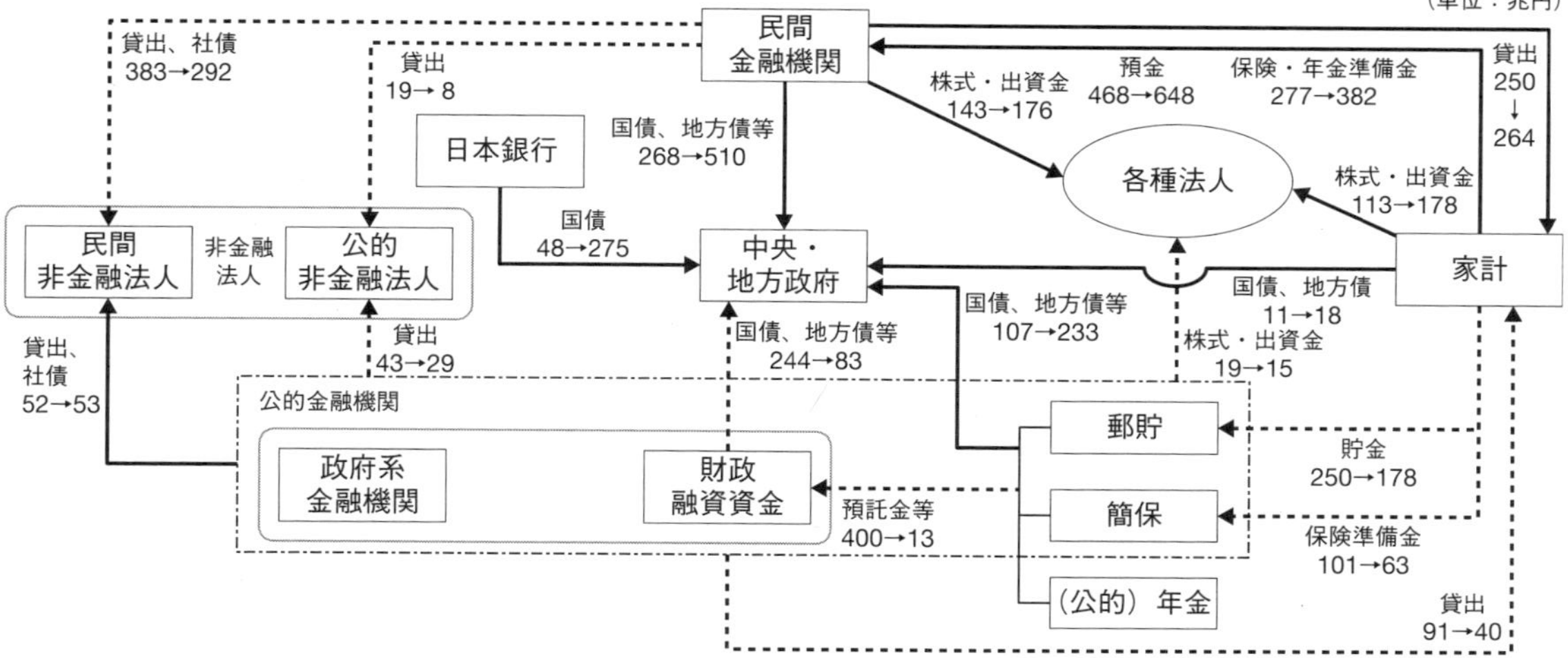

（注）図表34－1（注1）～（注4）と同。
（出所）図表34－1と同。

2000〜14年度にかけての民間部門間の資金の流れをみると、民間金融機関から民間非金融法人への信用供与は、1990年代よりも速いペースで減少している。民間非金融法人は、2002年からの戦後最長の景気回復局面においても債務の返済を進め、また、潤沢な内部留保によって多少の設備投資需要があっても外部資金を必要としなかったためである。

同期間の家計向けの貸出は増加となったが、1990年代に比べて増勢は緩やかとなっている。家計向けの貸出の増加は、金融機関による住宅ローン金利優遇措置の拡充といった積極的な取組みに加えて、政府系金融機関の改革（旧住宅金融公庫の改組に伴う住宅ローンの直接融資からの撤退）といった政策転換が反映されているものと思われる。だが、預金の増勢に対比すれば、本格的な資金需要の拡大とはいえず、民間金融機関を通じたマネーフローが広がるには至っていない。

民間部門のなかでの資金の流れが活性化していないことと表裏一体で、各主体からの資金の流入が続いているのが中央・地方政府である。2000〜14年度にかけての中央・地方政府への信用供与残高は、民間金融機関の90・5％増、郵貯・簡保・年金の118・2％増のほか、日本銀行の469・3％増と、非常に高い水準で増加している。

民間部門での資金フローを活性化する条件

このように、民間部門から民間部門へと活発に資金が流れるような資金循環構造の変化はこれまでのところ生じていないのが実態である。もっとも、それは財投改革や郵政民営化の効果がなかったということを意味するわけではないだろう。

民間部門の資金需要が高まるためには、民間部門自身がリスクをとって投資を行い、積極的に研究開発投資を行って技術革新を進める必要がある。成長戦略には政府にも役割があるが、あくまでも主役は民間部門である。企業経営のガバナンスを強化し、新しい時代の投資に果敢にチャレンジする状況が幅広く生じなければ、単に預託義務を廃止するだけではお金の流れは変わらない。

また、以前から存在する民間金融機関の能力を高める必要がある。金融技術の開発に取り組むとともに、信用リスクや市場リスク管理能力の向上、事業リスクの目利き能力の強化がなければ、資金があったとしてもそれがニーズのあるところに回らない。

さらに、政府部門も構造的な財政赤字体質を改善させなければ、民間部門の資金を吸い上げざるをえず、家計や地域経済は財政の支えがなければ持続できない状況が続いてしまう。政府は政府で財政を健全化させる努力が必要であり、いまのままでは財投ではなく、財政本体を通じた資金循環が続いて経済の活力が失われていくだろう。

以上のように、財投改革や郵政民営化から十数年経過した現在、資金の流れはかたちを変えてはいるが公的部門主導というべき状況であり、民間部門から民間部門への資金の流れが促進されるような構造変化は生じていないといわざるをえない。もちろん財投改革を実施していなければ、もっとよくない状況になっていたと考えられる。資金を効率的に活用するために財投改革や郵政民営化は必要条件ではあるが、十分条件ではないということだろう。

Key Word

郵政民営化と日本郵政の株式上場

郵政三事業（郵便・郵便貯金・簡易保険）は、明治以来、国営事業として営まれてきた。1990年代後半に入ると、郵政民営化をめぐる議論が高まり、2003年4月の公社化（日本郵政公社の発足）を経て、2005年10月に郵政民営化法が成立した。2007年10月の同法施行に伴い、郵便事業会社（日本郵便）・郵便貯金会社（ゆうちょ銀行）・簡易保険会社（かんぽ生命）・郵便局会社の4社に分社化され、このうち金融2社が民営化されることになった。また、2012年10月には、郵便事業会社と郵便局会社が統合がされ、日本郵便が設立された。

当初の郵政民営化法では、持株会社である日本郵政に対して、2017年9月までに金融2社の株式の完全売却を義務づけていた。しかし、民主党政権下で郵政民営化の見直しが行われた結果、郵政株式売却凍結法が成立し、2012年4月成立の改正郵政民営化法では、金融2社の株式完全売却義務が努力義務に改められた。改正郵政民営化法の施行とともに郵政株式売却法は廃止され、政府が保有する日本郵政の株式は3分の1超を残して売却可能となった。こうした経緯で、2015年11月に、日本郵政グループ3社（日本郵便・ゆうちょ銀行・かんぽ生命）は、東京証券取引所第1部に同時上場した。

35 財投改革後の財投

財投改革後、財投はどのように変わったか

論点33で述べた財投改革は、大きく、3つの面に分けることができる。1つ目は、郵便貯金・年金の資金が義務的に預託されてきたという資金の「入口」面での改革であり、2つ目は、資金の使い道を厳しく見直すという「出口」面での改革であり、3つ目は、財投自身の情報開示やガバナンスを向上させる「内部」での改革である。

それぞれの面で、当初の目標はおおむね達成されている。「入口」では、郵便貯金も年金も自主運用されるようになり、財投は、その年に必要な額だけを、財投債の発行などを通じて市場から資金調達するようになった。「出口」では、対象事業の必要性が厳しく見直され、年間の財投規模は、ピーク時の40・5兆円から2007年度には14・2兆円と、3分の1に近い規模にまで縮小した（図表35－1）。「内部」においても、政策コストの分析やディスクロージャーが進み、使い道のチェック機能が充実した。

各々について詳しく触れる前に、ここではまず、特殊法人改革に触れておきたい。財投改革の成果を

図表35－1　財政投融資計画額の推移（フロー）

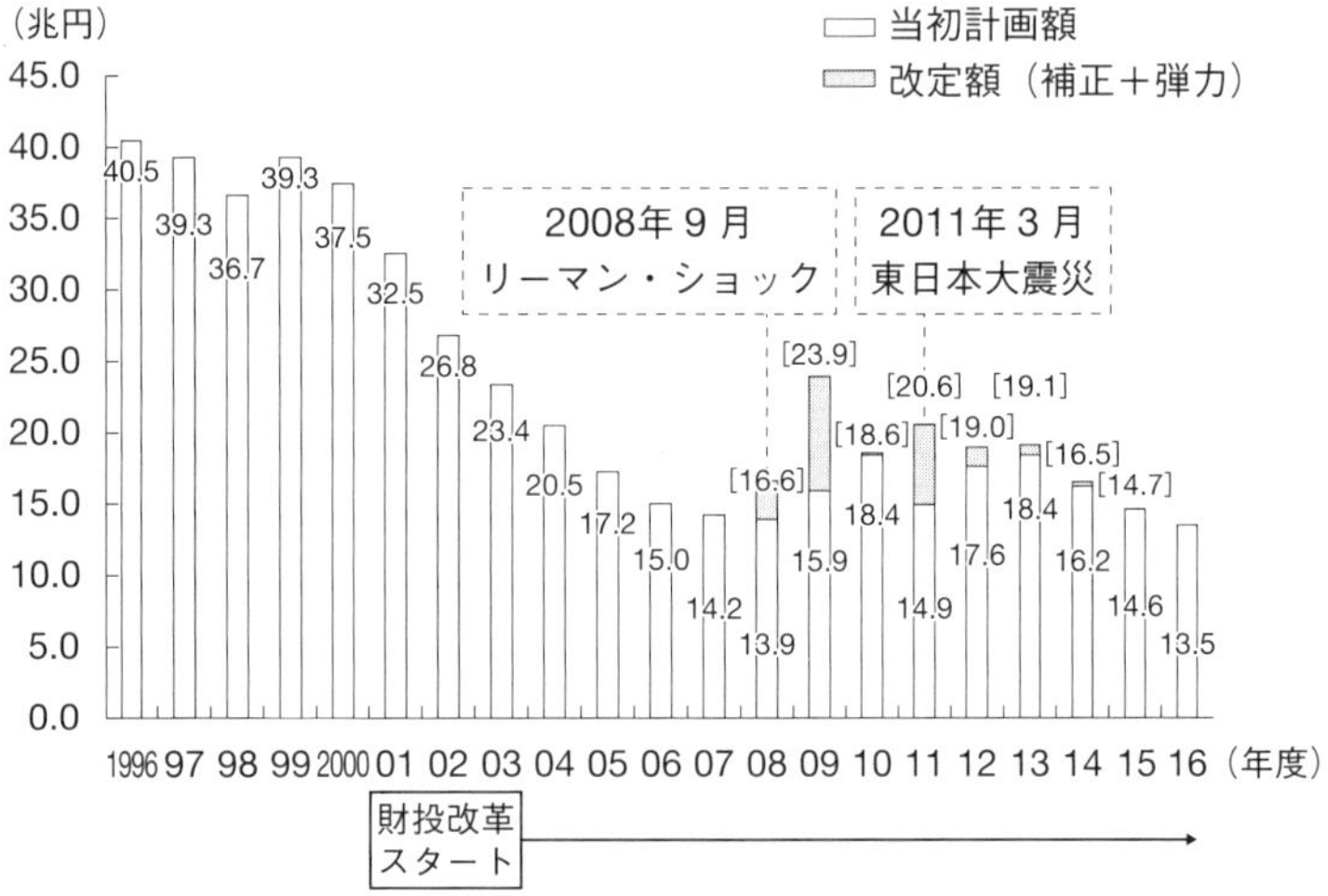

（注）　当初計画ベース。2008～15年度の［　］は補正・弾力による改定後。
（出所）　財務省「財政投融資リポート2015」、「平成28年度財政投融資計画」より大和総研作成

みていくうえで、重要な示唆を含んでいると考えられるからである。

出口としての特殊法人改革と政策金融改革

財投の「出口」における改革として、財投の対象とする事業を見直し、スリム化を進めることとされたわけだが、それらの動きと切り離せない改革として、特殊法人改革がある。財投の主要な融資先、すなわち「出口」が、特殊法人だからである（このほか、財投の主要な融資先としては、国の特別会計と地方公共団体がある）。

特殊法人とは、行政に関連する公的な事業を遂行するために、国が設立した法人のことである。細かくいえばいろいろな定義や分類があるが、ここでは認可法人も含め

て特殊法人とすると、財投改革当時存在していた特殊法人としては、たとえば日本道路公団、年金福祉事業団、日本育英会などがある。日本政策投資銀行や中小企業金融公庫などの政策金融機関も含まれ、全体では１６３機関あった。

財投改革と特殊法人改革は、その歴史もねらいも、もともと同一というわけではない。特殊法人改革は、古くは１９８０年代から繰り返し議論され、さまざまな取組みがなされてきた。１９８５年には日本電信電話公社が民営化されてＮＴＴとなり、１９８７年には日本国有鉄道が民営化されてＪＲ東日本など９つの会社に分割された。「官から民へ」の基本理念のもと、非効率な事業運営などの「親方日の丸」批判や、不明確な経営責任、監督官庁との不明朗な関係、天下り批判、談合体質など、テーマは入れかわり立ちかわりで、その歴史は30年を優に超える。

これに対し、財投改革は１９９０年代後半以降の話であり、特殊法人のなかで財投を受けていた機関も、１６３機関のうち38機関にとどまる。しかし、郵便貯金や年金から資金が財投に自動的に集まってくる仕組みが、特殊法人の財投事業の肥大化を招いたのではないかという問題意識が財投改革を促す主因の１つであったことは事実であり、同じ「官から民へ」の基本理念のもとにある。

特殊法人から独立行政法人へ

特殊法人については、累次にわたる改革が行われたが、幾度にもわたって多くの問題が提起され、そのつど新たな見直しが行われた。こうした繰り返しのいわば集大成として、２００１年12月の「特殊法人等整理合理化計画」が定められることになった。

日本電信電話公社、日本国有鉄道、日本専売公社といった大物の見直しはすでに昭和の時代に完了しており、平成に入ってからの改革は、2つの特殊法人を統合して1つにする、といった見直しがかなりの比重を占めるようになっていた。これに対し、2001年の改革は、器の見直しにとどまらず、中身である事業の徹底した見直しを目指すものであった。

この結果、163あった特殊法人は、17法人の廃止、45法人の民営化等、38法人の独立行政法人への移行などにより、以前の実態はほとんど姿を消すことになる。この後、2003年に郵政事業庁が政府から分離されて、日本郵政公社として特殊法人となるが、2007年には民営化された。現在、特殊法人として33法人が存在しているが、そのほとんどは、この日本郵政のほか、JR各社やNTT各社、高速道路各社などの民営化された会社が、定義上残されたままとなっているものである。

結局、特殊法人のうち、廃止や民営化ができないもので、その事業に国の関与の必要が高いものについては、独立行政法人に移行されることになった。

独立行政法人とは、中央省庁改革に際して、新たにつくられた法人である。政府の企画立案機能と実施機能を分離し、国の予算や定員などに縛られることなく、実施機能の弾力的で効率的な運営を可能とするための器として設けられた。その制度設計にあたっては、特殊法人の抱えていた失敗を繰り返さないよう、国の監督は最小限とし、企業会計を導入したり、徹底した情報公開や第三者の事後評価の仕組みを導入したりするなどの工夫がされた。

２００１年４月に、国の組織から、土木研究所などの研究組織、国立美術館、農業者大学校など全部で57法人を分離してスタートしていた。ここに、特殊法人からの移行組などが加わり、２００５年には１１３法人となった。足し算があわないのは、２００１年以降も政府から分離された法人が続いたり、廃止された特殊法人のなかから別のかたちで新設された法人があったりしたためである。

独立行政法人になった後も、改革は続く。その後何回かの見直しを経て、現在は98法人で、いずれ87法人に減る予定となっている。看板の付替えではないかとの批判もあるが、１６３あった特殊法人時代から考えると、独立行政法人となって以降、国立美術館など政府から分離された法人が68法人加わっての数字であるから、それなりの減少といえる。

国からの支出でみても、独立行政法人としてのピークの３・６兆円（２００８年）に対し、２０１６年は２・８兆円である。特殊法人時代の５・３兆円（２００１年）と比較すると、高速道路各社など現在民営化されたものを加えて２０１６年には３・４兆円である。これも、国立美術館など含めた数字であることを考えると、金額的にもかなりの見直しが行われたことになる。

内容面でも、業務の性格に応じてガバナンスのあり方を工夫したり（中期的な目標のもと自主的に運営したほうがよいか、毎年目標を立てて効率的な生産等をしていくのがよいか、じっくり研究したほうがよいか、など）、自己収入が増加した場合に自分で使いやすくするインセンティブを向上させたり、といった努力も続けられている。もっとも、その後、時を経て「評価疲れ」から、第三者は「点検」するにとどめ、評価の役割を国に移すような動きもみられてきていることには注意が必要である。

また、最近、官民ファンドを設立して、経済成長のためのリスク性の高い資金の供給の呼び水としていこうという動きが活発である。これに対しては、産業投資特別会計からの出資等のかたちで国は支援している。このこと自体は、特殊法人から独立行政法人への流れとはまったく別に進められてきたもので、経済活性化のため必要なことであるが、数年のうちに、瞬く間に13もの機関やプログラムが並び立つことになった。主たる省庁は、少なくともどれか1つの機関を所管しており、対象分野が明確に区分されているとは言いにくい。それらの間の交通整理をするため、内閣に特別の会議が設けられる事態となっている。せっかくの取組みであり、適切な調整を進めていく必要がある。

財投事業の見直しと財投の規模の縮小

財投自体に話を戻すと、「出口」の面では特殊法人改革の立場から、特殊法人の組織・事業が、その必要性を厳しく問われることとなった。そのうえで、財投機関であった特殊法人については、さらに、民業補完の観点から問題はないか、仮に政策的支援の必要があるとしても、財投以外の政策手段のほうが適切ではないか、財務の健全性に問題はないか、などの観点から見直しが進められた。特殊法人以外の、国の特別会計についても、同様の観点から厳しい見直しが行われた。こうした取組みは数年間にわたって続けられ、２００４〜05年には、財務大臣の諮問機関である財政制度等審議会のチェックも受けた。

こうした取組みの結果、たとえば都市基盤整備公団が行っていたニュータウン事業は廃止され、賃貸

図表35－2　財政投融資計画残高の推移（ストック）

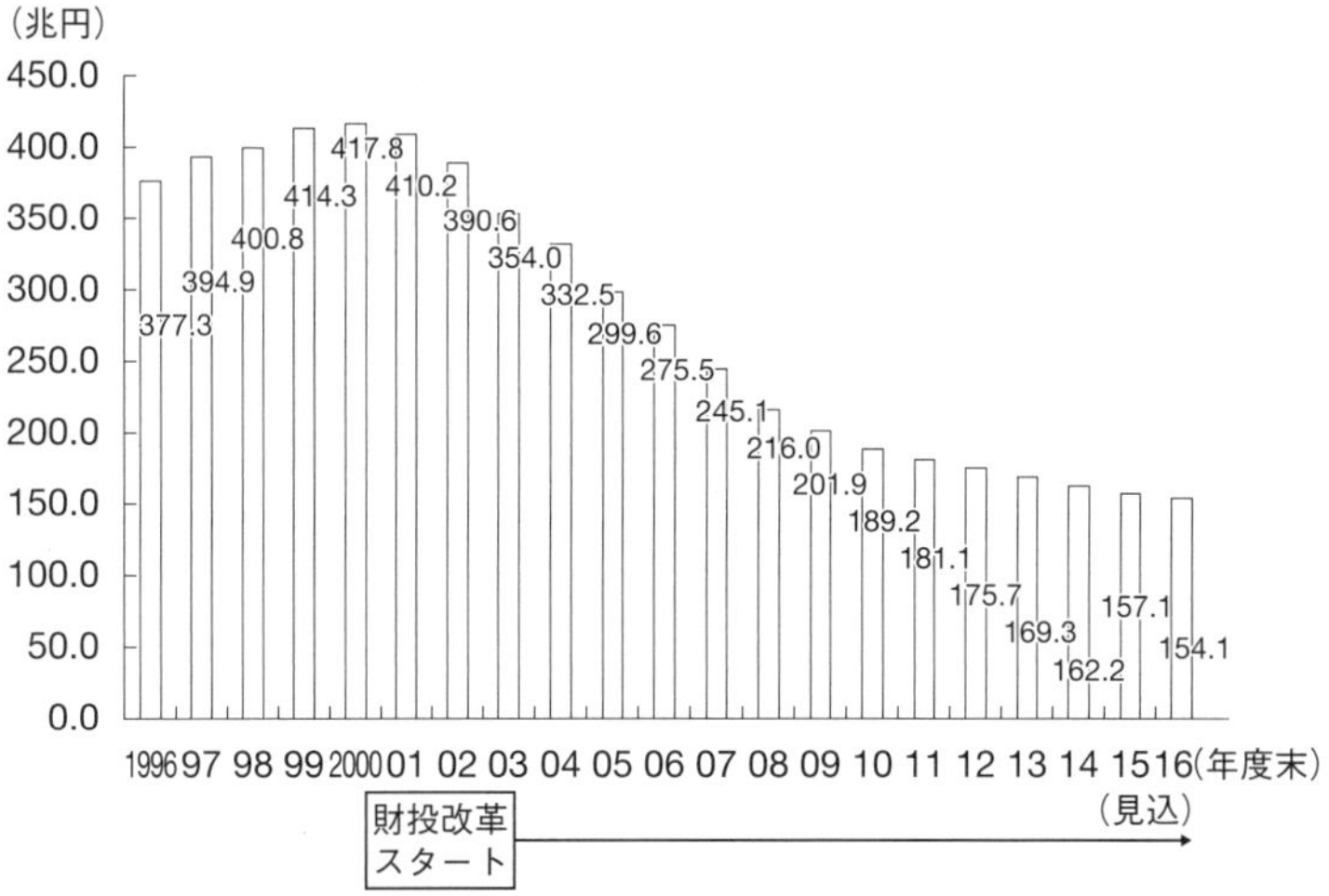

（出所）　財務省「財政投融資レポート2015」、「平成28年度財政投融資計画」より大和総研作成

住宅についても新たな土地取得は行わないこととされた。住宅金融公庫は住宅融資から撤退した。

見直しの成果は、財投の規模に端的に表れる。毎年のフロー（図表35－1参照）は、ピーク時の40・５兆円（１９９６年度）から２００７年度には14・２兆円と、３分の１に近い規模にまで縮小した。融資残高（ストック、図表35－2参照）も、ピークの約４１８兆円（２０００年度末）から２００７年度末には約２４５兆円と、約６割の規模となった。質的にも量的にも、財投改革の目的はかなり達成されたといえる。

その後は少し異なった推移をたどる。２００８年にはリーマン・ショックに端を発する金融危機、２０１１年には東日本大震災が発生し、財投もその対応に総動員されたのである。このあたりの経緯は、論点37で述べるが、２００８～13年度まで20兆円規模で前後した後、これらの対応が一段落した２０１４年度から減少に転じ、２０１６年度には13・５兆円となってピークの３分の１を切っている。

財投の資金調達のあり方

次に財投の「入口」だが、「出口」における必要額が決まってから、それにあわせて資金調達の規模が決められるようになり、財投改革の目的の１つは達成された。

このうち政府保証債については、役割は限定的となっている。その性質上、国債より金利が有利になることは考えがたく、どのみち政府が保証により責任をとるというのであれば、債券市場における商品の品揃えを増やすということ以外には、あえて積極的にこのかたちをとる意義は見出しにくい。このため、外貨が必要となる場合に外国で外債を発行する場合や、法律上財投を受けられない機関（たとえば新関西国際空港のように、株式会社形態がとられているもの）の場合に利用されており、発行額の推移もおおむね横ばいである。

一方、財投機関債は、財投改革の主要成果の１つであり、自助努力で市場の波にもまれ、そうした苦労を通じて、透明性や効率性を高める効果が期待できる。しかし、一方では隠れた政府保証がついているも同然ではないか、との批判があり、もう一方では国債である財投債より高利とならざるをえないことからコスト増の無駄を招いているではないか、との批判もあって、その後の発行額は、２００５年以降横ばいからやや低下傾向を続けている。考えてみると、財投の情報公開はそれ自体として進んできており、財投機関債を増やせばコスト増になると批判されるので悩ましい。理念としては財投機関債の発行による自己調達を原則としているものの、実態としては財投債を通じた調達が財投機関の主たる資金源となっている。

36 財投のガバナンス

政策コスト分析の導入

財投改革では「内部」も大きく変化した。「内部」の改革を、3つの側面からみていこう。
まず、財投で実施されている事業について、政策コスト分析が導入された。事業ごとに、将来それが終了するまでに国から投入される補助金などの総額を把握・分析し、政策コストとして公表するものである。

財投は、融資や出資を受けるかわりに、将来、借りた資金を返済したり、受けた出資に対して配当を支払ったりすることによって、受益者負担に基づいて事業を遂行する仕組みである。しかし、実際には、その負担を軽減するために、補助金などが政府から支出されることが多い。たとえば、零細事業者に低利で資金を融通するために、日本政策金融公庫に補助金が交付されていたり、日本学生支援機構には、学生に対する奨学金を交付するため、返還を免除した場合の補てんや事務費に充てるための補助金が交付されていたりする。こうした場合には、財投を通じた事業で、将来にわたる国民負担が発生することになる。このようなコストをきちんと明らかにすることによって、その事業の妥当性を判断する材料とし、財投の透明性を高めていこうというわけである。

政策コスト分析の結果は、財政制度等審議会の財政投融資分科会（以下、財投分科会）で議論されたうえで、財務省のホームページで公表されている。コスト分析を行う過程で、将来の事業の姿が推計されるため、分析を行う機関自身にとっても、将来の事業見通しや財務上の問題を見極めていくための材料となっている。ただ、分析結果は金利等の前提条件の置き方に大きく影響され、分析手法の改善がなされているとはいっても、一般の人がみてわかりやすいものになっているとは言いにくい。

また、最近では、財投全体について年間のＰＤＣＡサイクルとして、各段階の情報開示を充実させるなど透明性を高める努力も進められている。

さらに、財投を受ける機関や特別会計について、民間基準に準拠した財務諸表が作成されることになった。特別会計も含め、法律上は民間準拠を求められていない機関もかなりあるが、こうした機関でも、公認会計士の監査等を受けた財務諸表が作成されている。機関自身にとっても、外部から分析する人にとっても、民間企業と同じ視点に立った分析・点検が行えることになった。

ガバナンスの向上

ガバナンスとしては、財投に対する国会等によるガバナンスと、投融資を受けた財投機関に対する財投によるガバナンスの２つの側面がある。そのいずれについても、財投改革をふまえて強化が図られた。

財投に対するガバナンスとしては、国会による統制がある。財投は、予算と財政投融資計画という2つのかたちで国会の審議に付され、議決が求められる。予算としては、まず財政融資については、特別会計予算総則において、5年以上の運用について国会の議決を得ることとされている。また、産業投資については、財投特会投資勘定予算として、政府保証については、一般会計予算総則においてその限度額について、国会の議決を経ることとされている。

財投改革後は、財投の全体像を示すため、財政投融資計画が国会に提出されることとなった。全体を融資、投資、政府保証に区分したうえで、統一性・一覧性をもって作成された、その年度の計画である。以前からもそれに近いものが作成されていたが、現在は国会提出義務が課されている。これに加え、前述の政策コスト分析やPDCAにおける各種公表資料などが、国会審議の際の関連資料となる。

財投機関に対する財投によるガバナンスとしては、予算編成過程における財務省理財局による審査が最初の機会である。融資については、1年限りの融資制度となることはほとんどないので、予算編成過程でのヒアリングが、その事業を継続できるか、すなわち新たな融資を得られるかどうかのテストとなる。政策コスト分析も含め、財務状況や既存の事業の成果などをふまえて、融資を続けることの妥当性が問われる。重要なものについては、財政制度等審議会財投分科会の審議にもかけられる。

財投機関の主務官庁も法令上のさまざまな権限に基づきガバナンスを行使している。

また、財投改革後、財投機関に対する実地監査が始まった。財務の健全性や執行状況の適正、事業の政策的な意義が発揮されているか、などがチェックされる。最近では、地方公共団体の公営企業（たとえば下水道や病院）の財務状況の把握や財務規律の向上にも力が入れられている。

民間企業に類した、債権者および出資者としてのガバナンスの強化も図られている。財投機関債が発行された場合には、市場による規律づけが働くことになるし、融資においては、コベナンツが活用されている。コベナンツとは、貸付契約に基づき、重要な財産を譲渡するなど一定の事態が生じた場合に、直ちに償還を求めることとするものである。

出資が行われた場合の株主としての権利行使は、通常は株主総会における議決権の行使として行われ、その重要性は増してきている。特に官民ファンドの場合は、出資の毀損を避けることは勿論であるが、経済の活性化を実現していくため、株主としても絶妙な舵取りが求められる。

市場に対応した運営

財投改革においては、それまで財投の運営にみられた「親方日の丸」的な意識を排除することに力が注がれた。調達面においては、必要な資金を自ら財投債で市場から調達することになったし、運用面では、これまで以上に信用リスクの管理をしっかりしなくてはならなくなった。さらに、金利変動リスクなどへの対応も求められることとなった。

財政融資は、儲けるための制度ではないため、調達金利と運用金利の間に利鞘がないのが基本である。この点で、必ず利鞘をとる民間金融機関と違っている。だが、金利は経済情勢に応じて常に変動するため、ここに損失が生じるリスクがある。

たとえば、低金利のときに、金利1％で償還期間30年の財政融資を行ったとしよう。ルール上、その時の国債金利も1％であったはずである。ところが、発行した財投債が10年物であったとすると、10年後には借換えが必要であり、その時の金利が2％に上がっていれば、それから10年間は、毎年1％ずつ損失が発生することになる。20年後に3％に金利が上がったら、その後の10年間は2％ずつ損失が出る。もちろん30年物の国債で調達すれば見合うが、国債の発行は市場でのニーズにあわせて行われており、流動性を高めるには、ロットをまとめて発行する必要もあるため、資産と負債を完全にマッチングさせることはできない。

また、調達のための国債は、満期一括償還であるのに対し、貸し付ける財政融資は、借りる側の返済の都合上、均等償還となるのが普通であるので、キャッシュフローはかなり異なってくる。したがって、どうしても金利変動リスクが発生することになり、このリスクは、通常、金利上昇局面で顕在化する。

一方、現実の経済は、長い期間、金利の低下局面を続けてきた。昔の高金利時代の貸付がそれなりにあって、そこから得られる金利収入から余剰が発生し、金利変動準備金として積み立てられてきた。ところが、論点9で述べたように、この積立金は、長年にわたって取り崩され、リーマン・ショック後の経済対策や東日本大震災の復興対策に使われてきた。国債償還に充てられた分も含めると、その累計は30兆円を超え、いまはすっかり底をついている。金利変動準備金がほとんど残っていないという現在の状況は、健全とは言いがたい。今後利益が生じた場合には、積立金を回復しておく必要があると考えられる。

今後、長い目でみれば金利は上昇していくだろう。いわば、蓄えを食いつぶした状況で、今後の荒波を迎えることは明らかである。万が一赤字を発生させれば、将来は税金で穴埋めする事態も懸念される。そのため、財投を担当する財務省は、金利スワップ取引や財投債の買入消却などの手法を駆使し、ＡＬＭ（Asset Liability Management：資産と負債の総合的な管理）の高度化に必死に取り組んでいる。

37 財投が果たすセーフティ・ネット機能

リーマン・ショック後の危機対応

財投が果たす機能は、大きく分けて平時における機能と、有事の際の機能がある。まずはリーマン・ショック後の危機対応など、後者から考えてみよう。財投の機能が最も発揮されるのは、深刻な金融危機のときだからである。

２００８年秋、世界経済は大変な混乱に陥った。米国の住宅バブルが崩壊し、前年からサブプライムローンを組み込んだ証券化商品が大暴落していた。ヘッジファンド、大手投資銀行（ベア・スターンズ）、住宅金融会社（ファニーメイ、フレディマック）の相次ぐ破綻に続いて、２００８年9月に投資銀行であるリーマン・ブラザーズが負債総額64兆円という史上最大の倒産に陥ると、最大の保険会社ＡＩＧが経営危機を招くなど、金融不安は連鎖的に広がった。リーマン・ブラザーズは、投資適格の格付を維持したまま突如破綻してしまったので、市場参加者は相互に取引相手の不信感に陥り、世界中の金融市場はパニックとなった。わが国の金融市場も混乱を免れず、株価は7週間ほどで半値近くに下落し、実質ＧＤＰも２００９年1～3月期には年率▲20％にまで落ち込んだ。

こうした危機的状況に対応するため、日本政府は、２００８年８月〜２００９年４月に、４回の経済対策と３度の補正予算を講じる。このなかで、財政投融資計画も10・４兆円の追加を行った。２００８年度当初の計画13・９兆円にも比肩する追加を、半年あまりの間に行ったのである。

中小・小規模事業者向けには、日本政策金融公庫のセーフティ・ネット貸付が大幅に増額された。この貸付は、一時的な業況悪化や資金繰りの困難を招いた事業者に、長期固定の低金利で融資を行うものである。貸付の相手方に求める条件を緩和したり、金利を引き下げたり、限度額を引き上げたり、といった対応も行われた。

中堅・大企業も含めた企業一般の資金繰りに対応するために、日本政策投資銀行などは、危機対応融資を発動した。また、国際金融市場の機能不全により、日本の金融機関も企業も、ドルなど外貨の調達に支障をきたしたことから、急きょ国際協力銀行の業務を追加し、外貨の資金調達の困難に直面しているわが国企業に融資を行えるようにした。

こうした対応は歓迎された。中小・小規模事業者向けにおいては、資金繰りに窮するなかにあって、民間金融機関の残高が増加しない一方、公庫のセーフティ・ネット貸付や商工中金の危機対応融資は急増し、同公庫においては貸付の８〜９割を占めるに至った。大企業においても、A格以下の社債の発行は困難となるなかで、なるべく長期の手元資金を確保しておきたいとのニーズは高く、日本政策投資銀行の危機対応融資は４兆円近くにのぼった。

このように、金融市場の混乱により、民間金融機関の対応力が著しく低下するなかで、財投は重要な役割を果たしたといえるだろう。一般会計予算と比較し、経済情勢の変化に対応して、柔軟に資金供給を行うことができる、という利点がいかんなく発揮されたケースである。

東日本大震災への対応

リーマン・ショック後の危機対応を終え、財政投融資計画は縮小へ向かう。２００９年度（補正後）には23・9兆円もの規模にのぼったが、２０１１年度には14・9兆円にまで低下した。ところが、その２０１１年度計画が国会審議中の3月に、東日本大震災に襲われた。再び増額に転じ、２０１１年度は5・7兆円追加されて20・6兆円となり、その後の2年間も19兆円規模が続いた。

この時にはまず、震災の復旧・復興を進める地方公共団体が発行する地方債の引受けが増加した。被害を受けた住宅や医療・福祉施設の再建・復旧のための資金も増加した。ただ、金融市場は正常に機能していたので、金融機能補完の必要はリーマン・ショック時ほどではなかった。それでも、中小・小規模事業者向けには東日本大震災特別貸付が新たに設けられ、金利の引下げや貸付期間の長期化が行われた。危機対応融資も一定の役割を果たした。

政策金融改革の紆余曲折

ここで、政策金融改革の視点から、金融危機をもう一度振り返ってみたい。

論点35で述べた特殊法人改革のうち、政策金融機関の見直しは、全体の動きからは遅れて進んだ。

2001年に「特殊法人等整理合理化計画」が取りまとめられたが、日本のバブル崩壊後の金融システムの不安定さが残るなかで、政策金融機関の抜本的見直しは先送りされた。

もともと、わが国には12の政策金融機関があった。国際金融を受け持つ国際協力銀行、産業基盤やインフラへの長期金融を担当する日本政策投資銀行、より特定された顧客を対象とする住宅金融公庫、農林漁業金融公庫、中小企業金融公庫、国民生活金融公庫等の各公庫、それに商工組合の中央機関として位置づけられていた商工中金などである。民間金融機関からみれば、自分たちが対応可能な案件についても、時としてこれら機関が乗り込み、民業が圧迫されるとの不満があったし、政策金融機関同士の競合がみられることもあった。

これに対し、「官から民へ」の基本理念をふまえれば、民間では行えないが政策的に必要な金融活動に限って国は乗り出すべきで、政策金融は民業の補完に徹する必要がある。この観点から厳しく見直しが行われることになり、その際、政策金融の対象分野は極力限定していくこととし、12の機関についても、可能な限り廃止・民営化し、残った機関も一本化することとされた。

こうした方針のもと、2005年に、結論が得られる。内容は、①政策金融の対象分野を大幅に縮小し、貸出残高の対GDPを2008年度までに半減する、②日本政策投資銀行と商工中金の2つの機関については、政策金融としては撤退し、これらの機関は、2013~15年の間に完全民営化する、③国際協力銀行、国民生活金融公庫、中小企業金融公庫、農林漁業金融公庫などは日本政策金融公庫として一本化する、というものである。

この改革は、特殊法人改革全般と理念が同じであり、民業圧迫等の批判があるなかで避けては通れない改革だった。現に、この改革議論を境に、政策金融機関のなかには、役割は民業補完であり、民間金融機関と協調して仕事を進める必要があるとの意識が、強烈に植え付けられたとみられる。しかしその後の経過からみると、結論自体はやや理念が勝ちすぎたといわざるをえない。

改革を内容とする法律が成立したのは2007年、実施に移されたのは2008年10月であった。折しも、リーマン・ショックが世界中を襲ったのが2008年9月である。世界的な金融危機のもと、政策金融機関には、組織や業務に大鉈が振るわれるなかで、危機対応のためのフル出動が求められる、ということになった。

改革のなかでは、金融危機に備えて危機対応融資という制度が設けられていた。国際的な金融不安が起こった際には、①まず政府が危機を認定する、②これに対して民間金融機関が指定金融機関になりたいという申出をする、そして、③唯一の政策金融機関として残された日本政策金融公庫から、指定金融機関を通して、危機時の対応資金を企業等に融通する、というものであった。ところが、指定金融機関に手をあげた民間金融機関は皆無で、結局、日本政策投資銀行と商工中金がその役割を果たすことになる。

政策金融改革の視点からは、なぜ民間金融機関は貢献しなかったのかとの非難がありうる。銀行は、「晴れているときは傘を差し出してくれるが、雨が降ると傘を取り上げてしまう」と非難されることもある。しかし、やむをえない面も否定できない。銀行は、預金者に対して、預かった預金を返済する責務を負っているからだ。このため監督当局も、危機が深まるなかで自己資本規制などを強化している。まさにそういうときこそ財投の出番なのだ。

その後、民営化が決まって株式会社化された日本政策投資銀行については、本来ならその全株式の売却に向けて検討を進めるべきところ、改革から1年も経たずして、議員立法により国からの追加出資が行われた。完全民営化の時期も4年先送りされた。ついでながら、2011年には東日本大震災が発生して、完全民営化の時期はさらに3年先送りされることとなる。

国際協力銀行は、いったん日本政策金融公庫に吸収されたが、国際金融危機のなかで多くの役割を求められた。そこで、農業金融や中小企業金融と同じ機関で活動することの不合理・不都合を指摘され、2012年には独立した政策金融機関として復活した。

こうした流れを振り返ると、わずかな期間の間に随分と紆余曲折したものである。未曽有の金融危機にあたり、自らの資金難や経営危機に苦しむ民間金融機関を責めても、解決にはならない。官と民との役割分担、官から民へ、という理念に疑いの余地はないが、現実の役割分担、具体的な制度設計にあたっては、経済の発展段階や状況に応じた、バランスのとれた判断、柔軟な判断が必要となる。バランスがどこにあるのか、答は必ずしも一律ではない。まさに国民全体で考えていくべき課題だろう。

38 財投が対象とする分野の再定義

これまでの功績と反省をふまえて今後の役割を考える

これまでに述べてきたとおり、資金運用部時代を通して、財投はわが国の経済成長や生活水準の向上に大きな役割を果たした。一方では、潤沢に集まってくる資金を背景に、特殊法人の増加や安易な融資などを招いたと批判され、大きな転換を迫られることとなった。

特殊法人改革によって、事業の徹底的な見直しが行われ、多くの事業や組織が姿を消した。財投の規模は大きく縮小し、フローではピーク時の約3分の1、ストックでは2分の1を下回ることとなった。金利をはじめ、市場に即した運営が行われるようになり、情報公開やガバナンスの仕組みも整えられた。その後、リーマン・ショックや東日本大震災などの危機も経験し、紆余曲折もみられた。そこであらためて、現時点で財投の役割を未来に向けて再考してみよう。

渡し切りの補助金が中心である一般会計と異なり、融資や出資を通じて移転させた資金を、貸付金の償還や出資に対する配当として、後で回収する仕組みが財投である。政府が公共的な目的を達成するための財源のすべてを税に求めるのでなく、財投のような金融的手法によったほうが、効果的だったり低コストで効率的であったりする分野はまだまだ残されているだろう。

一方、活用にあたっては、これまでの教訓を十分に活かさなければならない。民間でできる分野は民間に委ねるべきであり、どこまでを財投の対象とすべきかを常に検証し、肥大化を招かないようにしなければならない。また、貸倒れなどが発生しないよう、慎重に運営される必要もある。税と違って、直ちには国民に痛みが生じない仕組みだけに、安易な運営に流される危険は常に存在する。しっかり運営していくためには、透明性を高め、事前・事後にわたって徹底したチェックを行っていく必要がある。

こうした考え方に立ってみたときに、まず期待されるのは、論点37で述べたセーフティ・ネットとしての役割である。リーマン・ショック後の金融・経済危機のように、金融市場が機能不全に陥ったときこそ、公的金融が機能を発揮すべき場面であろう。東日本大震災後の復旧・復興のように、長期にわたる安定的資金が求められる場合も同様である。こうした場合には、積極的にその役割を発揮するとともに、平時に戻るタイミングをしっかり見極めなければならない。

伝統的な役割と、その変容と発展

それでは、平時における役割にはどのようなものがあるだろうか。論点31で述べたとおり、まず期待されてきたのは、信用力・担保力の弱い、中小零細企業や農林漁業者、学生への支援だ。市場に委ねておくと、こうした社会的弱者への融資はどうしても後回しにされてしまうし、仮に融資を受けることに成功しても、担保もなかったりリスクが高かったりして、金利も高くなってしまう。もともと競争力が相対的に弱いセクターなのだから、金利負担までもが高いといずれ立ち行かなくなってしまいかねない。そこで、財投で資金を提供しつつ、必要に応じ税による補助金で利子を軽減する、という手法が有効に働く。ただ、徐々にではあるが、最近は民間融資の比重が高まりつつあり、中小企業金融でみると、公的金融の占めるシェアは、２０００年代初めの10％程度から、２００７年には８％程度に低下している（もっとも、その後のリーマン・ショックや東日本大震災を受けて、現在は９％台にまで戻っている）。

また、最近力が注がれているのは、中小企業・ＮＰＯの創業支援や、外貨ニーズへの支援だ。どちらも、民間資金が十分には確保されない状況への対応である。

人口減少下で一億総活躍社会の構築が目指されるなか、一人ひとりの創意工夫を活かし、新たな創業を進めることは喫緊の課題だ。一方、実績も担保も乏しい個人への資金提供は、まだまだ十分とはいえないのも現実だ。ということで、日本政策金融公庫から創業支援のための融資や資本性ローンが提供されている。前者は、ベンチャー企業が発行する新株予約権を公庫が取得することにより無担保で融資を受けることができるようにしたものであり、後者は、満期一括償還などの工夫により銀行からその一部を自己資本とみてもらえるようにしたローンだ。

同様のことは、ＮＰＯの立上げ支援にも当てはまる。ＮＰＯは利益を求めない組織であるだけに、資金の確保はいっそう困難ともいえる。高齢者の活用や、介護、障がい者雇用、地域の活性化など、多くの分野で公庫からの融資が活用されつつある。

さらに、外貨ニーズへの支援も増えている。国内市場が伸び悩むなか、新興国の需要の獲得や生産コストの削減をねらって、中小・中堅企業の海外進出も増加傾向にあるが、多くの場合これらの企業のメインバンクである地域金融機関では、現地通貨に関するリスク管理に限界がある場合もみられる。このような場合には、やはり公的金融への需要が出てくる。

このようなかたちで、量的には全体として縮小傾向にあるが、社会的弱者への資金供給において、財投は役割を変容させつつ、一定の役割を果たしている。

伝統的な役割の第二は、社会資本整備や都市再開発などで超長期・大規模な資金ニーズがある場合である。長期にわたる大型プロジェクトでは、民間では担いきれないリスクが生ずることが考えられ、財投が持続的・安定的な資金供給を行うことが期待されてきた。財投の比重は大きく低下しているとはいえ、今後も、リニア中央新幹線の整備など、一定の役割は求められよう。また、高度成長期に整備されたインフラが今後急速に老朽化していくことが明らかであり、その維持・更新に、零細自治体も含め、注力していく必要がある。このような場合には、民間金融機関との役割分担に注意しつつ、財投が一定の役割を果たしていくべきであろう。

また、社会資本整備については、PPP／PFIを積極的に推進するなど、民間資金を極力活用していくこととされている。2013年からの10年間で12兆円規模のPFI事業を目指すとの政府目標もつくられている。このような場合においても、産業投資等を活用して、民間投資を呼び込んでいくことも有益であり、このためPFI機構が設立されている。

新たな役割

以上でみた伝統的役割からの発展以外に、財投には、人口減少に突入したわが国の経済・社会にとって、新たな課題に取り組んでいく必要もある。

その観点から、最近、財投への期待が高まってきている分野として、成長資金の供給の促進がある。創業時の支援や、イノベーション創出への支援、転換期における事業再編支援など、相当のリスクが伴いながらも、成長へのステップを踏み出すために決断が迫られる局面では、単なる融資というよりも、エクイティ性の事業資金が必要となってくる。

ベンチャー企業の立上げなどが典型的だが、いくら優れたアイデアや技術をもっていても、過去の業績もなく、担保となるような資産もないままでは、銀行の融資基準には適合しがたいだろう。本書の読者がその立場に立つことになったことを想像すれば、仮にうまく行かず挫折に追い込まれても、ある程度はともにリスクをかぶってくれる資金が提供されるとしたら、どんなに心強いことか理解できるだろう。

このような資金は、リスクマネーとも呼ばれ、その供給が適切に行われているか否かは、それこそ20年以上前から議論されてきた悩ましい問題である。欧米では、30年以上前からプライベート・エクイティファンドと呼ばれる投資資金の担い手が大きな役割を果たし、機関投資家や個人投資家から集めた資金をもとに、自ら市場で調達できないような企業にリスク性の資金を供給してきた。ところが、わが国ではなかなか思うように発展してこなかった。運用資産の規模でいうと、米国では30兆円近い規模のファンドもあるが、わが国では数千億円にとどまり、100倍近い相違がある。

こうした状況に対処するため、政府が資金を供給してリスク補完を行い、民間資金の呼び水としての役割を果たしていこう、と考えられるようになった。先駆的な役割を果たしたのは、産業革新機構である。

同機構は、2009年に設立された。2015年度までの間に、国から2860億円、民間からも企業26社・2個人の合計で約140億円の出資が行われた。この国からの出資を担ったのが、産業投資特別会計である。経営者も職員も、そのほとんどは民間から集められ、6人の社外取締役などによって構成される産業革新委員会が重要な決定を行う。こうして民間人主体の組織運営を行いつつ、新たな付加価値を創出する革新性を有する事業に対して、「中長期の産業資本」を提供すると同時に、取締役派遣などを通じた経営参加型支援を行うこととされた。同年度までの間に、8000億円を超える支援決定が行われている。

国と民間がともに出資を行ったことから、同機構は「官民ファンド」と呼ばれるようになった。さらに、折からの日本再興戦略の一翼を担うことを期待され、その後同様の組織やプログラムの設立が相次ぐ。地域経済活性化支援機構、海外需要開拓支援機構（クールジャパン機構）、農林漁業成長産業化支援機構などで、現在は14の組織が成長資金を供給する役割を果たしている。その間に重複のおそれなども指摘されたことから、各組織間や民間資金との役割分担が適切に行われているか、組織運営が適切か、などをチェックするための官民ファンドの活用推進に関する関係閣僚会議幹事会が設けられている。

地方創生と財投

これからの人口減少社会を乗り越えるために政府は地方の経済と社会の現状をふまえ、今後向かうべき方向性を明示した「まち・ひと・しごと創生長期ビジョン」と、それをふまえた地域活性化の5カ年計画を明示した「まち・ひと・しごと創生総合戦略」を策定しているが、財投は地方創生の取組みにも直接、間接に貢献している。

直接的には財投は地方債の引受け、すなわち地方債を購入することで自治体の資金調達をサポートしている。2016年度は地方債が11・2兆円発行される予定となっているが、そのうち財政融資資金による引受けは2・8兆円と発行予定額に対する割合は25・2%となっている（地方債については論点22を参照）。

地方債によって調達された資金が地方創生にどのように使用されたのかを詳細にみることはむずかしいが、2016年度の地方債計画によれば過疎対策事業のなかで「しごと」づくりとして4200億円が計上されている。このほかにも地方債の資金を活用して地方創生の取組みを行っているケースがあると考えられる。

なお、地方債に対する財政融資資金の関与については、積極的な関与が求められる分野とそうでない分野を戦略的に考える必要性が指摘されている。財政制度等審議会の財投分科会の報告書「財政投融資を巡る課題と今後の在り方について」（2014年6月17日）では「財政融資の資源配分機能を踏まえ、地方債の資金使途に応じた適切な事業に対する資金供給の在り方、臨時財政対策債等への対応の在り方について検討すべきである」とされている。財政融資資金は返済を要する有償資金であるから、資金調達能力の自治体間の差をふまえつつも、貸し手の立場からガバナンスを働かせて、真に必要なインフラ整備などへ資金を供給するという視点が重要だろう。

また、財投は個々の財投機関や官民ファンドを通じて地方創生へ寄与している面がおおいにある。財投機関が行っている事業で地方創生と関連性があるといえるのは、企業・事業者の事業承継の円滑化、創業支援・起業家教育、観光産業の活性化、地域公共交通のネットワークの再構築、農林水産業の成長産業化などである。財投はきわめて多岐にわたる分野で地方創生にも貢献しているのである。

より直接的に地方創生に結びついた事業もある。たとえば、日本政策金融公庫は地方の中小企業・小規模事業者を支援するために、まち・ひと・しごと創生貸付利率特例制度を創設した。地方創生に沿う企業や事業者を対象とし、活用する貸付制度の適用金利から▲0・1％が控除される制度である。

また、農林漁業成長産業化支援機構は金融機関等と共同で設立したサブファンドを通じた間接出資や当該機構の直接出資によって、農林漁業者による六次産業化の取組みを支援している。六次産業化とは第一次産業である農林水産業が農林水産物の生産だけではなく、その加工品の製造や流通販売を行うなど第二次と第三次産業まで事業の展開を行うことである。地方経済において大きな潜在力を有する農林水産業の魅力を最大限に引き出し、競争力の高い産業へと転換していくことが地方創生においても謳われている。当該機構の取組みは地方創生にとっても重要な取組みだろう。

このように地方創生と財投の取組みには重なる部分が多い。そもそも両者にはいくつかの共通点があり、地方創生と財投は親和性が高い。すなわち、ある程度長期の資金が必要な取組みであり、キャッシュフローを生み出すことを重視しているということである。地方創生は5カ年の取組みであり、財投も長期の投融資である。また、地方創生は地方に仕事をつくることが政策の柱だが、キャッシュフローが生まれなければ、そこに雇用は生まれず、人は集まらない。財投は有償資金を供給して規律を働かせながら事業を実施し、返済や配当を通じて資金回収を行う仕組みである。地方に渡し切りの補助金をばらまくのではなく、キャッシュフローを生む事業を大前提としている。

キャッシュフローを生む事業を増やすということは、第二次安倍内閣が成長戦略で掲げている「稼ぐ力」を高めることにほかならない。地方創生とは日本全体で稼ぐ力を高める取組みと言い換えることもできるだろう。そのために、財投が担える部分は小さくないと考えられる。

Key Word

「まち・ひと・しごと」

「まち・ひと・しごと創生総合戦略」では「まち・ひと・しごと」を漢字ではなく、片仮名でもなく平仮名を使用している。「まち・ひと・しごと創生法」という法律でも平仮名が使用されている。平仮名を使用する理由はどこにあるのだろうか。

まち・ひと・しごと創生本部事務局の溝口参事官が執筆した「まち・ひと・しごと創生の経過と今後の展開」（『アカデミア』Vol．113）によれば、「しごと」とは「安定した雇用形態で、相応の対価が支払われ、やりがいがある仕事」であるといい、どのような仕事でもよいということではないことが明示されている。また、「まち」は「一人ひとりが夢や希望を持ち、潤いのある豊かな生活を安心して営むことができる場所」、「ひと」は「地域で活躍し、地域づくりを担う人材」であるという。あえて平仮名にしているのは、こうした理念的な意味を含ませているということのようである。

[ろ]

[わ]

[そ]

[た]

[ち]

[つ]

［ し ］

［ せ ］

[こ]

[さ]

事項索引

明解　日本の財政入門

平成28年10月12日　第1刷発行

編　者　川村雄介
編著者　道盛大志郎
著　者　大和総研
発行者　小田　徹
印刷所　三松堂印刷株式会社

〒160-8520　東京都新宿区南元町19
発行所　一般社団法人 金融財政事情研究会
編集部　TEL 03(3355)2251　FAX 03(3357)7416
販　売　株式会社 き ん ざ い
販売受付　TEL 03(3358)2891　FAX 03(3358)0037
URL http://www.kinzai.jp/

・本書の内容の一部あるいは全部を無断で複写・複製・転訳載すること、および磁気または光記録媒体、コンピュータネットワーク上等へ入力することは、法律で認められた場合を除き、著作者および出版社の権利の侵害となります。
・落丁・乱丁本はお取替えいたします。定価はカバーに表示してあります。

ISBN978-4-322-13023-2